BECAUSE OF YOU

—— The Story of Zhong Wen Law Firm

杜 萌／著

因你而不同

—— 中闻律师事务所的故事

 中国政法大学出版社

2019·北京

铜像雕塑人物

伍廷芳
（1842~1922年）
广东新会西墩人
中国近代第一位法律博士和华人大律师，清末民初杰出的律师、政治家、法学家

铜像雕塑设计

钱绍武
（1928年至今）
江苏无锡人
1951年毕业于中央美术学院，后留校任教，雕刻家、画家、书法家

Foreword 前言

新中国成立70周年华诞之际，恰逢中国律师制度恢复重建40周年。

1979年12月1日，北京市第一法律顾问处建立，首批以律师和书记员身份成为工作人员的41人开始工作。与此同时，曾于1952年成立的北京律师协会也在中断工作27年后恢复重建。截止到2019年11月4日，北京拥有执业律师事务所2657家，律师人数达到32 347人。

回溯往昔，在中国律师制度恢复重建的40年历程中，改革浪潮汹涌激荡、波澜起伏：

一家家新创建的律师事务所如雨后春笋，层出不穷；一批批心怀理想的律师们不畏艰难，努力提升执业水准，推动律师制度的改革向纵深拓展。这其中，每一家律师事务所都有着自己独特的发展轨迹，有的经受过扩张、合并、拆分带来的喜怒哀乐；有的因业绩不佳，经营不善，最终关门倒闭；有的则在经历了风风雨雨之后，一步步走向壮大和辉煌。

北京中闻律师事务所就属于幸运的后者。

这家律师事务所登记成立于北京申奥成功之日。经过18年的励精图治，中闻律师事务所已经跻身于提供综合性法律服务大型律所之列，入选"ALB亚洲50强律所"、"ALB中国国内30强律所"、"ALB 2018年知识产权排名"前30强、"The Lawyer亚太百强律所"、"The Lawyer亚太区20所发展最快的律所"等榜单，荣获"中国PPP项目十佳律所"等称号……

在竞争激烈的业界，是什么样的理想情怀支撑着中闻人取得了如此耀眼的业绩？本书将中闻律师事务所放置于中国律师制度改革的宏大背景下，由宏入微，真实地记录了中闻律师事务所上至创始人下至普通律师的精彩人生故事，聚焦了时代变迁在他们身上留下的斑驳光影。可以说,中闻律师事务所的发展历程是中国律师制度恢复重建过程中诞生的一个范本。

笔 者
2019 年 11 月

Contents

目 录

楔 子 ………………………………… / 1

● 第一章 百年沧桑……………………… / 7
    北京律师协会恢复重建 ………………… / 9
    律师执业出离行政编制 ………………… / 11
    执业机构三种形态并存 ………………… / 14
    神圣之门又是地狱之门 ………………… / 15

● 第二章 名誉主任……………………… / 19
    律师生涯从退休后开始 ………………… / 21
    做律师首先要有好心态 ………………… / 24

● 第三章 60后………………………… / 27
    母亲支持我以律师为业 ………………… / 29
    顺应改革风潮南下北上 ………………… / 31
    辞职法官走出心理桎梏 ………………… / 32
    栉风沐雨愿做追梦的人 ………………… / 35
    翻译小说启迪人生志向 ………………… / 37
    骑车补报律师考试名额 ………………… / 39
    放弃总经理职务当律师 ………………… / 40

- **第四章 新世纪** …………………… / 43
  - 首都现代化建设生力军 …………… / 45
  - 法律人共同体开始形成 …………… / 48
  - 申奥成功之日登记津所 …………… / 51

- **第五章 幸运数** …………………… / 55
  - 特别庆幸遇上好引路人 …………… / 57
  - 我这辈子最明智的选择 …………… / 59
  - 不后悔走到今天这一步 …………… / 62
  - 这里符合我期望的条件 …………… / 64

- **第六章 三易其址** ………………… / 67
  - 搬迁新址进驻城建大厦 …………… / 69
  - 搬迁新址进驻天恒大厦 …………… / 71
  - 搬迁新址进驻居然大厦 …………… / 73

- **第七章 70后** ……………………… / 77
  - 力争做到不让你支援我 …………… / 79
  - 看不惯没有诚信的同行 …………… / 81
  - 参加工作哪能不受委屈 …………… / 83
  - 没压力就没有精彩人生 …………… / 85
  - 初到北京心理落差极大 …………… / 86
  - 实行民主管理有归属感 …………… / 89
  - 何不换个活法儿当律师 …………… / 90

- **第八章 做大做强** ………………… / 93
  - 部颁规章紧衔国家法律 …………… / 95
  - 改制浪潮浮出"大所时代" ………… / 96
  - 防范风险缺乏真知灼见 …………… / 98
  - 三家津所并入"中闻"名下 ………… / 100

雄心勃勃绘制理想蓝图 …………… / 102

● 第九章　潮起潮落 …………… / 105
　一项决定诱发潜在风险 …………… / 107
　合并蜜月结束劳燕分飞 …………… / 109
　办公区域变得空空荡荡 …………… / 111
　大动荡传遍京城律师界 …………… / 113
　岁末聚餐气氛格外惨淡 …………… / 116

● 第十章　大乱大治 …………… / 119
　先进理念如潮水般袭来 …………… / 121
　特殊普通合伙执业形式 …………… / 123
　"三权分立"确保权力制衡 …………… / 126
　悉心搭建股权制度结构 …………… / 130

● 第十一章　扭转颓势 …………… / 135
　两根挂杖助力改制深入 …………… / 137
　谁是CEO职位适当人选 …………… / 140
　发挥正能量压住负能量 …………… / 143
　大家为救治李波捐善款 …………… / 145
　股价上涨仍被抢购一空 …………… / 148

● 第十二章　公共律师团队 …………… / 151
　着力攻克两大制度痼疾 …………… / 153
　"二八现象"困扰律师业界 …………… / 155
　薪酬制度权衡内外公平 …………… / 156
　公共案源匮乏令人焦虑 …………… / 158
　各种各样困难层出不穷 …………… / 160
　营造互助互爱良好氛围 …………… / 162
　不断探索优秀团队制度 …………… / 165

理想与现实仍存在差距 …………… / 167

第十三章　80后（一） ………… / 171
　　立志要做专家型的律师 …………… / 173
　　改革方向对年轻人有益 …………… / 175
　　参与制度改革方案设计 …………… / 177
　　从公共团队晋升合伙人 …………… / 179

第十四章　公司化 ……………… / 183
　　大动荡未动摇改制决心 …………… / 185
　　行政能力"短板"掣肘改革 ………… / 188
　　律师协会加强执业惩戒 …………… / 190
　　重大事项设监事提案权 …………… / 192
　　"人力资源"替代"人事管理" …… / 194
　　设定入伙退伙程序条款 …………… / 196
　　退伙制度条款一改再改 …………… / 199

第十五章　专业化 ……………… / 201
　　市律协导引专业化方向 …………… / 203
　　专业培训细化业务类别 …………… / 204
　　平台战略促建矩阵部门 …………… / 206
　　刑辩学院与行政诉讼研究院 ……… / 208
　　公平实现以贡献论报酬 …………… / 211
　　"互联网+"促生"中律联盟" …… / 213

第十六章　文化与品牌 ………… / 219
　　"硬文化"实现"更上一层楼" …… / 221
　　"软文化"蕴涵着理想情怀 ……… / 223
　　集体潜意识中的归属感 …………… / 225
　　品牌建设转向系统耦合 …………… / 227

品牌管理是项系统工程 …………… / 230
　　踊跃竞逐各项文体比赛 …………… / 232

● **第十七章　80后（二）** …………… / 235
　　谁不希望自己独当一面 …………… / 237
　　辞掉记者工作加入中闻 …………… / 238
　　律师选择换所不可草率 …………… / 239
　　凭借业绩能力获得认可 …………… / 241
　　公平合作对年轻人有利 …………… / 243

● **第十八章　公益心** …………… / 247
　　助学夏令营多年未间断 …………… / 249
　　女律师捐献骨髓救男童 …………… / 250
　　"潞河公益"比肩"桂馨书屋" …… / 252
　　坚守信仰提升精神境界 …………… / 254
　　集聚个人美德向善而行 …………… / 256
　　创设"闻基金"互帮互助 …………… / 257

● **第十九章　传承** …………… / 261
　　个人充分表达质疑意见 …………… / 263
　　投票确定续租办公场地 …………… / 264
　　草原拓展活动喜出望外 …………… / 266
　　泰国会期浓厚情谊交融 …………… / 268
　　提携年轻律师谆谆告诫 …………… / 271
　　90后入职体会"中闻"精神 ……… / 274

● **第二十章　换届** …………… / 279
　　热爱律师职业无愧人生 …………… / 281
　　亦上亦下分享管理体验 …………… / 284
　　新规划新纲要征求意见 …………… / 287

我们的民主是很彻底的 ……………… / 288
建设一个法律人理想国 ……………… / 290
由衷期待中国人做表率 ……………… / 294

尾声·新年到 ……………………… / 298

楔 子

2018年季春时节，国家法定节假日——五一国际劳动节临近。

首都北京花团锦簇，牡丹、桃花、丁香、海棠、木兰、蔷薇等花卉相继盛开，馥郁芳香。大街小巷挂起国旗，摆放鲜花，节日气氛浓厚。

现如今，在北京生活多年的人们提起东直门，会想到立交桥、地铁站、交通枢纽、来福士广场、簋街、东方银座、国盛中心，而高级商务人士往往会联想到"东直门商圈""城东六大核心商圈交集地"。

城门与城墙是北京这座历史文化名城的标志和象征。

东直门立交桥西侧曾经矗立着一组雄伟高大的古城楼，这段历史似乎已被当今的人们遗忘了。

"内九外七皇城四，九门八点一口钟"，这句顺口溜，老北京人耳熟能详。

据史料记载，忽必烈1267年下令建造元大都，自元初至明清，北京围建起宫城、皇城、内城和外城四重城，内城设九门、外城设七门、皇城设四门，即所谓"内九""外七""皇城四"，东直门即为内城九门之一。

东直门原为元大都东垣崇仁门，明朝洪武元年（1368年）、洪武四年（1371年）均修补沿用，永乐十七年（1419年）修葺，改称东直门，正统元年（1436年）重建城楼、瓮城、箭楼、闸楼。

北京古建老一辈瓦木工匠把东直门称作"样楼"，皆因老辈儿传话，东直门是"内九"众城楼中建起的第一座城楼，其他城楼皆仿其模式建造。史料中有关这座城楼规模建制的记载如下：

城门城台底基宽39.95米、高11.58米；城台内侧左、右马道宽4.8米；城楼连廊，面阔31.50米，连城台通高34米；瓮城为正方形，东西长62米、南北宽68米，瓮城南侧辟券门，券门上建闸楼，闸楼形制同朝阳门；瓮城外侧墙体辟有两层箭孔，与城门相对之垣墙正中筑箭楼，其外侧面阔7间约32米，楼前、左、右三面墙体各辟箭孔4层，共有箭孔80个。

不难想象，几百年前，站在东直门城楼上的官兵向西南方向张望，定能看到4公里外故宫三大殿殿脊那一溜儿金黄色的琉璃瓦。

据专业人士测量，故宫太和殿连同台基通高35.05m，是紫禁城内体量最大、等级最高的建筑物，比东直门城楼整整高出1米。

1915年，民国时期的北洋政府修筑北京环城铁路，设计从平绥铁路西直门站（如今的北京北站）经德胜门、安定门、东直门、东便门到正阳门东站，为畅通线路，拆除了东直门瓮城和闸楼。

1927年东直门箭楼被拆除，仅存箭楼台基。

新中国成立后，1958年拆除东直门箭楼台基。

1965年因修建环城地铁，拆除了东直门城楼，并将城楼前的东护城河改为暗沟埋在地下。自此，这一组在风雨战火中屹立五百余年的古城楼荡然无存，只留在史料文字和发黄的老照片里，遗下"东直门"三个字作为地名沿用至今。

东直门立交桥西端即是被拆除的东直门城楼遗址所在，这座苜蓿叶形互通式立交桥建于1980年，坐落在东直门内大街和东二环路的衔接处，桥下是中国第一条全封闭、全立交、没有红绿灯的城市快速环路。这条被北京人称呼的所谓"二环路"自建成至今，超负荷地承载着川流不息的车辆。

号称亚洲最大的现代化立体综合交通枢纽——东直门交通枢纽，矗立在立交桥东边，两条地铁与机场轻轨在此交驳，60多条始发公交、途经公交、夜班公交线路在此站点衔接。立交桥西南，一栋栋高级商务楼宇鳞次栉比，气宇轩昂地比肩向东，日夜俯视着东二环宽阔车道上熙熙攘攘的南北车流。

这一地段特大型企业总部扎堆儿聚集，如中国石油天然气集团有限公司、中国海洋石油集团有限公司、中国移动通信集团有限公司、中铁物流集团有限公司、中青旅控股股份有限公司、中国人寿保险（集团）公司、国华能源投资有限公司等。

这一地段享有北京市政府给予中关村科技园区和雍和科技园区的优惠政策，在媒体报道及众多高级写字楼商家广告文字中，被冠以"国企大道""巨头经济圈""中央商务区"的闪亮称谓。

夹峙在国华投资大厦与中青旅大厦中间的居然大厦由北京居然之家控股集团

楔　子

斥资近 7 亿元兴建，大厦地上 18 层、地下 3 层，现代化办公条件及配置完备。

这幢 5A 甲级商务写字楼外观设计独特，以其不落俗套的楼体切面与楼体轮廓曲线错综交汇，营造出富有现代气息的动感与活力，拥有"东二环中央商务圈"标志性建筑之誉。

五一国际劳动节前一天，居然大厦里的 8 部垂直电梯不似往日那样繁忙地上下运行，而楼内中闻律师事务所会议室里却坐满前来参加会议的人们……这家律师事务所自 2011 年整体租赁居然大厦 18 层作为办公场所，至今已越过第七个年头。

事务所主任吴革的办公室坐落在这一楼层的西南角，他参加会议离开，办公室房门敞开着。午后的阳光从办公室西面大玻璃窗前垂下的百叶窗缝隙斜射而入，在窗前大写字台上映出一道道纤细的光栅，耀眼地网住桌面上摆放的一册大开本图集。这是一本《中闻律师事务所空间设计方案》图集，拥有 41cm×29cm 异形大开本规格，全彩色高级铜版纸印刷，封面印有居然大厦楼体图片，制作时间标注为 2018 年 4 月 12 日。这本图集记载着装饰公司专门为中闻律师事务所整体装修居然大厦 8 层提供的三种设计方案，8 层建筑面积 2650 平方米，可用面积为 1720 平方米，分为开放办公区和独立办公区，第一设计方案可容纳办公人数为 259 人。

不久前，中闻律师事务所与居然大厦产权方签订了整体租赁 8 层办公场所的合同，为减少装修对律师工作的影响，这家律师事务所采用招标方式选中一家专业装修公司，双方约定施工队 5 月 1 日进场开工，工期严格限定在 55 天之内。

那本漂亮的彩色图集即是中标装修公司送审的装修设计方案图集。

两周前，这家律师事务所行政部门唯一的爷们儿——董跃，东奔通州、西去五棵松，忙不迭地与多家专业公司接洽装修事宜，继而向中闻律师事务所决策层详细汇报，直至决策层拍板敲定一家中标的公司。

假日来临前，董跃准备回内蒙古老家好好度假，提前购买了北京西站至呼和浩特的高铁票，可他不得不在三天假期的第二天就返回北京，赶在开工伊始去履行装修现场甲方负责人的职责。他估计去西客站赶乘高铁的时间来得及，想再去 8 层巡看一圈，便拿上钥匙，从 18 层乘电梯到 8 层，走到廊道进深处的两扇玻璃门前，用钥匙打开门把手上的环形钢丝锁，推门而入。

占用 8 层的一家大公司已经退租，清空了所有杂物，拆除了全部隔断板壁。

因你而不同

一眼望去，近乎6个标准篮球场大小的楼层内空空荡荡，站在南端尽头向北望去，能一眼看到三四十米开外的北墙内壁；站在西端边墙向东望去，能一眼看到七八十米开外的东墙内壁。这里的地面和墙壁斑斑驳驳、坑坑洼洼，四处裸露着电线闸盒和剪断的电线头，天花板上的金属龙骨横七竖八地胡乱垂吊着。行走时若不看脚下，说不定会被什么东西绊倒。耀眼的阳光从西窗透射在西边的地面上，走进布满阳光的地面，抬脚时可看到鞋底蹚起一股股升腾的尘埃。如此萧瑟景象与居然大厦一层大厅显示的豪华气派形成强烈反差，更与楼体外观及南北两幢现代建筑的雄浑气质全然相悖。

北面的落地大玻璃窗外，国华投资大厦近在咫尺，由国华能源投资有限公司投资兴建，这幢大厦地上17层、地下4层，与居然大厦同为世界著名建筑设计集团——香港王董集团担纲设计。

南面的落地大玻璃窗外，中青旅大厦近在咫尺，这幢大厦地上20层、地下3层，由国际建筑大师冯·格康教授指导德国GMP担纲建筑设计和精装设计。

居然大厦8层楼面距地面30余米，最佳观景视野当属东西两端，东望可见中央电视台总部大楼、中国尊大楼、国贸CBD建筑群等首都地标性建筑；西望可见北海公园白塔，再远处是386.5米高的中央广播电视塔。视野极限之处是北京西山遥遥交叠的几重山脊。

董跃伫立在8层西端的落地大玻璃窗前极目眺望，此刻阳光明媚，天空湛蓝，一群白鸽不知疲倦地在天上绕圈飞行，鸽哨划过蓝天阵阵作响，鸽身掠过下方是成片灰色砖瓦的民居和栽有槐树、枣树等果木的小院。

12年前，内蒙古小伙子董跃从包头乘绿皮火车、坐硬座来到北京，本想凭借个人电脑网络技术在中关村科技园区扎根立足，却意外受挫。他在租住的地下室里枯坐了整整一个月，才渐渐调整好心态，应聘中闻律师事务所网络工程师。十几年光阴转瞬即逝，举凡修电脑、换灯泡、搬桌椅等行政杂务，哪里需要就去哪里，董跃无一不干，如今已逾不惑之年，他可谓"老中闻"矣。要说中闻律师事务所当下聚集着好几百号同事，不知道董跃姓名和不熟悉他相貌的人恐怕很少，他是中闻律师事务所的行政全能好手，举凡外联、会议视频、录像、网络、电路、电话、门禁等大事小情，无所不能。

眼下装修队即将开工进场，身为现场甲方第一责任人的董跃多年以前就具备了监理大型室内装修的经验：2011年，中闻律师事务所从天恒大厦迁入居然大厦,"行政男"董跃就担任过18层2650平方米装修现场的甲方负责人。更早些,中闻律师事务所2008年迁入天恒大厦8层之前进行1000平方米办公面积的装修工程,他身担重任,圆满完成监理工作。

中闻律师事务所装修8层事宜尚在紧张磋商之际,其微信公众号就已经提前推出介绍页面:

北京市中闻律师事务所是一家提供综合性法律服务的大型律所,总部设在北京,在上海、海南、郑州、济南、南宁等地设有分所;律所注册资本3500万元,是业内注册资本规模最大的律所之一;现有法律工作团队成员300多名,其中合伙人律师140多名,29个法律专业部门,4个研究机构,北京总部办公面积5000多平方米……

中闻律师事务所扩大办公场地,人丁兴旺、事业拓展。然而,这家律师事务所大起大落、大落大起的发展历程与一批批入职者跌宕起伏的人生故事,在消逝的时光里闪烁出时代变迁的斑驳光影。

第一章　百年沧桑

1902年,清朝光绪皇帝下谕,要求参酌各国法律悉心考订《大清律例》。

光绪三十二年四月初二(1906年4月25日),清朝大臣沈家本、伍廷芳进呈《大清刑事民事诉讼法草案》,草案第四章中设有"律师"一节。辛亥革命之后,由袁世凯担任中华民国临时大总统的北京政府于1912年9月16日公布实施《律师暂行章程》,律师制度由此在中国落地生根。

北京律师协会恢复重建

现代律师制度最早萌生在古希腊、古罗马时代,古罗马人拟出复杂的成文法典以及诉讼制度,包括辩护律师制度,为近代西方法律体系继承至今。

中国最早的律师是那些拥有租界地领事裁判权而执业的外国律师,而民国时期出现的沈钧儒、史良、施洋、曹汝霖等知名大律师在中华史册里留下了他们执业的身影。

中华人民共和国成立后,1954年6月中央人民政府委员会公布《中华人民共和国宪法(草案)》。司法部随即发出通知,指定北京、天津、重庆、沈阳等地试办律师工作,新中国律师制度初现萌芽。这项工作推进到第5年,律师辩护被取消,律师制度建设止步,自此停滞了近20年之久。

1978年,中国进入改革开放和社会主义现代化建设的新时期,日渐提速的国家经济建设迫切需要法治建设的保障。1979年7月1日,根据第五届全国人民代表大会第二次会议通过的《中华人民共和国法院组织法》的规定,司法行政机关恢复重建。

与《中华人民共和国法院组织法》同时通过的《中华人民共和国刑事诉讼法》专门规定了律师辩护的内容,司法行政机关沿袭50年代的工作任务——管理律师组织。

同年12月19日,司法部发出《有关律师工作的通知》。接着,全国人大常委会于1980年8月26日通过了《中华人民共和国律师暂行条例》,这是中华人民共和国关于律师制度的第一部法律,与《中华人民共和国宪法(草案)》颁布相隔了整整26年,它成为恢复中国律师制度的重要标志。

北京市律师协会始建于1952年,时隔27年恢复重建。

因你而不同

《中华人民共和国律师暂行条例》通过之前，北京市委于1979年4月9日作出重大决定——恢复北京市律师协会筹备委员会和北京市法律顾问处。当日的会议被视为北京市恢复律师制度的开端。

1979年12月1日，北京市第一法律顾问处建立，首批以律师和书记员身份成为工作人员的41人开始工作。此时，全国多地先后成立起法律顾问处。经相关统计披露，全国各地第一批以律师身份跻身法律顾问处工作人员之列的共计212人。

在北京市律师协会编辑成书的《口述历史——回眸北京律师业发展历程》中，十位德高望重、年逾八旬的老律师作为北京市恢复律师制度的参与者和亲历者，他们的口述回忆被详细地记录下来。在这些老律师中，有人在"文革"前就读于北京大学、中国人民大学，有人就读于北京政法学院（中国政法大学前身）、山东政法学院及司法部法律学校，他们在"文革"中或参军或下放，改革开放前流散在不同地方，或在机关或在企业或在学校。当北京市高级人民法院费尽心思将这些人一一拢来，请他们担起恢复律师制度的历史重任时，这批人都已进入不惑之年。

北京市司法局原副局长周纳新成为重归北京律师队伍的第一人，回想起40年前的往事，她思维清晰："当时北京市司法局还没有恢复，律师执业由北京市高级人民法院司法行政处管理，一位副院长几次找我谈话，希望我回去做律师。本来我学法律就是为了当律师，虽然经历了这么多波折，但还是想做律师，我喜欢挑战性的职业。"

杭华已年过八旬，享有北京市"终身荣誉律师"称号，他记得调入北京市律协筹备组业务组做律师工作之初，办公地点在北京市高级人民法院里面，主要任务是接待群众来访和刑事辩护，"当时，我和其他被调入人员还没有被正式授予律师资格，所以叫律师工作人员"。

雷琼女士是第一批被分配到北京律师顾问处的工作人员，那一年她48岁。据她回忆，法律顾问处的工作特别繁忙，她要经常加班和出差。1998年，她被北京市司法局、北京市律师协会授予"终身荣誉律师"称号。

据《口述历史——回眸北京律师业发展历程》披露，恢复律师制度之初，召集法律人才是筹备组的首要任务，工作人员四处寻找"文化大革命"前从高等院校法律专业毕业或在那里进修过的学生，他们或是公检法干部，或做过律师工作。筹备组辛劳奔波,在征询对方归队意愿时,有人自愿回归,也有人因为身受政治运动冲击,心存忌惮,不愿归队。

北京市恢复律师制度之时,北京市律师协会筹备组与北京市司法局筹备组同时开展工作。虽然北京市法律顾问处先于北京市司法局恢复,但北京市委明确规定:法律顾问处归属司法局管辖。市司法局承担着对法律顾问处及其工作人员实施管理的职责,管理涉及律师事务所设立、撤销、注册、律师资格、律师执业证、律师培训、律师惩戒等事项。

1982年1月1日,《中华人民共和国律师暂行条例》从这一天起开始施行,这部法律是全国人大常委会在493天之前就已经通过的,共4章21条,包括律师的任务和权利、律师资格、律师的工作机构及附则等内容。

同年4月,第一次北京律师代表大会召开,大会通过了北京市律师协会的第一个章程,郑重宣告北京市律师协会正式成立。时隔4年后,第一次全国律师代表大会于1986年7月5日在北京召开,全国性的律师行业自律性组织——中华全国律师协会成立。

律师执业出离行政编制

《中华人民共和国律师暂行条例》(现已失效)第1条规定:"律师是国家的法律工作者";第13条规定:"律师执行职务的工作机构是法律顾问处";第16条规定:"法律顾问处设主任1人"。

《民主与法制周刊》记者祁彪在《与时俱进:律师制度四次修订历程》一文中写道:

"律师暂行条例将律师定位为'国家法律工作者',把律师当作国家公务员纳入司法行政机关的内部编制,体现并强调了当时律师的公务员身份。律师经费列入国家事业预算,律师收费统一上缴国库。律师工作具有公益性和行政性,不具有营利性。"

两位从事律师工作的老同志在个人博客里写下了回忆当年工作情形的文字。

天津一位廉姓资深律师写道:

"由于法律顾问处是国办的,它在许多方面和今天的机关甚至法院有相似之处。法律顾问处主任是（司法局）局党组任命的，法律顾问处律师及行政人员的工资都是局里发。主任负责收案、分配案件，第一个和当事人谈话。"

西安资深律师马宽厚写道：

"1979年，西安就筹办起法律顾问处，只不过那时是西安市中级人民法院在行政处下面设立的两个小部门，一个是公证处，一个是法律顾问处。"

《中华人民共和国律师暂行条例》施行一年半，远离北京数千公里之外的深圳市一家名为"深圳市蛇口律师事务所"于1983年7月15日正式挂牌开业，它成为国内恢复律师制度的首家律师事务所。当地政府部门专门为这家律师事务所批准了行政编制，委派人员担当律师事务所主任。

当年，全国独有这一家律师事务所先试先行，担当开路先锋。这家律师事务所设"主任"不设"所长"，参照新中国成立之初全国各地设立法律顾问处的建制样本，沿袭了政府部门编制的惯例。

想当年，律师被称作"司法战线上的国家工作人员"，他们持有红塑料外皮、正面印有单位名称烫金字样的工作证，揣上一张单位介绍信，走南闯北，出入政府部门、机关企事业单位，外出乘车、住宿都能得到接待方相应的照顾和方便，还能享受单位分房、医疗补助、退休保障等福利待遇。

《中华人民共和国律师暂行条例》施行4年半之后，第一次全国律师资格统一考试启动。《民主与法制时报》曾刊登过标题为《司法考试的"前世今生"》的报道，文中提到：

"1986年4月12日，司法部发布《关于全国律师资格统一考试的通知》，同年9月27日、28日连续两天考试，全国共有2.9万人报名参考，其中1134人成绩合格，取得律师资格。首次全国律师资格统一考试终结了地方司法行政部门考核或推举律师的时代。"

第一次全国律师资格统一考试工作尚处于紧张筹备阶段，一条重磅消息从司法部传出，国家将对律师制度启动重大改革，推行合作制律师事务所。这意味着过去官办的律师事务所将被"合作制"的律师事务所取代。

如果说启动全国律师资格统一考试对律师行业是一次小小的震荡，紧随其后袭来的则是体制改革的狂风暴雨。1988年6月，司法部发出《关于下发〈合作制律师事务所试点方案〉的通知》。律师们研读这份文件后从中获悉，律师事务所工作人员不占国家编制；合作制人员可辞去原公职或经当地有关部门批准在试点期间停薪留职；律师事务所独立核算、自负盈亏；律师事务所人员一律实行合同制。

这份文件传达出顶层决策不可动摇的改革步骤——端掉律师的"铁饭碗"，突破体制"坚冰"。这项决策被视为"有力地摁下启动律师体制改革的按钮"。时隔几十年后，由此引发的剧烈震荡，仍留存在当年亲历者的脑海中。

在体制内从事律师工作的人们一直端着"铁饭碗"养家糊口，眼看生存靠山"移位"，忧虑、质疑、彷徨、悲观骤然袭来。一夜之间变身自由职业者，国家不再给他们提供生活保障及福利保障。面对没有业务收入就没有任何经济来源的严峻现实，人们不知所措，有人悲戚哀叹，"国家为了甩掉财政包袱，把我们抛弃了"。在这何去何从的重大人生关头，任谁也不能不慎重考虑继续前行的未来命运。

1988年以前，北京市的律师事务所（含法律顾问处）全部占用国家行政编制，依靠国家行政拨款，属于实行行政管理的司法事业单位，而合作制律师事务所不占国家编制，不要国家经费，由律师（合作人）自愿组合，共同筹措资金，组织成立集体所有制的律师事务所，以其全部资产承担债务责任。

"国办制律师事务所的行政编制束缚了人员大量扩充的需求，依靠财政拨款又导致律师事务所缺乏开拓业务的基础和动力。"年过八旬的孙常立出任过北京市高级人民法院副院长、北京市司法局局长及党组书记，兼任过北京市律师协会会长。作为国办制律师事务所改制全程的参与者和亲历者，他讲出了当年更深一层的改革动机。

据孙常立回忆，律师事务所改制是为了适应深化改革的迫切需求："市场经济是法治经济。当时国办制律师工作的实际状况与经济发展的需求极不适应。"

当年让领导层焦虑的工作困境是：律师人员太少；律师人员中特别缺乏懂法律、懂经济、懂外语的复合型人才；房地产、金融证券等新兴市场领域的内行律师极度稀缺；在律师行业迅猛发展态势下，司法局行政人员管理律师模式明显滞后。经过权衡利弊、周密筹划，高层决策者在启动新一轮改革之前确信：创办自收自支、自负盈亏、自律管理、自主发展的合作制、合伙制律师事务所势在必行。

时代改革如潮水般强劲袭来时，不乏勇往直前的人。

依据《合作律师事务所试点方案》，北京市司法局于1988年7月29日批准成立了北京市第一家合作制律师事务所——北京市经纬律师事务所。这家律师事务所的成立在北京律师业界擎起导引方向的一面旗帜，激励律师同行们携手向前。

1991年9月，司法部和国家档案局制定下发了《律师业务档案管理办法》和《律师业务档案立卷归档办法》等规定，积极推进律师体制改革以促进律师事业发展。

一位资深的天津律师写下这样的回忆：

"自从创办合作制律师事务所，不受国办所的管制，律师事务所的国办体制开始土崩瓦解。一年多以后，国办所能干的律师几乎走光了。"

1993年6月，国务院批准了司法部《关于进一步深化律师工作改革的方案》，律师不再是国家的法律工作者，要脱离干部身份，变为向社会提供法律服务的执业人员；律师事务所也不再委身法院办公，要出离行政编制，变更为社会主义市场经济条件下的法律服务机构。

执业机构三种形态并存

1994年3月1日，北京市国证律师事务所经北京市司法局批准挂牌成立，成为北京市第一家以合伙人共同申请成立的律师事务所。同年4月15日，北京市首家由创办人独立出资并以其姓名命名的律师事务所成立。自此，北京市律师执业机构出现了合作制、合伙制、个人所三种形态。

不仅如此，北京市司法局在批准合伙制律师事务所之时允许试办以个人名字命名、不限开办人数的律师事务所，即在合伙人只有一人的情况下，由创办律师独立出资，开办以个人名字命名的律师事务所。

据北京市金台律师事务所律师常鹆旻回忆：

"以前市区两级司法局是按律师事务所的收入额收取两道管理费，但1994年开始给律师事务所和律师'松绑'。律师事务所每年交一笔统一固定的年检注册费，每个律师只要交纳2500元的年检注册费就可以了。律师事务所再不用因交费而弄虚作假了。律师事务所和律师依法纳税，为国家税收做出了贡献。"

1996年3月17日，全国人大将"依法治国，建设社会主义法治国家"作为一条基本方针写入《国民经济和社会发展"九五"计划和 2010 年远景目标纲要》。两个月后，全国人大常委会在 5 月 15 日通过并公布了《中华人民共和国律师法》，这部被誉为新中国第一部律师法典的法律自 1997 年 1 月 1 日起施行。此前，1996 年 10 月 25 日，司法部出台并开始施行《合伙律师事务所管理办法》。

不久，全国人大常委会于 1997 年 2 月 23 日通过了《中华人民共和国合伙企业法》，并于同年 8 月 1 日起施行，它比司法部施行的《合伙律师事务所管理办法》迟了 9 个多月。

《中华人民共和国律师法》施行一年后，全国律师人数逾 10 万人。

合作制律师事务所与合伙制律师事务所仅一字之差，其区别的关键在于合作制律师事务所属于集体所有制性质，财产归集体所有，并以律师事务所的全部财产承担民事责任；合伙制律师事务所属于个人合伙性质（私有），律师事务所的财产归合伙人所有，合伙人对律师事务所的债务负有无限责任和连带责任。

进一步的解释是：合伙制律师事务所是由律师个人合伙成立的律师事务所。合伙人共同出资，独立核算，自负盈亏。合伙人对律师事务所的民事行为承担无限责任。合伙制律师事务所可以聘用律师、辅助人员和工勤人员。律师事务所的财产归合伙人所有。

据全国律协原秘书长吴明德回忆：

"1999 年，国务院要求中介机构脱钩改制，律师事务所改制在全国范围铺开。"

此时，北京市律师事务所合作制、合伙制、个人所三种形态并存发展的探索实践已经进入到第 5 年。合作制由于带有往日计划经济的胎记，其资产一般为合作人共同共有，在这种制度下，全体合作人既是拥有者，又是创收者，还是管理者。因其权利、义务配置不合理，不仅难以跨越分配平均主义弊端，决策管理也易出现不可弥合的分歧。

随着时代的发展，合作制将退出行业的舞台。

神圣之门又是地狱之门

若在大街上向一个正在行走的普通人提问："您知道律师是做什么工作的

吗?"回答多半是"打官司"三个字。

按名词释义,律师被称为知识分子。

所谓知识分子,是指那些掌握专门知识,受过专门训练,以知识为谋生手段,以脑力劳动为职业的人。他们以创造、阐发、传播或者运用知识为核心工作。工程师、技师及其他技术人员的代表如律师、医生、艺术工作者、教师、科学工作者和大部分职员均属于知识分子。

社会学家将自由职业者分为三类:第一类是小本生意人,如装修公司老板、购物网店老板等;第二类是没有底薪的推销员,如寿险顾问、地产经纪、广告中介、直销人士等;第三类是专业人士,如律师、摄影师、专利代理人、会计师、牙科医生、技术顾问、管理顾问、管道工、电工、理发师、艺术家等。

崔月琴、刘秀秀在合作撰写的学术论文《从"单位人"到"自由人"——我国自由职业者生存特征的社会学分析》中这样描述自由职业者:

"自由职业者大多数是年轻人,他们独立意识强,注重经济收入,具有高学历并掌握较复杂的脑力劳动技能,有良好的组织能力和强烈的事业心。他们对高薪的期待体现了其对自身实力的自信和希望被社会认可的心态。"

律师被称为自由职业者,他们不仅要巩固已有的法律专业知识,还要顺应国家法制进程的推进不断学习、持续钻研。律师往往面对这样的委托人:对方把自己无法解决的争执纠纷委托给律师,企盼在律师的帮助下通过法律程序"经官"得到公平处理。相当多的当事人胜诉心愿强烈。律师接手这样的委托,凭借自身积累的法律专业素质,综合调动社会经验、心理素质、办事能力、协调能力、沟通能力开展工作。

在那些怀有职业理想、执意投身律师职业的年轻人看来,当律师就是要勇于实现自我价值,挖掘个人潜能,把握命运的挑战。当这些年轻人入行之后,资深律师常常会告诫雄心勃勃的年轻同仁,执业生涯中少不了来自方方面面的压力,要想做个出色的好律师,不仅要耐得住、挨得住、熬得住,更要守住底线、抵住诱惑。

外行人无从体验律师职业者身心承受的巨大压力。

君合律师事务所律师武晓骥是第一位担任北京市律师协会会长的执业律师,他深谙勤勉尽职的律师身处什么样的工作状态,曾这样感叹过:

"律师虽然不必'朝九晚五',但工作压力很大,长期超负荷工作,往往较少户外活动，他们的身心健康在高强度劳碌中难免受到损害。"

律师虽然被冠以知识分子称谓，但由于人文素质参差不齐，一些律师因高收费、不讲诚信、见利忘义而沦为民间讥讽的笑料广为流传，极大地贬损了律师行业整体的公信力。海南大学法学院教授韩立收发表的《法律的曲解、误解与理解》一文中写道：

"律师的职业活动具有独立性，不仅独立于当事人和同行，而且独立于国家机关。大部分律师靠当事人提供的酬劳谋生，提供的服务具有鲜明的商业属性，律师职业具有两面性。"

随着社会经济的发展，律师越来越多地介入到形形色色的社会矛盾纠葛之中，一些律师滋生的恶行致使律师从业者的社会声誉毁誉参半，"助纣为虐""两面做人""贪婪求财""撒谎欺瞒""无良逐利"等诸多指斥，表达出人们心中对律师不良行为的强烈不满和愤慨。

中国共产党中央书记处原书记胡乔木曾参与起草《中华人民共和国宪法》，主持起草过《关于建国以来党的若干历史问题的决议》。他在1986年为第一届全国律师代表大会题写了一首《律师颂》：

你戴着荆棘的王冠而来，
你握着正义的宝剑而来。
律师，
神圣之门又是地狱之门，
但你视一切险阻诱惑为无物。
你的格言：
　　在法律面前人人平等，
　　唯有客观事实，才是最高的权威。

胡乔木曾出任过新华社社长、新闻总署署长、中国社会科学院院长、顾问、名誉院长，他在《律师颂》中落笔"地狱之门"，隐喻律师制度恢复重建进程中要警惕出现的社会阴暗面。

纪念律师制度恢复20年之际，中国政法大学终身教授江平在接受北京日报记者采访时神情庄重地说：

"律师是一个国家法治文明的标志。律师兴则国家兴，只有律师制度发达了，国家的民主、法制制度才能够更加完善，律师制度的成败关乎国家的兴亡。"

因你而不同

针对一些律师受金钱诱惑出现道德败坏的行为,江平忧心忡忡地提出警告:

"一味商业化,一味追求挣钱,挣钱是唯一的目的,缺少赤子之心、浮夸、包打官司,在市场经济下,我们绝不能把挣钱和人格作为对立的东西。"

他语重心长地奉劝律师要恪守六个字:"严谨、科学、老实。"

第二章　名誉主任

2018 年 1 月 26 日，北京龙熙维景大酒店金色大厅。

孙成霞、温进两位律师一身正装，在两百余位与会者的注目下走上中闻律师事务所合伙人大会会场主席台正中位置，从颁奖者吴革主任手中庄重地接过"名誉主任"大红证书，并肩站在璀璨的灯光下，聆听着四周爆响的热烈掌声，享受着同事们的由衷祝福。

两位名誉主任经受过社会发展的岁月洗礼，各有各的人生经历和执业生涯，往昔时光在他们的人生旅程中留下了鲜明的印记。

律师生涯从退休后开始

孙成霞于 20 世纪 40 年代出生，如今可谓奶奶级高龄女士。

她站在台上，那衣着打扮、那精神气质，发言的嗓音底气充沛，与会者莫不惊羡不已。这位德高望重的女律师看上去似乎与身旁那位温进律师年纪相仿，而温进律师年龄刚刚越过 60 岁。

她生在丹东，长在天津，就读北京辅仁女中，高中毕业第一志愿填写北京大学。

在孙成霞的记忆中，父亲几乎没有给她留下深刻印象，她长大后听母亲说，父亲 35 岁因病去世。连她在内的五兄妹全由母亲一人含辛茹苦带大。她在大排行中位居老四，大哥年长她整整 10 岁，大哥对她的人生影响很大，不仅在人生志向上给这个小妹妹做出榜样，鼓励她如何实现人生理想，还在经济上扶助她完成大学学业。

孙成霞最忘不了年幼时跟随母亲在丹东的那段生活。大冬天，母亲走到鸭绿江边砸开冰面洗衣服，手冻得通红。孙成霞说不论生活多么困苦艰难，母亲眼里没有困难。五兄妹个个升入大学，这是子女对父母恩情尤其是对母亲养育之恩的最好回报。

清宣统元年（1909 年），英美教会的美以美会创办了天津中西女子中学，这所学校于 1942 年与美国基督教公理会 1926 年创办的天津私立究真中学合并，更名为天津市女子第二中学，简称"天津女二中"。孙成霞在这所中学读完初中，因大哥工作后将母亲和妹妹接到北京居住，孙成霞借此进入北京市立第六女子中

因你而不同

学读高中。

北京市立第六女子中学前身为北平辅仁大学附属中学，是1925年由罗马教廷大主教会创办的。新中国成立后，这所学校于1950年10月改名为国立辅仁女中，两年后再次更名为市立第六女子中学。

读初中时，少女孙成霞向志愿军献花时才知道天津警务区一位首长的女儿是她的同班同学，两家人友情笃深，这位首长曾对她讲过这样一句话，"小霞，将来你学法律吧"。这句话深深地埋在了小霞心底。

来到北京读高中，北京电影制片厂派人到学校遴选电影演员，相中孙成霞。若不是母亲坚决拒绝女儿当演员，孙成霞很可能走上另一条人生道路。高中语文老师说她适合当律师，可她当时根本不知道律师是干什么的。

高中毕业，孙成霞一心报考北京大学法律系，考试成绩过线却被人"顶"了。19岁的孙成霞转而走进北京政法学院（中国政法大学前身）学习法律，学满4年后结业。当年的毕业生由国家分配，她第一志愿报名去新疆、西藏，第二志愿服从分配，结果被分配到湖南省公安厅。参加工作刚刚4个月，"文化大革命"风暴袭来。

"文革"时期的成年人经历过同样的情形，各单位没日没夜、没完没了地组织政治学习，工作没有周末、节假日。年轻的孙成霞早上五六点就起，凌晨两三点才躺下，有时累得开着会就能睡着。她先是在湖南省公安厅工作，后来调入湖南省高级人民法院工作。

起初，湖南话她一个字也听不懂，用她的话说，到法院工作后，一有案子来了，人就像打了鸡血似的，她既办案也参加义务咨询，办理了诸多百姓离婚、财产分割、争夺抚养权等案件，接触到当地形形色色的民间纠纷。

孙成霞婚后与丈夫两地分居多年，领导为了照顾她的家庭生活，将她调回北京与丈夫团圆，生活因此大大改善。然而，丈夫是一位给中央首长开专机的飞行员，经常执行任务出门远行，家人自觉地从不问他的工作和去处。孙成霞一人带大几个孩子，受了不少苦。

调入北京工作后，孙成霞先在北京无线电厂当干部，随即转入北京市人民检察院分院。"文化大革命"结束，孙成霞的名字与"检察员"这三个字经常一并落款在北京市中级人民法院起诉书的文尾。履行检察员职责那些年，她作为公诉人现身在审判戚本禹、聂元梓、蒯大富、韩爱晶的法庭上。

第二章 名誉主任

孙成霞家境贫穷，入学天津女二中时，同学中极少有走路上学的，那些同学家境优越，衣着光鲜，没有谁穿补丁衣服。这些早年的生活处境培养了孙成霞注重仪表风范的习性。参加工作后，在法院、检察院工作的经历更强化了她对服饰整洁、精神状态的自我检视。

"服装既体现着一个人的文化品位和内涵，也是人格力量的一种外在象征。"

孙成霞在检察院工作时，有件事印象特别深刻。市检察院检察长对下属要求特别严格，若看到诉讼材料写得不好，当面就撕掉。在检察院当处长时，她对下属从装束到言行均提出要求，不允许吊儿郎当、散漫行事。

不论法官、检察官、律师，孙成霞最看不惯那些在法庭上衣冠不整、举止不当、出言随意的人。有些律师出庭拎着一网兜诉讼材料，就座前把材料往桌上一丢，手里拿着的案卷竟能失手掉到桌下地面，每每看到这情景，孙成霞不由得心生怒气。

孙成霞从北京市人民检察院监所处处长职务上退下来后，担任过北京市检察官学会的秘书长，她在退休之前拿到了律师资格证，那年她57岁。办妥退休手续，她走进北京一家颇有名望的律师事务所，开始了人生的另一种生涯。这一刻，似乎在她上中学时就已命中注定。

孙成霞可谓是极有资历的法律人，无论在湖南省公安厅、湖南省高级人民法院，还是在北京市人民检察院，在公检法各机构工作过一轮的人在全国为数不多。就算有谁拥有上述职业经历，若再添上个律师职业，拥有这样人生履历的人在全国找得出几个呢？

退休下来，孙成霞入所当律师，在最初那家律师事务所里结识了吴革、周唯、温继强等几位志向和秉性投缘的律师。在时代大环境促动下，这几个人有心创办一家相互间理念认同的律师事务所，便一同退出就职的那家律师事务所，共同申办了一家新的律师事务所，取名为"北京市中闻律师事务所"。

孙成霞迈过60周岁门槛却从不在意年龄这件事，她依然像年轻时那样奋力工作，奔来走去，连夜整理诉讼材料，分析案情，忙碌到夜半凌晨，全然不输所里年轻律师的精气神儿。入所当律师，她在指导年轻律师执业时同样要求严格。

孙成霞年轻时吃过那么多苦却从不计较付出，也不在意收入。她凭借在司法机关任职几十年萃取的丰富经验，在体制外做个自由职业者，前所未有地释放出个人潜能。有趣的是，与初次相见的朋友聊熟时，她往往会有些俏皮地试问对方:"你看我有多大年龄?"

时至今日,那些小她几十岁的同事对她钦羡不已,仍坚持办案的孙成霞对时下的自己也感到惊讶——同龄人中有谁还像自己这样乐此不疲地劳碌,可她真的感到很快乐啊!

做律师首先要有好心态

人们观看战争电影时,经常会看到坦克车越过壕沟、涉水过河、追击敌兵的镜头,威风凛凛无疑是坦克兵留给观众的第一印象。

坦克兵有多神勇?

有军迷戏称坦克驾驶员个个都是麒麟臂,炮手个个是数学帝。据说驾驶坦克车几小时,一些体能不佳的驾驶员下车时可能都没有力气爬出舱门。老兵们有句大实话,"坦克不是谁都能开的"。

温进18岁进部队当上了坦克兵,这小伙子一进军营就让同龄人和干部觉得他与其他城市兵不一样,举凡洗漱用品、个人物件不用训导就摆放得整整齐齐。不仅如此,他做事情更是有条不紊。其实,这个习性的养成来自母亲的言传身教。

"母亲很爱干净整洁。当时家庭条件不那么好,但是她把家里收拾得井然有序。"

温进的父亲在人民日报社做党务工作,温进懂事时,父亲会告诉儿子如何与人交谈和沟通,当儿子与中学同学相处遇到困惑时,父亲教给儿子如何化解。母亲经常拿回一些好的报纸文章给儿女读,评析文章词句写得怎么好,这给年少的温进留下了很深的印象。

父母下放五七干校劳动改造,大哥已经参军去了部队,只留下温进和妹妹在家。母亲临走时专门找出几本书交给兄妹俩,让他俩把书读完,叮嘱兄妹俩在父母回家探望时,要回复各人读了几本书,书里写了些什么。温进记得,那几本书里有《钢铁是怎样炼成的》。

在兵营服役四年半后,温进从部队复员,被分配到北京市某人民法院工作。没多久,他又转调到恢复重建的北京市某司法局。原来,司法局得知这小伙

第二章 名誉主任

子的父母在人民日报社工作,认为他是块搞文字宣传的"料",生生把他从法院"扣"出来"抢"到司法局。领导对这温进说:

"你要好好发挥你这个特长,争取给我们多上一些宣传稿件。"

虽说温进是司法局恢复重建后的第一任宣传科科长,可起初他不过是一个光杆司令,手下没有一个兵。这一去就干了 11 年。那些年,温进从普通干部升为宣传科长,又去公证处、法律顾问处当副主任。这期间,他早早获得了律师资格,36 岁那年毅然辞掉公职,跟几位好朋友创办了一家律师事务所,下海当了一名律师。

当年,砸掉铁饭碗需要极大的勇气。这个人民日报大院出身的子弟难以适应人情关系的风气,再就是多多少少厌倦了当时的机关生活,希望出来闯一闯。没想到当律师头一个月就挣了 2000 多块钱,领到那一大叠票子把他惊着了。要知道,辞职前他的工资才 100 多块钱啊。

"我记得特别清楚,拿到 2000 多块钱律师费,我当时愣住了,不知道这笔钱该怎么花。我就跟我老婆两个人到王府井足足转了一天,最后决定买一台电视机,这番经历让我感到很新奇。"

出庭为一审判处死刑的一名罪犯辩护,成为温进踏入律师生涯之初难忘的经历。上诉期间,他会见那名犯罪嫌疑人 17 次,每次会见都超过 2 小时,只因查阅案卷发现一审定罪有几处疑点,他彻夜不眠、殚精竭虑地撰写辩护词,直至二审法院采纳了其辩护意见将死刑改为死缓。

这起刑事案件在一审前后受到多家国家级媒体的关注。终审判决时,中央电视台在宣判当天的新闻联播里播报了判决消息,其中闪过温进在法庭上做辩护的镜头。新闻播出仅仅几分钟,数十位同事和朋友给温进打来电话、发来短信,让温进心里充满执业的幸福感。

"我觉得做律师首先要有好的心态,急功近利,肯定做不好律师。你一来就瞄着做律师业务要创收多少,或者怎么给自己扬名,你就做不好。"

温进在与朋友创办的律师事务所里做了几年律师,渐渐地有心离开,想寻找更好的事业平台。一起诉讼官司促成温进与知名律师巩沙的友情,巩沙是第一被告的委托代理人,温进是第二被告的委托代理人,两人由此相识,日渐熟悉,相互认同。

有一天,曾在北京市第一律师事务所任职的巩沙告诉温进,说他不打算继续

因你而不同

在国办所干,想脱离出来创办一家律师事务所,他对温进说,你若有意加入,请来我这里。温进本已在自己创办的一家律师事务所里就职,他决定退出自己创办的律师事务所,加入巩沙创办的律师事务所。后来,他凭着个人努力,出任了巩沙那家律师事务所的副主任。

温进与巩沙搭档,一口气干了十几年,尽管这家律师事务所已发展到40多人,但此时赶上律师业界在新形势下大兴合并重组,规模大、人数多的大型律师事务所尽力扩张,兼并那些规模小、人员少、经营陷入困境的小型律师事务所。在这种风潮下,有能力、有想法、有决心的律师,谁不想把律师事务所做大做强呢?

于是,巩沙、温进与另两家律师事务所主任一起共商如何汇集各家业务之长、合并起来办一家大型律师事务所。

什么样的律师事务所能吸引更多的人来?

温进考虑过,首先要了解律师事务所都由什么人组成,人和最重要,合作要互相信任、互有好感;其次是政策,比如分配制度怎样,分配比例是多少;第三个是到这家律师事务所以后,人家要考虑未来有没有发展前途。

温进走进中闻律师事务所所在的天恒大厦,与多家律师事务所主任多次商讨合并方案,心情无比兴奋,他跟那些未来管理层的人分别交流,觉得他们具备的领导能力的确非同一般,他对合并以后的走向抱有信心。因为他见到了远远多于自己所在律师事务所的那么多人,他说当时人气爆棚、气场很大……

第三章　60后

20世纪60年代,国际地缘政治关系动荡:

中印边境自卫反击战爆发、美国正式介入越南战争、中苏珍宝岛武装冲突事件;国内社会动荡,"文化大革命"席卷全国……

2008年,中国青年出版社出版了《六十年代生人成长史》一书。作者王沛人在书中用生动的笔触描述了六七十年代出生的一代人的身心成长历程。在他看来,这代人中的一些成功人士把握住改革开放的良机,成为中国社会的中流砥柱。

母亲支持我以律师为业

息县在中国历史上建制早,且"息"字一脉承袭近3000年,地名无改,辖域也未有大变迁。那里地处大别山北麓,南接大别山丘陵带,北缘黄淮海平原;那里四季分明,物产丰富,盛产小麦、水稻等作物。历代以来民间素有"有钱难买息县坡,一半米饭一半馍"的俗语。

1966年,国家开始执行第三个五年计划,国民经济调整基本完成。这时,意识形态领域的批判运动逐渐发展成矛头指向党的领导层的政治运动。中共中央1966年5月召开的政治局扩大会议和8月召开的八届十一中全会被认为是"文化大革命"全面发动的标志。

1967年,吴革出生在河南省信阳市息县那片土地上,中国人名字中有"革"字的人恐怕不多,虽说成语有"革故鼎新"之辞,但取名"革"字确实映衬着他出生的那个年代。

吴革的父亲当过镇干部,母亲从潢川专区干校毕业后被分配到一处偏远乡镇工作。父亲在政治运动中受冲击,母亲被迫下放农村劳动,下放的那个村子恰与中国社会科学院五七干校所在的时楼村隔河相望,杨绛先生所著的《干校六记》就记述了她在那里度过的岁月。

吴革兄弟姐妹六人挨过饿、受过穷、遭遇过歧视,他在回忆少年时代的往事时写道:"我初中时的梦想之一,就是像城里的孩子那样,床底下扔一只篮球……贫困、歧视更加激发出人的求生欲,我们像压在石缝里的草一样顽强生存。"

在乡下熬过18年苦日子,吴革跟随父母回到县城,那一年是1981年。他记

因你而不同

得母亲有一位律师朋友，足迹遍及大江南北。母亲很是羡慕，她对做着文学梦的吴革说，"咱们家没有懂法律的，你学法律，当律师吧"。

母亲去世后，吴革在一篇长文中追忆他曾经与母亲的一段对话：

"我问母亲：您不与人争，您让我学法律，当律师，与人争斗。

母亲说：学法律好，按法律办事；帮助别人，不是与人争斗。

母亲的不与人争，其实是沉默地以命抗争。律师的与人争，其实是争而不争。

正是母亲选择并支持我以律师为业，塑造并改变了我人生的轨迹。"

1990年，吴革走出大学校门，毕业后回到息县，前往县司法局律师事务所报到。

全国律师资格统一考试进入第六年，23岁的吴革参加考试过线，在1991年4月取得了律师资格证。就在那一年，中国律师人数超过5万人。

当年全县只有五六名律师，他们是"文化大革命"后当地恢复律师制度最早的一批律师，当年这些律师接触到大量涉及乡村偷盗、离婚、打架纠纷的诉讼业务，还常常以司法局干部身份下乡参与各项宣传教育活动。记得有一次受县司法局指派，吴革与司法局同事一起下乡监督乡村计划生育工作。临行前，母亲郑重地叮嘱儿子："你可不能做伤天害理的事！"

《民主与法制》杂志社记者李蒙采访吴革时，听他讲述了这样一段经历：

1994年春，吴革已积累了三年多的律师执业经历，迫切需要寻找更大的发展机遇，他从息县司法局辞职，赶赴400公里外的省会郑州闯荡，住进月租80元的出租屋，当时身上除了带有不多的钱款之外，随身的只有一部BP机。

吴革到郑州的前一年，赵章光带着自己发明的章光101产品第6次参加世界博览会，获得11项国际大奖，以无可辩驳的效果征服了世界。那一年，身在北京的张学兵辞去中国法律事务所的工作，与4位同事合伙创办了中伦律师事务所。

吴革与张学兵同时注意到假冒伪劣的章光101产品疯狂出现在全国各大市场的现象，本不相识的两个人先后走进赵章光在北京的办公室，而赵章光当时正苦于假冒伪劣产品横行霸市对正品市场形成了极大的挤压。这两位年轻律师的到来让他看到了一线希望。

取得赵章光的信任之后，吴革受聘为"章光101"案件原告赵章光的代理律师，运用诉讼手段维护"章光101"的品牌声誉，很快就在省会郑州站稳了脚跟。闯入郑州第三年，年轻律师吴革参与了一场引起社会广泛关注的官司，他受聘为河南电视台法律顾问。未及而立之年，吴革在河南律师界已是小有名气的青年律师。

省城律师执业视野开阔，业界信息丰富，家乡息县的工作环境和条件实在难以相比。此时的吴革越来越意识到深入学习法律知识的必要性和迫切性。1997年，他在而立之年来到北京，攻读中国人民大学法律系研究生，毕业后入职京城一家有名的大律师事务所，开始了自己的北漂生涯。

顺应改革风潮南下北上

程璇自小在内蒙古呼和浩特长大。

父亲年轻时从军，参加过大小战斗，当过部队的摩尔斯电报员，那可是聪明、机敏的人才能干的工作。他转业后在内蒙古做了40年的时政记者，母亲一直在铁路系统工作。父母勤奋工作、热心助人的品德深深地融入程璇的成长过程，铸就了她为人处事的性格和品德底色。

少女程璇行侠仗义，从小在家里、在朋友中是这样的人——乐于帮助别人减轻负担、解决问题，为别人的欢乐而欢乐，她把这些视为人生存在的价值。

呼和浩特市第二中学前身为私立奋斗中学，由爱国将领傅作义于1942年创办。新中国成立后，这所学校是内蒙古自治区和呼和浩特市的两级重点中学。

程璇读高中时，班里有一位男同学的父亲是自治区高级人民法院副院长，这位父亲鼓励程璇好好学习，还向她指点过以后如何从事法律工作。高考前，学校老师建议文科学生选择档案和法律两个专业，说社会上这两种专业人才非常走俏。程璇参加高考时填报了就读法律院校的志愿。

高考分数张榜公布，程璇如愿考入西北政法学院，这所学院后经教育部批准更名为西北政法大学。程璇完成4年学业后走出校门前往宁夏，到吴忠市政法委报到做秘书。

1986年，全国律师资格考试制度确立第一年，她通过考试获得律师资格，不想再做秘书，期望另找一份工作。她曾动心当刑警，听说大学毕业生当刑警先要去警校做一年教师，便放弃了这个念头。不久，在大学同学的介绍下，她前往银川，银川市法律顾问处接纳了这位年轻姑娘。不久，律师事务所改制，她所在的法律顾问处更名为银川律师事务所。

闻知海南建省急招各路人才，程璇毅然离开宁夏奔赴海南，进入外贸单位从事法务工作。1992年，全国律师界再行体制改革浪潮，程璇犹如候鸟一般，敏感天象变化，从海南返回宁夏，与几位校友合办起宁夏第一家合作制律师事务所，瞄准经济社会发展走势下的行业制高点，专门办理正在蓬勃兴起的金融和房地产法律业务，并将业务拓展到上市及证券资格领域。

1995年，程璇参与司法部一项科研项目，远赴美国进修学习，获得硕士文凭以及旧金山荣誉市民、中美法律文化交流使者称号。这次珍贵的学习历程结束后，她心底生发出一个强烈的心愿，觉得在宁夏事业圈子太狭小，渴望获得更大的发展机遇和空间。

时隔一年，全国刑法学术会议在银川举办，程璇在会议期间招待来自全国的刑法专家和学者，曾是校友的知名律师田文昌了解到程璇在宁夏的执业状况，力邀她加入他在北京创办的京都律师事务所。这从天而降的机遇契合了程璇内心的渴望。

1996年年底，程璇带着银川律师事务所的三位同事兼校友来到首都北京，加入京都律师事务所，她担任了这家律师事务所第一任证券部主任。5年后，尚未成为合伙人的程璇离开京都律师事务所，与几位志同道合的律师出资创办了一家律师事务所。

"我到北京来，我有今天，都是和田老师分不开的。"

程璇自忖，如果一直在宁夏待下去，无非是车子越来越好，房子越来越大，而来到北京之后，视野拓宽了，见识更广了，发展机会更多了。她说自己没有辜负田老师，至今仍与他保持着良好的关系，她在内心永远感谢田老师。

辞职法官走出心理桎梏

赵军比吴革早出生一年，他的父母是北京人。

20世纪50年代，赵军的父母响应国家号召，支援祖国大西北建设，奔赴陕西咸阳,在第一机械工业部创办的咸阳机校里当教师。赵军在北京出生,爷爷奶奶将他抚养长大,他7岁时被父母领回陕西,在咸阳完成了小学、初中、高中的学业。

赵军是长子长孙,格外受奶奶疼爱,虽然不乏小男孩的淘气顽皮,但他腼腆、害羞、不爱说话,这个少年内心有一股倔强的自制力,只要他认为不能做的事,就坚决不做。无论在北京还是咸阳,本地的脏话脏字,男孩子哪个不是张口就来,可赵军却是罕见的例外,他自小到大,楞没吐过一个脏字、一句脏话,因为他决绝地认为那会脏了自己的口和心。

1984年高考临近,参加高考的学生要先填报院校。偏爱文科的赵军在师范、财经和政法三大类院校中选中最后一类。高考成绩张榜,他以第一志愿被西北政法学院(2006年更名为西北政法大学)录取。

回想大学4年的学习生活,赵军感叹那段时光对他的人生特别重要:

"幸运的是,我比较喜欢法律,我读的是法律专业,最后从事的是法律工作,不像有些人从事的工作跟自己的兴趣爱好不一致。"

赵军小时候爱踢足球,在大学期间加入校田径队,参加过全省高校运动会的短跑比赛项目;他还加入文艺队,每年文艺演出时上台唱歌。连续两年入选学校三好学生标兵,他那放大的头像照片展示在学校公告橱窗里。

大学毕业时,赵军那届毕业生有500多人,只有4名符合条件的毕业生分配到北京工作,赵军荣幸入选。虽然自出生户籍就在陕西,也能说一口陕西话,但他从不认为自己是那边的人,在心里坚信自己是个地道的北京人。回到北京,他前往北京市东城区人民法院报到。

进入法院,赵军从书记员做起。工作中他发现书记员的工作欠缺规范程序,基本处于师傅带徒弟的模式。于是他着手了解经济庭、民庭书记员的工作现状和方式,写出一份数十页的书记员工作流程手册,包括如何登记案件、填写信息、计算开庭日期、通知当事人、发布公告、记录开庭笔录、归档等事项。当时,最高人民法院尚未出台相关工作流程,东城区人民法院将这份书记员工作流程手册当作新入职书记员的必学教材。

不久,赵军升为助理审判员,提为副科级,调入研究室,为审委会会议做记录,为领导写文字材料,又出任团总支副书记,后来接任了团总支书记。在法院工作6年,也许是性格中潜在的被动性所致,赵军觉得难以融入单位的人际关系和文化氛围。

"不当法官干啥呢，当律师？"

早在入职第二年，赵军就想参加律师资格考试，但是法院不允许参加考试。入职第四年，赵军利用请假再加探亲假的十几天时间，避开工作上一切事务的打扰，全身心地复习律师资格考试内容，顺利参加考试，继而取得了律师资格。

入夏的一天，什刹海荷花盛开，湖面上飘来阵阵清香，赵军和曾是他领导但已经转行做律所主任的一位兄长在此会面聊天时，这位兄长突然对他说：

"赵军，你来做律师吧，你的业务能力很强啊，一定可以成为一位好律师。"

这句话像是捅破了一层窗户纸，赵军眼前陡然豁亮，仅一周时间就作出了人生的重大决定：辞职当律师。

进入律师事务所之初，赵军仍然沿袭在法院养成的工作习惯，每天早上早早到单位，打开水，领报纸，然后坐在办公室里等着律师事务所主任来给他安排事务。

直至有一天，律师事务所主任提醒他说：

"你在法院有那么多当事人，能不能联系联系，看看有什么业务呀？"

主任这番话把赵军点醒了，他发现自己虽然在法院工作多年，但那一身学生气未改变多少，有不少从法院出来当了律师的同事，人家辞职前就留意维系好与当事人的关系，做律师不愁没业务。而自己把法院办过的案件一归档，什么人的联系方式都没留下。

最初约有一年半时间里，赵军内心备受煎熬。这时，有朋友推荐他去海南，说律师薪水比眼前的收入高出四五倍，赵军想着那就闯一闯吧。海南那些律师全是内地去的，有大学毕业的，有大专毕业的，在那种人人奋斗的拼搏氛围里，你不得不受影响。赵军相信，那些同行跟他一样，到那里都没什么社会资源，都是孤身一人去的。到了海南，他跟同事学着查报纸、抄地址、买邮票、买信封、寄简历，主动四处联络，还召集当地校友，尝试扩大社交面。

更多的时候，他冒着烈日，拎着公文包，一次次走进写字楼，拜访那些可能成为业务单位的公司，递上个人简历和名片。尽管内心觉得自己像个做保险的，心里不认同这样的做法；尽管成效甚微，但生存现实逼着他一遍遍地重复着。后来，赵军认为这一段经历帮助他走出了心理桎梏，度过了事业危机。

这时，有朋友邀请他回北京创办律所，恰好符合他的意愿，于是他返回北京，加入了这家律师事务所，第一次担任了合伙人……

栉风沐雨愿做追梦的人

徐政 1967 年 2 月 21 日出生于吉林省四平市铁东区。与吴革同年出生，论日子，他比吴革早出生近 3 个月；论出生地，与吴革的家乡河南息县相距 1800 公里。

徐政的父亲从部队转业回到家乡四平监狱当了司法警察；母亲是 1956 年吉林省第一批公安警校毕业生，毕业后先去了吉林省司法厅劳改局，后被分到了四平监狱。徐政有一个姐姐、两个妹妹。虽说家中只有徐政一个男孩，但父亲对儿子管教甚严。徐政从小对警察、解放军或犯人都不陌生，他从小的生活环境就是那样的。

1983 年严打，父亲去援建辽源监狱（四平与辽源在行政上已分家）。

1989 年，徐政进入东丰县司法局普法办公室工作，经常下乡、去街道、进企业，两年后单位鉴于他的优秀表现推荐他进入吉林大学攻读法律本科，虽说比那些直接考上大学的高中同学晚几年上大学，却比他们在经济上宽裕得多。要知道当年代培生进课堂全天候学习，但他们的工资可一分不少。

1991 年 9 月，适逢国家率先在东北启动清理"三角债"，徐政进入县财政局、工商银行、农业银行、法院与司法局共同组成的"清理三角债办公室"参与具体工作，这不同于以往去基层所做的普法宣传工作。

1993 年 4 月，徐政在结束了"清理三角债办公室"的工作之后回到县司法局，他这时坚定地选择去司法局下属的律师事务所。父母对儿子的这个选择不理解，但他们劝来劝去劝不动儿子。这一年 10 月，徐政顺利通过律师职业资格考试，在 1994 年 1 月拿到了律师职业资格证。

回想在家乡做律师的那几年，徐政接触最多的都是普通的刑事、民事、行政案件。由于他一直在行政编制之中，做了几年律师后于 1995 年回到司法局机关工作。过了 4 年，他回到律师事务所担任律师事务所主任和党支部书记。在此期间，他在县组织部举办的"青年干部培训班"接受培训，并以培训班第一名优秀学员的成绩毕业，被列入后备干部序列。他还被县政法系统评选为"十大青年卫士",入选吉林省辽源市律协常务理事。

2001年春节过后,他决定要去北京拓展律师事业,上下级同事对他的这一决定感到纳闷,不知他动了哪根筋想去北京?其实,徐政一直关注全国启动国办制律师事务所与行政脱钩的走向与进程,他已经不满足于局限在一个县律师事务所里工作,向往更广阔的事业天地。

徐政在机关人缘挺好,若留在机关晋升,当个局长也不是没有可能。当年与他同在"青年干部培训班"一起学习的同学,后来都当上了乡长、乡镇党委书记或局长。但当年徐政心界大,心想就算将来当个局长又能怎样,自己一眼就能把这样的人生看到头,就是不想再过机关那种循规蹈矩的日子。

徐政放着大好仕途不走,执意辞掉公职。朋友、同事、领导都来劝他,但这个年轻人不改决定,办妥了全部辞职手续,坐着绿皮火车闯入远方那个陌生而又充满机会的首都北京,踏上一条机会与风险并存的"北漂之路",这成为当地政法机关人们之间的头条新闻。

2010年岁末一次出庭,徐政与对庭律师赵新武在庭下聊天时,得知这位律师来自中闻律师事务所。听赵律师介绍了中闻律师事务所的情况,徐政就自己关心的事项一一询问,知道中闻律师事务所是由几家律师事务所合并而成的。

徐政有意前往中闻律师事务所考察,第一个接待他的人正是中闻律师事务所主任吴革。与吴革讨论了半个小时,徐政感觉自己完全被吴革表达的思想和理念所吸引,立即决定加入中闻律师事务所,几个月后,他办好了合伙人手续,就这样进入到了中闻律师事务所。

徐政律师加入中闻律师事务所两年半,赶上中闻律师事务所大动荡,他决定留下来,没有离开,积极参加了新章程的修订工作。

在选举第一届执行委员会时,吴革和王国华推荐了徐政,徐政当时正生着病,担心自己不能经常上班,又谁都不认识,怎么当执委。可他却生生被大动荡留下的全体合伙人选为第一届执行委员会执委。徐政干执委仅仅几个月,执委会轮值主席李波病倒了,执委会决定在徐政已经负责的公共团队事务之外,由他再负责律师事务所的财务工作和考核工作。

徐政在中闻律师事务所已连续担任了三届执委会执委,若问他什么是好的律师,他这样说:

"第一是有悲天悯人的情怀;第二就是业务好,能帮助自己和其他律师提升业务能力和水平；第三是负责任，把当事人的事当成自己的事去办；第四是做事有底线，不能越过法律和道德的底线。"

中闻律师事务所为徐政打开了一个崭新的事业天地，面对过往，他无怨无悔；面对现在与未来，他说"做好当下即是未来"，不管环境好与坏，把每一天都当作最重要的一天，坚持做好每一天要做的事情，把每一个当下都尽力做到最好。

翻译小说启迪人生志向

入秋之时，由北国冰城始发的一列火车驶过 1200 多公里的路途，缓缓地停靠在北京站站台。毕业于哈尔滨第三中学的三名同届女生，背着背包、拖着行李箱走出车厢，她们一同考入中国政法大学，三人中有一个叫刘春的女生。她们出站后在站前广场各高校迎接新生的嘈杂声中找到了接待站的工作人员。

19 岁的刘春入学后连年获得优秀学生奖学金，曾被评为八七级优秀实习生，本科毕业后继续学习，顺利拿到了法学硕士学历证书。1994 年 2 月，她走出校门，来到北京市第一律师事务所报到，开始了在北京当律师的执业生涯。

早在中学时代，刘春借到一本翻译小说《天使的愤怒》。美国作家西德尼·谢尔顿在这部通俗小说中传神地讲述了青年女律师詹妮弗·帕克的曲折人生，书中那位正直而富有才华的詹妮弗·帕克让刘春钦佩不已，她如痴如醉地读完全书，一个强烈的人生志向油然而生——当律师。

刘春前往北京市第一律师事务所报到时，这家律师事务所自 10 年前脱胎于北京市第一法律顾问处，早已完成了律师制度恢复重建后出离行政编制的改革历程，律师事务所工作人员不占国家编制，一律实行合同制。

硕士毕业后，刘春感恩中国政法大学容许她继续栖身学生宿舍近 5 个月，感恩律师事务所老主任当年安置她在第一律师事务所那间 6 平方米的小屋里暂住近 1 年。好笑的是，她最初入职的工资额定标准为 400 元，后来领导发现弄错了，将工资降至 240 元，多发的工资被收回。

刘春记得三楼办公室套间的小屋只能摆下一张单人床、一个简易衣柜；记得跟随一位老律师去燕莎，人家买一块香皂 9 块钱，她觉得实在太贵、太奢侈；记得当年去商店买一小桶洗发水要 40 多块钱，如此价格令她考虑再三；记得办公电话在楼下，下班后办公室空无一人，只要电话铃声响起，她忙不迭地跑去接听。哪知道这番烦劳却成全她日后大大拓展了个人业绩。

律师事务所当年给她订立的创收指标为一年 2 万元，这位硕士工作仅 10 个月，到年底总共办理了 18 件收费 500 元的案件，再加上跟所里一位老律师共同做了诸多单位的法律顾问，连同办理法律顾问单位的一些诉讼案件，她创出的业绩远远超过个人创收指标，业绩斐然，随即被评为所里的先进工作者。

入职第二年，北京市司法局积极鼓励国办所律师辞去公职、创办合伙制律师事务所。第一律师事务所主任康健与别人合伙成立北京市中元律师事务所，刘春跟随而去。

是命运眷顾这位北漂而来的冰城姑娘，还是刘春以自己的努力赢得了个人的荣耀，在她独立办理北京一家超市非法搜查少女随身物品和北京站公交候车亭广告灯箱玻璃划伤孕妇两起案件后，刘春引起了众多新闻媒体关注。不久，刘春出现在中央电视台东方时空栏目上下两集播出的镜头之中，出现在北京电视台庭审采访镜头中，还接受了北京多家纸媒的追踪报道，一时间她成为社会热议的公众人物。

《刘春：我在北京做律师》《京城女律师侧影》《大陆司法界，女性撑起半边天》，各路媒体的相继报道让刘春大为惊讶，她走在街上或是去商场，时常被周围的人认出："您是不是电视上的那个刘春律师？"《北京律师》杂志在《宝剑锋从磨砺出，梅花香自苦寒来》的长篇报道中介绍了这位年轻女律师的出国历程：

"2002 年，刘春毅然抛开难以割舍的律师业务，参加了北京市律师协会与美国伊利诺伊理工大学芝加哥肯特法学院共同举办的国际法与比较法法学硕士项目，与其他 18 名北京律师一起，赴美国学习法律，攻读 LL.M. 学位……她以优异成绩毕业，并以比较法专业单科第一的成绩赢得肯特法学院的校长奖——CALI 奖。"

刘春不会忘却，早在全国人大常委会通过《中华人民共和国律师法》之前，她就耳濡目染老律师们恪守"受人之托，忠人之事"的朴素信条，这既是前辈们服务社会的工作原则，也是她学习继承的执业风范。

骑车补报律师考试名额

"我属于幸运的一代吧。"

高晓峰出生在 1969 年，他说忍饥挨饿的年头已经过去，上小学、上中学免费，他是在中学入党的四名学生党员之一，18 岁考入中国政法大学。高晓峰的父母都是教师，他说老家既属湖北又属河南，只因父亲出生在湖北枣阳，母亲出生在河南南阳，两地相距不远，他自小在两个老家轮流生活。

1991 年夏天，他大学毕业后被分配到北京市监察局工作，成为首都干部队伍中的一员。参加工作一年后，他得知律师资格考试的消息时已错过报名期限，但他不甘心，骑上自行车赶往北京市司法局补报考试名额。

记得市司法局当年在南三环木樨园一家很破旧的厂址里办公。幸运的是，接待他的工作人员倾听完他的恳求之后，应允这位年轻人补报考试名额。高晓峰参加考试后如愿拿到了来之不易的律师资格证。

恰逢工作单位编制发生变动，他辞职进入一家律师事务所，开始了自己的律师生涯。说实话，扔了"铁饭碗"的这位年轻人并不了解律师实务究竟包括哪些具体内容。他说有一段时间很受煎熬，一是抓到什么业务就做什么业务，二是由于律师制度恢复不久，即便是律师事务所里的"师傅"也不能给年轻人传授太多的执业经验。

高晓峰入职之初，律师事务所发给他固定薪金，他当年工作很拼，8 个月后从薪金律师升为提成律师。

有一次，高晓峰与一位年轻同事去北京郊区调查取证，两个人从城区乘长途车出发，单程就耗费了三四个小时，到现场立即做调查，他俩在这一个案件收了当事人 300 块钱代理费，回到城里天色近晚，疲惫不堪，这趟辛劳的记忆他一直没有忘记。

度过律师执业最初的生存期后就想到该如何发展，他忧虑未来没有上升空间，就调动到另外一家律师事务所，成了梦想中的合伙人。此后，他加入到一个以中国政法大学校友为主的团队创办的律师事务所，在那里一待就是 16 年。

起初他心气挺高，通过在职学习获得了集体科技企业产权界定资格证书、注册税务师资格证书，也拿到了对外经济贸易大学的法律硕士学位证书，加入了律协税法专业委员会。但时间久了，他渐渐感觉心气有些提不起来，有种说不出的倦意，虽说一年能做几个案子，收入比上不足比下有余，但他不想再花精力开拓业务，平时一两周才去一次律师事务所，临时有事可能才去一趟。后来有一个偶然的机会，他经朋友介绍，加盟了中闻律师事务所。

在中闻律师事务所的环境里，他感觉自己焕发出新的活力，看到新的方向和希望。

放弃总经理职务当律师

北京大学诞生90周年之时，来自浙江绍兴市新昌县的19岁青年任晨光考入了这所国内最著名的学府。那一年，恰恰是北京大学无线电系在"文化大革命"后恢复招生的第10个年头。

这位浙江小伙子的家乡远在浙东一方秀丽静雅的山水间，那里距离首都北京有1600公里之遥。原中共中央政治局常委尉健行、香港凤凰卫视中文台著名节目主持人吴小莉是他的同乡。

"我在北大待了8年，4年本科，1年工作，然后3年研究生。到1996年才离开。"

任晨光研究生读的依然是电子专业，但这位理工科学生对法律、制度、规则颇有兴趣，在大学学习期间选修了一些相关课程。北京大学无线电系早在1994年就成立起互联网实验室，正在读研究生的任晨光于此接触了互联网。

他毕业时正值互联网兴起，因此进入一家综合性控股公司专门成立的新部门运营互联网，担任了新部门的负责人，他既要做技术开发工作，又要管理公司，同时还要对外签订合同，当年在大学里选修的课程大大发挥了效用。

业务越做越大，任晨光转到一家做数据通讯的公司任总经理，又转到中关村一家高科技专利公司任职。他在工作中更多地接触到专利法、合同法、公司法等多门类法律知识，这促使他更加主动、深入地去学习。身为一家公司的总经理，他职业稳定，收入稳定，一切都好好的，怎么就去做了律师？

2002年，任晨光居住的小区业主与物业公司、开发商发生维权纠纷，小区业主们自发组建维权组织。任晨光本想看看业主们怎样维权，却发现维权现场非常混乱，人们只是围着开发商臭骂一通完事，没有任何组织性。

任晨光心想，这哪能成事儿啊。当时任晨光心血来潮，就站到了椅子上，让大家听他说句话。现场的业主们突然发现有人站到了高处，就安静下来，想听听这个年轻人要说什么。于是，任晨光提出具体建议：按楼选出业主代表，组成业主代表委员会，制订谈判计划，授权业主代表谈判。他的建议立即得到人们的一致赞同，现场响起了热烈的掌声。于是，在任晨光的推动下，小区业主代表委员会在几周后正式成立了。

中闻律师事务所主任吴革与任晨光住在同一个小区，积极支持业主维权，于是两人就相互熟悉了。任晨光起初不知道吴革是一位律师，业主代表们非要选任晨光担任业主代表委员会副主任，但任晨光在公司那边承担着无法推脱的重要事务，不可能为此付出更多精力和时间，他仅表示乐于提供建议，协助大家制订议事规则，推动有序维权。

多年后回想那段经历，任晨光笑着说"没想到这一干就上了贼船"。任晨光当时还不懂物权和物业管理方面的法律法规，多方请教，"哎呀，这里面的'水'很深呢"！业主代表们对照法条和政策文件研究纠纷焦点，发现了越来越多的问题，有关产权的法律与国家政策混杂在一起，有些还相互矛盾，即使业主代表委员会全力以赴都无法弄得很明白，更不要说普通业主了。

双方的官司旷日持久，打了好几年，业主代表委员会变身业主委员会，任晨光被大家推选为主任，吴革是这个委员会的法律顾问，两人为解决与开发商和前期物业公司的纠纷有了更多接触。业主委员会请来物权专业领域的律师，任晨光由此深入学习了物权法、物业管理条例以及相关政策文件，熟悉了民事诉讼法，对法律也更加热爱。

2009年，吴革对任晨光说，你有做律师的天分和潜力。有一个专门做公益诉讼的律师事务所缺一名行政总监，鉴于吴革是公益组织的领导人，他问任晨光能不能去那里把事务管起来。任晨光听到这个建议心里很矛盾，想来想去有些犹豫，怎么能为了对法律的爱好而把熟悉的工作丢掉？又转念一想，干自己喜欢干的事情，同时也还有收入，倒也还行吧。最终，他听从了吴革的建议，去义派律师事务所任职：

"自从上了这个'贼船'以后，觉得法律这个事特别好玩，舍不得不做这个了。"

2009 年上半年，任晨光把主要精力用到事务所的管理上。他主要做公益律师培训，一方面安排各种各样的法律课程和授课教师，一方面组织一批批律师接受课程培训。任晨光饶有兴趣地在培训班课程中系统地学习到更多的法律知识。

一天，任晨光看到事务所几个年轻人在读书，像是在复习什么考试内容，他近前询问，得知他们正在备考国家司法考试。

"司法考试很难吗？"

"你去考肯定不难，建议你去试试。"

"试试就试试。"

已迈进不惑之年的任晨光径直走进 2010 年国家司法考试考场裸考一把，就想看看自己的法律水平到底怎样。考试成绩张榜，他居然只差几分就能过线。这让他大受鼓舞。来年再考，他的考试分数超过合格线近 40 分。任晨光拿到法律职业资格证，他就想找一个自己中意的大型律师事务所去做律师。

早在小区业主委员会打官司那些年，任晨光接触过许多律师，到事务所做培训，每班都有 30 名律师，培训一班接一班，其中不光有北京律师，还有许多外地律师。他有意识地向多位律师打听不同律师事务所的情况。

最后，他选择去吴革当主任的中闻律师事务所。以他多年商海历练出的识人断事眼光，再加上与吴革多年打交道的缘分，他自信去中闻律师事务所做律师是自己正确的人生抉择。

第四章　新世纪

21世纪起始日为2001年1月1日。

这一天,《北京日报》《北京晚报》以新世纪第一天首次彩色印刷版的报样入藏中国革命博物馆,这两份报纸自此以素淡典雅的色彩和清新质朴的全彩风貌,扩版展现在读者眼前。

进入新世纪,中国法治建设的重心从经济领域转向社会领域。

首都现代化建设生力军

2001年5月,国务院新闻办公室发表《2000年中国人权事业的进展》,文中"人权的司法保障"一节提到:

"目前,全国有律师事务所9500多家,律师11万多人。截至2000年7月,中国已批准了92家外国律师事务所和28家香港律师事务所在中国内地设立办事处……"

10月,APEC会议首次在中国上海举行。

12月,中国加入世贸组织。

12月4日,我国确立第一个"全国法制宣传日",这一天的宣传主题是"增强宪法观念,推进依法治国"。

仅在2001年,国家施行、出台、修改、修订的法律有:

《中华人民共和国国家通用语言文字法》《中华人民共和国药品管理法》《中华人民共和国民族区域自治法》《中华人民共和国中外合资经营企业法》《中华人民共和国信托法》《中华人民共和国税收征收管理法》《中华人民共和国国防教育法》《中华人民共和国防沙治沙法》《中华人民共和国工会法》《中华人民共和国职业病防治法》《中华人民共和国海域使用管理法》《中华人民共和国婚姻法》《中华人民共和国著作权法》《中华人民共和国人口与计划生育法》《中华人民共和国律师法》《中华人民共和国法官法》《中华人民共和国检察官法》《中华人民共和国计算机软件保护条例》,以及呈交全国人大常委会讨论的《农村土地承包法》等。

值得一提的是,中国律师网在2000年11月15日正式开通,该网站随即与人民网、中华网、北大法律信息网、法律之星—中国法律信息网等国内知名网站建立起战略伙伴关系。两年后，中国律师网正式升级为中华全国律师协会的网站。时任司法部律师公证工作指导司司长的贾午光在人民日报发表文章《回眸中国律师20年》，他在文中写道：

"20年来，律师立法、法规、规章不断出台，并已基本形成体系，为中国律师的生存和发展建立了制度基础。"

新世纪降临，中国社会经济的发展昭示着中国律师未来发展的走向——中国正在更大范围内和更高层次上跻身经济全球化进程行列，中国律师正面临着前所未有的挑战和机遇。此时，地处中国政治、经济和文化中心的北京市律师协会是否敏感地意识到极其难得的发展机遇已经悄然来临？

北京市律师协会自1982年4月成立之后，其第一届至第三届领导均由行政机关官员担任。早在1991年12月31日，北京市律师协会第三届理事会决定成立业务委员会，业务委员会下设刑事辩护、诉讼代理、非诉讼代理、法律顾问和涉外经济共5个专业委员会。此后三年里又先后成立了知识产权、谈判、国际业务、房地产、企业产权交易、税法、劳动法、金融8个专业委员会。

1995年10月，北京市召开第四次律师代表大会，选举产生了由51名执业律师组成的第四届理事会和由9名执业律师组成的常务理事会。北京市律师协会自此真正成为律师行业的自律性组织。截至2001年，由执业律师担任协会领导职务的体制经历了两届理事会。

查阅北京市律师协会第四届、第五届、第六届理事会工作报告，能够看出改为行业自律性组织的北京市律师协会就如何顺应时代发展进行了整体部署和工作重点调整。

第四届理事会执政后大力开展多种形式的业务培训，增设专业委员会，加强理论研究和学术交流，与市司法局律管部门共同建立起律师纪律处分与行政处罚相衔接的实体规定和处理程序，制定出包含十几项行规、行纪的制度文件。

第四届理事会既承接了此前设立的专业委员会，又增设新的专业委员会，包括刑事、金融、证券、知识产权、房地产、期货、劳动、税务、产权交易、国际业务、妇女权益在内的专业委员会达到11个。此后，专业委员会的数量每年都在增加。

2000年8月30日，北京市全面推动国办制律师事务所与行政编制脱钩，改为自收自支的市场中介组织——自主经营、自担风险、自我约束、自我发展、平等竞争，可谓"通通下海"。

北京市国办制律师事务所的律师们从此全部由国家法律工作者转变为社会法律工作者。首都北京形成了以合伙制律师事务所为主体，个人所、合作所、公职律师、公司律师并存的新格局。

北京市律师协会第四届理事会工作报告的标题为《探索有中国特色的律师行业管理之路》。自此，由执业律师担任协会领导的新体制在司法行政机关宏观指导下运行，开启了探索律师协会行业管理模式的征程。

为增强律师社会责任感、神圣使命感和荣誉感，北京市律师协会第五届理事会于2000年制定并实施《北京律师宣誓办法（试行）》，率先在全国确立执业律师宣誓制度。2000年3月17日，46名北京执业律师面对国旗，右手握拳举起，跟随领颂人一起宣读誓词：

"我自愿遵守北京市律师协会的规章制度，作为一名执业律师，我将忠实于中华人民共和国宪法和法律，遵守律师职业道德和执业纪律，履行律师职责，维护当事人的合法权益，捍卫法律的尊严。"

自此，首次领取律师执业证书即将执业的律师都要面对国旗宣誓。对律师个人而言，执业宣誓是借此庄重形式铭记理想，在这一刻尊重自己的人生选择，焕发出内心理想的光芒。获悉北京市律师协会首次试行执业律师宣誓制度，司法部、中华全国律师协会给予了高度评价。

中国在上海首次举办的亚太经济合作组织（APEC）会议召开前夕，北京市律师协会第五届理事会处于换届期间，会长武晓骥律师在协会第六次代表大会上宣读工作报告，报告题为《深化改革、开拓创新、积极探索行业管理的有效途径》，工作报告介绍了第五届理事会如何在律师行业探索发展及管理的有效方式，强化行业规范，完善会员登记制度，继续增设专门工作委员会和专业委员会，积极参政议政，开展公益活动，加大宣传力度。

2001年9月，北京市律师协会换届为第六届理事会。转年，北京市律师协会在国内同行中第一次设立了律师协会监事会。执政期结束的第六届理事会向第七届理事会呈交了理事会报告，报告列举本届完成的协会部署的各项工作：初步形成行业自律的组织管理体系；建立和完善行业组织体系；建立和健全行业规章体系。第六届理事会报告着重强调未来要积极推动和完善北京律师法律服务诚信化、品牌化、国际化建设，引导律师事务所向规范化、专业化发展。

因你而不同

北京市政府工作报告在回顾总结2001年北京发展历程时，全文创纪录地超过16 000字，重点阐述北京成功申办奥运会极大地促进了北京城市基础设施建设、生态环境建设和城市道路交通三大体系的现代化建设。在支援首都现代化建设的各路大军中，北京律师紧跟国家经济发展，在继续承办大量传统刑事、民事、经济等案件的同时，为百姓排忧解难；涉足有关市场经济法律体系各个层面，如房地产、金融、投资、融资租赁、海商海事、证券、知识产权、保险、税务、期货、国际仲裁等领域，承办了大量的法律事务，在反倾销、企业改革、产权界定、高科技等新领域拓展非诉讼法律事务，成为保障市场经济有序发展的一支生力军。

法律人共同体开始形成

2000年11月18日，以探讨中国律师业如何应对加入世界贸易组织的机遇和挑战为主题的"中国律师2000年大会"在北京京西宾馆举行。中央领导与包括港澳台和驻京外国律师在内的1100多名律师一起出席了大会开幕式。

时任中华全国律师协会会长的高宗泽在大会致开幕词中提到：

"新中国律师事业走过了近半个世纪的艰难历程，迎来了新世纪的曙光。此时此刻，我们不能忘记初创时期的迷茫，不能忘记成长中的探索与改革，更不能忘记新中国的三代律师共同推动了律师事业在20世纪最后20年的崛起和腾飞。"

参会律师和学者们在八个分会场紧扣"21世纪中国律师改革与发展"大会主题展开研讨。由88名律师组成的北京代表团是参会人数最多的代表团，其中有32名北京律师在分会场的专业论坛中作了重点发言。大会发言中有多人谈及律师事务所管理，总结律师事业发展过程中的经验和教训，探讨如何面对新世纪的机遇和挑战。

2001年6月30日，全国人大常委会审议通过了新的《中华人民共和国法官法》和《中华人民共和国检察官法》，规定国家对初任法官、初任检察官实行统一的考试制度，国务院司法行政部门会同最高人民法院、最高人民检察院共同制定司法考试实施办法，由国务院司法行政部门负责实施。由此，我国的国家统一司法考试制度正式建立。

第四章 新世纪

为了和已经建立的国家统一司法考试制度"接轨",同年12月29日,全国人大常委会通过《全国人民代表大会常务委员会关于修改〈中华人民共和国律师法〉的决定》,对该法第一次修正。该法第6条第1款被修改为:

"取得律师资格应当经过国家统一的司法考试。具有高等院校法律专业本科以上学历,或者高等院校其他专业本科以上学历具有法律专业知识的人员,经国家司法考试合格的,取得资格。"

《民主与法制周刊》记者祁彪在他撰写的《与时俱进:律师制度四次修订历程》报道中称:

"这三部法律的修改,标志着中国以法律为职业的法律人共同体开始形成。从此,法官、检察官、律师这三个具有共同的法律知识背景、共同的信仰和共同的利益的群体走到一起,为构建完成中国的法律职业共同体而共同努力。"

2001年10月,北京市律师协会历经20年摸索、尝试、创新,在中国即将迈入经济全球化的大门之时,作为依法成立的社会团体法人、自律性行业组织,会怎样审视自身的不足?北京市律师协会会长武晓骥律师在协会第六次代表大会上宣读工作报告中坦率地承认:

"中国的律师制度恢复20多年来,律师业处在很初级的阶段,在行业管理方面几乎无国内经验可借鉴,国外的律师管理经验因制度、体制等原因不能照抄照搬。只有根据中国律师发展的不同阶段,实事求是地探讨、摸索、尝试、创新,才能找到一条具有中国特色的、切实可行的中国律师行业管理之路。"

时隔两个月,作者吕淮波、吴成亮在2001年12月的《中国律师》杂志发表的《律师事务所走规模化建设之路的构想》一文中提到:

"伴随着国办律师事务所最后一轮改制工作的完成,合伙所成为律师事务所的主要组织形式。在这一体制下如何顺应现今社会对律师执业活动更高、更新的需求,实现律师专业化分工和律师事务所'上规模、上档次、上效益'的发展目标,越来越引起社会和律师界的关注。"

针对全国律师事务所虽有近万家但大多数律师事务所执业律师仅在10人左右、律师人数过百的律师事务所不超过10家的现实状况,作者认为就整体发展而言,短板在于"规模小,人力资源分散,综合力弱,未形成专业化"。令作者忧虑的是:

"目前大多事务所采取小作坊式的经营方式,对律师事务所的前途缺乏统筹规划和长远打算。目前只有极少数事务所办出了自己的专业特色，如有的专门受理关于知识产权的法律服务，有的专门受理涉外法律事务，有的擅长从事证券市场的法律服务等。但规模都很小，若与国外同行竞争仍显弱势。"

律师个体的工作境遇和生存条件的现实状况同样受到研究人员和学者的关注。

作者冉井富在《中国律师状况研究综述》中介绍了美国芝加哥大学社会学系博士生麦宜生（Ethan Michelson）的法社会学博士论文《与国家脱钩：转变中的中国律师》。

据介绍，麦宜生以访问学者身份于2001年前后在中国人民大学社会学系做过为期3年的调研，其间对中国25个城市的律师事务所进行过调研，还访谈过近千名律师、学者、政府官员、新闻记者以及律师事务所客户。

麦宜生在《与国家脱钩：转变中的中国律师》中提到：

"在1999~2001年间，中国的律师正处在和政府脱钩的最后阶段。从20世纪80年代中期开始，中国律师从国家工作人员的身份转变为自主经营、自负盈亏的企业从业者的私人身份，他们从国家机关的官员到私人机构的成员的转变反映了中国社会正在全面发生的转变。在这个转变过程中，律师的执业活动面临困难和挑战，他们有着被边缘化的体会和强烈的不安全感，而这些变化只有在更广阔的背景下才更容易理解。律师地位的这种模糊性和软弱性也是私营企业主所面临着的同样的困境。"

中国著名法学家江平在《中国律师的使命》一文中表达了他对中国律师的即时评述：

"随着经济改革的步伐，中国已经成为一个层次丰富、利益多元的现代社会。中国律师的阵容越来越强大，分工越来越精细，专业水平越来越高超，他们渗透到社会生活的各个方面和前沿地带，成为各种利益主体相互博弈的代理人和角斗士。

中国的律师正在从一个自为的群体变成一个自觉的群体。越来越多的律师开始为中国的民主法治建设而战，而不仅仅局限在自身的业务活动中。他们不仅仅是一个职业群体，还是一个具有很高政治觉悟和很强使命感的群体。律师已经成为推动中国法治进步或阻止中国法治倒退的极为重要的跨体制力量。

当然，在这光明与黑暗的搏斗中，中国的律师队伍以及中国的法律职业共同体（包括跨体制的律师和体制内的法官、检察官、警官）也会发生分化——高尚的愈高尚，卑鄙的愈卑鄙。"

申奥成功之日登记律所

新世纪来临之时，33 岁的年轻律师吴革闯荡北京已有 4 年，他先是拿到中国人民大学法律硕士的学位，后来进入北京一家规模不小的律师事务所。

依其 10 年执业经历以及对律师业界改革走势的分析把握，吴革在恰当时机把一直怀有的理想和成熟的创业计划向志同道合的同事和盘托出，经与孙成霞、周唯、温继强几位律师商议后，他们一起办理退职手续"逃"出来，共同创办一家新的律师事务所。

据孙成霞回忆，"中闻律师事务所起名时，吴革下了很大功夫"。

吴革回忆这段经历时说："对未来怎么发展，我们还是看不清楚。反正大家有破釜沉舟的想法，出来做自己的律所了，大不了就是不挣钱呗，房租挣出来、工资挣出来就行，要把这个平台撑下去。"

为这家新创立的律师事务所取名时，已有数百家律师事务所在北京市注册设立，更有全国 9500 多家律师事务所成立在先。不难推想，当他执意取一个"中"字与另一字组合为律师事务所名称时，既不可与注册在先的律师事务所重名，又欲称心如意，实属不易。

律师事务所取名忌讳采用过于生僻、过于晦涩、笔画过于复杂、谐音不佳的字。

有位名叫尤森的作者搜集了国内一流律师事务所的名称，专门进行过统计分析，这位作者在智合论坛发表研究心得时写道：

"对于起名的慎重，体现了（律师事务所）对未来事业的抱负与祝愿。中文中一些笔画不多但意蕴丰富的字，经常会用在律师事务所的名字之中，反映的还是中国人长久以来的文字审美品位。"

汉字是上古时期各大文字体系中唯一传承至今的文字，享有"世界上历史最悠久的文字之一"的美誉，这种平面方块型的"自源性文字"集"形、音、义"于一体。据权威评判，汉字的表意性使其成为世界上单位字符信息量最大的文字。

以两字命名的律师事务所凭借汉字优势精心构思，或以美好心愿预示前途；或据诚信品质彰显自我；或借广阔空间弘扬气魄；或取典籍古字隐喻文化底蕴。

在现实中，以两字命名的律师事务所众多，以四字命名的律师事务所多为两家律师事务所或多家律师事务所合并所致，由于合并各方曾为开拓市场打拼过，积聚了一定的名望和声誉，不想放弃原有命名而形成四字称谓。

2001年1月31日，北京市司法局和北京律协公布年检公告，共列出443家律师事务所，以两字冠名的律师事务所多达361家，其中含有"中"字的律师事务所有32家。

好一番思来想去，吴革将积蓄日久的念头化为简洁的190字落到纸面上：

《中闻由来考》吴　革

"中"——

一、中国的简称。

二、居中、正中。

三、儒家的中庸思想，《中庸》："喜怒哀乐之未发，谓之中。"董仲舒"喜怒止于中，忧惧反之正"。

四、符合，恰恰对上。《左传定公元年》"未尝不中吾志也"。

五、通"忠"。

"闻"——

一、达，《诗小雅鹤鸣》"鹤鸣于九皋，声闻于天"。

二、声誉卓越，《论语颜渊》："在邦必闻，在邦必达。"朱熹注："闻，名誉著闻；达，谓浮于人而行无不德。"后用于显达或声誉卓越的意思。

2001年，北京地铁仅有1号线和2号线，其他线路尚在建设中，两条地铁线的总长度仅有54公里。人们踏进地铁车厢，便会看到车门旁侧挂着的地铁线路图。图上显示直直的1号线横穿过环形2号线，像一个躺倒的"中"字。这也契合了中闻律师事务所名称里的第一个字。

众所周知，与"中"字连缀最具影响力的一个字当属"国"字。举凡央企、公司、金融机构、民政社团，称谓之前缀有"中国"二字，理所当然地展示出强大的政治地位和实力背景。

吴革家乡在河南，最先想到的是家乡民间方言说得最多的一个字——"中"。

第四章 新世纪

河南方言中代表地方文化的"中"既含有"不偏不倚""正适合""舒服""好""可以"之意,也含有"中心""中庸"之含义。民间认可某种事物,从一般到好的表态,百姓都习惯说一个"中"字。如此表达,快捷简明。

中闻律师事务所出生之际可谓"先天气盛"。

全国人大常委会刚刚通过将"依法治国"写入宪法修正案的议案;中国加入世界贸易组织;"中国律师2000年大会"在北京举行;全社会尊重律师的风气正在聚集;有关律师行业和专业的学术氛围更加浓厚;同行先行者提供实操经验的交流日益活跃。

2001年7月13日,农历辛巳年五月廿三,星期五,距大暑节气仅3天。

此时中国北方正处在中伏期,气温最高,北京城入夜时分热浪袭人。中闻律师事务所初创者们难以忘怀,就在中闻律师事务所登记成立那天入夜时分,北京申奥成功。北京时间当晚22时09分,国际奥委会主席萨马兰奇在莫斯科公布国际奥委会委员投票结果,当他登台拆开信封宣告"北京"那一刻,在场的中国代表团团员在会场情不自禁地跃起欢呼、激情相拥。北京数十万人涌向天安门广场欢庆北京获得2008年第二十九届夏季奥运会主办权。

中闻律师事务所领到执业许可证的前两天,美国发生"9·11"恐怖袭击事件。人们从电视新闻反复播放的镜头中目瞪口呆地看到两架被恐怖分子劫持的民航客机于当天上午分别撞向美国纽约世界贸易中心一号楼和二号楼,致使两座著名的标志性建筑相继垮塌。另一架被劫持的客机撞向位于美国华盛顿的国防部五角大楼……据美国官方公布的统计数字,遇难人数多达2996人。

同年年底,北京市官方披露的统计数据载明:2001年全市注册律师事务所443家,律师人数在10人以下的律师事务所多达255家,占律师事务所总数的一半以上。

中闻律师事务所创立时,全国共有9144家律师事务所。中闻律师事务所虽然仅有6名律师,但是接下来的日子里,入所律师数量每年都在增加,3年后扩展到几十人。这一时期,中闻律师事务所的组织形态属于爬坡阶段,人数不多、事务性管理简单,只需要个别辅助人员,没有繁杂的管理体制,动态环境下可以迅速调整,所谓"船小好掉头"。

律师事务所的选址决策在专业人士眼里被视为一项长期性投资,它是品牌经营的硬件基础,直接影响投资需求、运作成本、税收和品牌效应。选定区域具体

53

位置时，要考察市政规划、地理环境、交通状况、社会环境、商业分布及人口等多项因素。毋庸置疑，选址不佳会引发成本过高等诸多麻烦和问题。

律师事务所选址看似只是遴选办公地点，其中学问可是不少。律师们清楚，前来律师事务所求助、咨询的人们，脑海中形成的第一印象并非接待来人的律师，而是第一眼看到的办公场所内外环境及设施条件。

"周唯律师骑着自行车，四处打听探访哪里有适合办公的场所。"

孙成霞记得，为给刚刚登记成立的律师事务所找个落脚点，同是创始人的周唯律师奔波多日，把打听到的情况向大家通报，再一起进行比较分析。

最终，中闻律师事务所租下位于北三环中路的华展国际公寓 A 座 505-506 室。这里被称为"大型国际化商住社区"，隶属"中国国际科技会展中心"，是由北京北辰创新高科技发展有限公司于 1999 年年底在海淀马甸建成开发的住宅板楼。这里紧靠马甸立交桥，交通方便。中关村科技园区距离这里不远。

值得参照的是，1988 年 5 月，国务院批复建设北京市新技术产业开发试验区，又于 1999 年 6 月批复建设中关村科技园区，那里的"中关村电子一条街"赫赫有名。北京申奥成功，中关村科技园区建设与实施"新北京、新奥运"战略构想进展同步，连年出现在北京市政府工作报告的重点章节中。

"中国国际科技会展中心"暨"华展国际公寓"园区总建筑面积 30 万平方米。这里位于北京德胜门正北方向，直线计距仅 2.7 公里。

德胜门，明清北京城内城九门之一，与东直门同为北京城最重要的城防阵地，历史上曾定为出兵征战之门，取名"德胜"，意在祈祷出征取得战事胜利并且"以德取胜"。

华展国际公寓建成一年半后，中闻律师事务所在 2001 年 9 月 13 日成立当天即搬入 A 座 5 层的两套居室，开始了创业初期的拼搏历程。

创业伊始，律师事务所本来人就不多，选主任大家口头表个态就可以，大家知晓吴革曾有过担当律师事务所主任的经历，谁都没意见，大家信任吴革，事情就妥了。当年办这些事情不繁琐、不用搞什么决议流程、签名备案，没有什么繁文缛节。

第五章 幸运数

2001年7月13日，吴革将申办"中闻"二字律师事务所的完备文件递交到北京市司法局，工作人员接收后登记成立。同年9月13日，他去北京市司法局领取了中闻律师事务所执业许可证，看到执业许可证17位数字的最后两位数字又是"13"。

中闻律师事务所登记、领执业证照的经历，让吴革相信"13"是个吉祥数。

特别庆幸遇上好引路人

2004年1月，杨改凤在网上向中闻律师事务所投了简历，很快得到回复，邀她前去面试，她清清楚楚地记得面试那天的全部细节：

"感觉那里是档次比较高级的住宅小区，有电梯，要上几层楼，见到一个特别大的、通透的玻璃门。门内右侧有个很小的前台，特局促，只能站一个人。再往前走，地上筑围着一个小鱼池，池里养着金鱼，鱼池旁边有几把椅子，还摆个小玻璃桌。鱼池近旁有个小小的会客空间，再往里走，就是大一点的客厅。"

杨改凤见识过"高、大、上"的办公场所，依自己对这里办公条件的观察，能掂量出这家律师事务所处于什么样的发展现状。

"是孙成霞律师和苗蓓律师给我做的面试。"

杨改凤面试时毫不慌张，她拿出北京大学法律硕士毕业证书、学位证书，想到在硕士实习期间曾进入一家大公司熟悉了法务工作，又有先前在国企工作多年的经历，她当时感觉自己信心满满。

来自内蒙古的杨改凤从北京化工大学自动化仪表专业毕业时特别想考公务员，备考时她接触到一些法律知识，不觉得枯燥，反而觉得比专业学的那些电路、仪表什么的有趣得多。

1992年7月大学毕业后，她被分配到北京一家国有大企业工作。这时，远在河南省信阳市息县司法局工作的吴革拿到律师资格已有1年。

杨改凤到企业工作不久，就被借调到厂办政策研究室。这下子，她离大学学习的专业越来越远，却有了更多机会接触法律。后来，她居住在化工部宿舍，邻居中有好几位同龄人是从政法类院校毕业的大学生，他们在化工部政策法规司任职。杨改凤听他们聊工作、聊学习，引发了她系统学习法律知识的强烈愿望。

因你而不同

"法律太有魅力了！"

杨改凤曾经想考个第二学位，打听到非法学专业的本科生可以直接考法律硕士学位研究生，立即着手筛选出几所院校，她执着一个念头——要考研就考一个好的学校。

1999年冬天，她参加全国研究生统一考试，考上了北京大学法律硕士研究生。

这时，29岁的杨改凤已经做了母亲，儿子刚刚2岁。丈夫正在清华大学攻读MBA学位，得知妻子考上北京大学法律硕士研究生，高兴极了，他深知妻子边工作、边带孩子，还坚持考研，实在不容易。妻子离开工作单位全职求学，不仅没有了工资保障，还要自筹4万元学费，但她得到了丈夫和父母全心全意的支持和鼓励。

始于1986年的律师资格考试截止于2002年，国家将律师、法官、检察官和公证员职业证书的考试合并为国家司法考试。这仅仅是国家法制进程提速的一个节点。即便是往年通过律师资格考试取得执业资格证的律师们，若不积极适应时代变迁的要求而松懈学习，面对持续不断出台的新法新规，注定会落在法治进程迅猛发展的态势之后。

2003年8月，杨改凤如愿拿到北京大学法律硕士研究生毕业证书及硕士学位证书。时隔两个月，她参加国家统一法律资格考试，顺利拿到了资格证书。丈夫读完MBA毕业后进入一家投资公司，这时却不幸患上癌症，开始住院做化疗，病情稍稍稳定。面对家庭经济的巨大压力，杨改凤想尽快找到一份工作，向招聘网站投的几份简历中就有中闻律师事务所。

为什么选择中闻律师事务所？

杨改凤当时已从化工部宿舍搬出，在鼓楼外大街的六铺炕安家，那里离中闻律师事务所马甸华展国际公寓办公地址很近，她觉得可以不受路途拥塞之苦。尽管有一家专利代理机构看到她投的简历，邀她去面试，但她依从内心长久以来的向往，前往中闻律师事务所应聘。面试时，杨改凤介绍完个人学习和工作经历，倾听孙成霞律师和苗蓓律师的各自介绍，闻知孙成霞律师工龄满30年后从北京市人民检察院退休，来这里当了律师；苗蓓律师从日本回来不久。双方谈得很愉快，入职这家律师事务所的事情很快就定下来了。

杨改凤儿子年幼，丈夫住院治疗，她必须尽快投入工作，挣钱养家。她在孙成霞、苗蓓的指导下做业务、整理材料、写答辩意见、去外地出庭应诉，忙得不可开交，她特别庆幸入行伊始就遇上好的引路人。

回想刚刚从事律师工作时的心情，杨改凤至今难忘："我特兴奋，觉得这工作特有挑战性。特别乐意去探索。"她白天工作，晚上回家还要再学习。"实践中的东西和我们学的还是不太一样，遇到问题去书中再找相应的解决问题的办法和相应的法理依据，这个过程我觉得提高特别快。"

刚上班一个月，杨改凤第一次跟着苗蓓律师走进法庭。苗蓓律师开庭前提示她，可以不说或少说，但不能说错。尽管杨改凤提前做好了答辩准备，但不知在法庭上会不会出现不可预知的情况，她特别担心应对时说错话。开庭后，苗蓓律师鼓励杨改凤当庭发表律师意见，这给杨改凤留下了极其深刻的印象。

一直以来，杨改凤的价值观就是认认真真做好事情，得到他人赞许、获得客户认可，这比挣钱更重要。初当律师时，杨改凤心里就执着一个想法，即使家庭经济生活压力再大，也不认为自己办理案件纯粹是为了挣钱，而是通过自己的工作和付出为他人解决问题，实现自己的价值，得到别人的认可，让人家感觉自己特棒，不给自己丢脸，这与待遇、收入的关联度不那么大。因此，她自勉付出比别人更多的时间和精力不断学习、快速成长。

"案件太多了，需要你马上成长起来，你恨不得马上成为中坚力量。"

杨改凤说当年有那么多业务等着办理，必须迎难而上，往前冲。她说最初入职那些年，自己既有家庭生活现实的紧迫需求，又有期盼成功的强烈欲望。

孙成霞小时候吃过苦，特别同情和体恤在困苦中奋力工作的这位年轻人，她相信杨改凤以其品行、聪慧和不惜力的付出，未来会在事业上赢得相应地位。孙成霞不仅在业务上悉心指导，还以长辈的关爱之心对杨改凤的发型、服装款式和颜色给予恰当建议。

杨改凤最忘不了的是，丈夫罹患重症入院、孩子年幼、家庭经济紧张，孙成霞闻知详情，在她照顾患病丈夫期间照发薪水，给予经济援助，让她安心在医院守在丈夫病床前。杨改凤直至丈夫病逝，办完丧事，才回到律师事务所上班。

我这辈子最明智的选择

苗蓓与杨改凤的生日同在 10 月，她比杨改凤小 1 岁。

因你而不同

　　苗蓓在北京出生，1990年考入北京大学社会学系，那届大学生在校学习期间增加了一年军训。1995年大学毕业后，她东渡日本，在大阪大学法学院学习两年，获得法学硕士学位后回国，进入北京一家律师事务所工作。

　　2000年，苗蓓通过律师资格考试，继而参加在职学习和考试，获得中国政法大学硕士学位。2003年，她退出原来入职的那家律师事务所，转入成立不久的中闻律师事务所做律师。

　　"我从小就对法律感兴趣，我妈妈的工作呀，包括我接触的很多人都是学法律的。"

　　苗蓓的母亲是中闻律师事务所创始人之一的孙成霞律师：

　　"我为什么没上法律系？没让我学法律是因为我妈妈的缘故，一是当时法律有相当的局限性，二是我妈妈认为女孩子学完法律无外乎去检察院、法院工作，无外乎一天到晚接触的全是社会阴暗面，再说工作压力也大，她觉得让孩子见到的那些东西都不美好，认为女孩子应该选择轻松一些的专业去学习。"

　　苗蓓在北京理工大学附中完成初中和高中6年学业，文理科成绩均达上乘，考大学选择专业时，母女俩想法不一致，妈妈不同意女儿学法律，她对女儿说：

　　"第一志愿你报考北京大学社会学系，万一失误没考上北大，第二志愿报中国政法大学学法律，我就认可。"

　　考入北京大学，苗蓓在学习社会学主课4年间旁听了法律系课程，她大学毕业要出国去日本学习法律，有着资深法律工作经验的母亲关注到国家法治建设进程提速的现实，没再阻拦女儿的志向和兴趣，转而支持女儿从社会学系毕业后攻读法学硕士学位。

　　"我爸爸和我妈妈对我的管理都是很开放的，因为他们觉得只要我不突破他们的原则，是不会管的。"

　　苗蓓说自己在小学、中学时很贪玩，参加各种体育活动，滑冰、游泳都挺行。她说自己性格的形成首先得益于父母对女儿采取比较宽松的教育管理方式：

　　"我其实是一个比较自由散漫的人，妈妈一直说我是一个无所畏惧的个人主义战士。"

　　"战士"，属于那些有着坚强意志的人。

　　执业至今，苗蓓通过对一桩桩案件的办理，实现了预期诉讼目的，由此一次次坚定着自己的信心和意志，形成了这样的心理定式：

第五章　幸运数

"只要设定了一个目标，我就要去实施，就要去干，不管有多难。你不厌其烦地去工作，总能有所收获。"

她认为自己的意志品质也是在不断办案过程中磨炼出来的。

为了找到一桩案件中至关重要的证人，苗蓓得知此人在山西工作，老家在温州，她先赶到山西，再转至温州，逐个寻找证人亲属询问，直至闻知此人可能在上海某一地段。好不容易找到疑似证人暂住某住宅小区的那栋楼，却止步于楼门安装的密码门禁。

正值春节前夕，那天上海降雨，要知道南方的冬天对长期在北方生活的人来说是多么难耐，况且苗蓓已在路上奔波良久，天气寒湿阴冷，外出人少，她瑟缩着守在楼门口熬着时间，一个多小时后才有人来开楼门。苗蓓已全身发僵，手脚冰凉。

进入楼内，她挨门挨户地敲门询问，那是一栋22层住宅楼，幸好敲到12层一家住户时，房门打开，她终于看到门内站着那位令她苦苦寻找的证人。耗费近半年之久的时间，北上南下，行程上万公里，好在结局令人欣慰，但此番艰辛劳苦深深地留在她的记忆中。

苗蓓积累了办理刑事案件的丰富经验，在她办理的许许多多的刑事案件中有这样一起案件，只要提及，办理全程的各个环节和情景都能立刻浮现在她眼前。

那一次，她接受委托，为一起涉嫌故意杀人案件的犯罪嫌疑人辩护。案情发生在全国两会召开期间，北京一间出租屋内发现一具高度腐烂的女尸。此案被列入命案必破的大要案，先后有两名涉案嫌疑人经警方收审甄别后排除了犯罪嫌疑。苗蓓要为其辩护的这个犯罪嫌疑人虽然是死者生前最后一个接触到的人，但没有任何有力证据证明他杀了人。

这名被辩护人告诉苗蓓，他是在刑讯逼供下承认故意杀人的，而刑讯逼供就是用大灯照着他，不让睡觉，不让喝水，不让上厕所，他在这种情况下承认了两次。

依据被辩护人提供的案发前两天和后两天的行动踪迹及时间节点，苗蓓一一仔细核实，挨个儿找到被辩护人的亲属、老师、同事、邻居、家乡熟人，也找到了被害人的同事，找到了所有应该找到的证人，记录下一份份证言，她还拿到了犯罪嫌疑人家乡父老给司法机关写下的联名求救信。

苗蓓把搜集整理的全部证据提交侦查机关后，这起案件的承办人对她起誓，

61

如果被辩护人不是这桩案件的杀人犯,他就脱掉警服。苗蓓毫不退缩地大声回应,如果被辩护人是杀人犯,她就把自己的律师证撕了。

案件移交到检察院,经检方两次退卷、侦查机关补充侦查之后,办案检察官告诉苗蓓,说她提供的证据材料与检委会认定的意见一致,她的当事人无罪。

那天,苗蓓与被辩护人的妻子和女儿一起去看守所,无罪释放的当事人走出武警持枪把守的看守所大门,与妻子和女儿一家三口跪倒在地,流泪感谢苗蓓律师为成功辩护所付出的艰辛努力。

"我特别庆幸遇到了一个好的检察官,这个检察官把我所有提交的东西都仔细看过,结合案卷已有的证据,认为我的观点正确,最后经检委会讨论和主管检察长批准,以无罪定案。"

苗蓓办理刑事案件有这样一个体会,她说刑事律师在办理案件时,除了运用法律知识技能以外,无论是涉案受害人还是当事人,必须要考虑他们的情感。

"我很庆幸选择了律师这个职业,这是我这一辈子最大、最明智的选择,它是我的兴趣和乐趣所在,也是我的幸运之处,而不是为了养家糊口。"

苗蓓说,每一个案子都是不同的,每一个案子对律师来说都是挑战,至于一个好律师到底应当把什么摆在第一位,她认为应当把坚定的信念和为达到诉讼目标的顽强意志放在第一位,而这两方面的重要性远远胜于律师追求的职业技巧。

"意志是什么?"苗蓓设问自答,"意志就是用于克服各种各样困难的精神气质。办案困难有的来自于自身的惰性,有的可能来自于家庭生活的羁绊,还有的来自工作相对方对你的态度和阻挠,所有这些工作困难都要你去突破,才有可能达成一个个阶段性的目标,直至完成最终目标。"

不后悔走到今天这一步

张继军考入郑州大学法学专业那一年刚满19岁,家乡在地处豫、晋、冀三省交界处的河南省安阳市,从安阳到郑州将近200公里,乘长途客车要三四个小时。

父亲是军人。张继军在家中三个男孩子里排行老二,上有一个哥哥,下有一

第五章　幸运数

个弟弟,父亲给三个儿子起的名字里都有个"军"字,可见父亲对军旅生涯怀有多么强烈的荣誉感和自豪感。

父亲相信棍棒底下出孝子,对三个儿子采用的管教方式格外严厉。

"男孩子哪有不淘气的。"

张继军小时候很淘气。记得上小学三年级时,父亲从军队转业,回到家乡在当地公安分局当干部,他发现儿子淘气,动手惩罚是肯定的,但父亲身上军人的耿直和刚性也更多地赋予了张继军刚直不阿的法律人性格。

大学毕业后,张继军回到家乡做律师,毕业后第二年即通过当时的律师资格考试,拿到了律师资格证,这一干就干了8年,主要做诉讼业务。那时候,当地律师的收入要比当地公务员高出一大截,生活无忧,可每天面临的案件业务类型实在太单一,范围太狭窄,他内心渴望拓宽业务视野的意愿越来越强烈。

过了而立之年,怀揣着心中的一份追求,张继军铁下心要去北京闯一闯。从老家安阳去北京要比去郑州远出一倍多的距离,他在北京没有亲戚,没有同学,没有任何社会资源。出行前,一个偶然的机会,他在网上搜到中闻律师事务所,便试着投了简历,对方回复同意接收,他自忖有做律师8年的经验,义无反顾地前往距家乡559公里的首都北京,虽说正值春暖花开的时节,可那一路上心情十分忐忑,很有些背水一战的悲壮。

张继军回忆投简历时根本没有考虑到中闻律师事务所的规模、制度、理念等,其实还是有相当的盲目性。他估计到北京以后要经历一段困难时期,有一定的思想准备,但他到北京之后遇到的困难远比他出行前预想的大得多。

张继军初到北京,中闻律师事务所刚从华展国际公寓搬进城建大厦,那里的办公场所还没有装修完成。行政人员热情接待,很快将进京手续办理妥当,这让他不安的内心感到些许慰藉。

入职中闻律师事务所,张继军知晓主任吴革担任着中华全国律师协会宪法人权委员会主任的职位,也知晓许多同事的业务能力很强。他虽然没有自己的案源,却能够协助有案源、有经验的律师做一些诉讼业务。

很快,张继军接触到破产清算业务,包括证券公司账户清理等复杂事项。问题是他在老家当律师从来没遇到过这些业务,以前学的东西根本用不上,他一时间手足无措,憔然发慌:"太艰难了,我从来都没接触过,那时候自己拼命查询相关知识资料和法律规定",虽然很难,他脑子里也没闪现过一丝回老家的念头;

"我觉得做律师是一个挺好的职业,我不后悔走到今天这一步。"

张继军说他本性愿意多做事、多做有益于他人的好事,做律师不能仅看收入:"我对客户真诚,表现在想客户所想,把客户利益放在前头。"

张继军多年来一直本着合作精神,好好与客户合作,好好与同事合作。凭借坚强奋斗的精神,已在中闻律师事务所就职了13年的他坦率地说:

"做一名好律师,要真诚、拼搏,有时候可以把律师费放在次要位置。"

这里符合我期望的条件

周小苑的家乡位于"两浙咽喉,八闽唇齿"的东海之滨,这位浙江姑娘2000年考入中国政法大学,入秋时节乘火车北上,前往1500公里外的首都北京。

回想高考填写志愿时,周小苑父亲借鉴朋友为高中毕业的孩子选定法律专业的做法,建议女儿也选法律专业。其实,建议女儿选择法律专业,也许源于父亲那次意外遭遇。

几年前,父亲辞职下海做生意,与一位经商合作者出现纠纷,突然接到一张法院传票。父亲确信不应承担任何责任,但他从没经历过这类事情,紧张焦虑,吃不香睡不着。所幸事情真相很快败露,是对方伪造法院传票使诈。全家经历过这番惊吓后,正在读初中的周小苑心里对正义滋生出一种说不出的向往。

大学毕业后,周小苑顺利通过国家统一法律资格考试。妈妈一直劝说女儿大学毕业后回家乡工作,周小苑却想着在北京拓展事业,那里毕竟是国家政治、经济和文化的中心,在这边打拼有同学互助,也能圆自己的梦。

恰巧父亲来北京承揽了一项工程,周小苑在等待法律职业资格证书下发的过程中协助父亲管理工地,在与业主、工人、债权人、债务人的接触中处理杂七杂八的事情,这段经历让她增长了许多社会见识和为人处事的经验,也锻炼了她坚韧不拔的意志力,为从事律师职业所需要的努力和执着奠定了基础。

父亲承揽的工程接近尾声,周小苑拿到法律职业资格证,她向几家律师事务所投发了个人简历。记得第一次去中闻律师事务所,当年的办公地点在天恒大厦。前台服务员指错了她本应要去面试的房间,当她唐突地推开一间会议室房门,看到里面有人正在激烈地讨论案子,本来就有些紧张的周小苑顿时感到十分尴尬，但她对律师这一职业的向往之情也油然而生。

结束面试，周小苑走出天恒大厦，她通过观察，觉得这里符合她期望的环境和条件。进入这家律师事务所实习后，周小苑每月可以领到1500元底薪，虽然这笔钱不足以支撑她在北京的生活费用，但父母提供的贴补让女儿不至于陷入一时困窘。

实习伊始，周小苑跟随"师傅"办理银行委托的按揭业务。这项业务做了将近两年，由于律师从事的这项业务呈现出市场萎缩的态势，又因为这项业务没有太多技术含量，周小苑结束实习期取得律师执业证之后决定转型。

周小苑做过一些诉讼业务之后，有机会加入中闻律师事务所金融团队，有了明确的业务方向和目标。在与同事的共同工作中，周小苑给人的印象比较随和、内向，这也符合她对自己个性的判断：

"我觉得自己不是那种特别外向的人。"

周小苑这样评判自己：

"我属于比较不太看重钱的那种人，特别不会斤斤计较，但我也会节约用钱，不会乱花钱。因为我觉得，有些时候、有些事情是不能够用金钱来衡量的，我更看重的是个人的成长和收获，这是我做人做事的一个基本原则吧。"

中闻律师事务所改制后，周小苑身处公共律师团队做授薪律师，最初报小时单让她有些惶惑，公共律师团队的同事们也都有些纠结。按规则要求，干多少活儿就报多少小时，但周小苑有自己的想法，如果从事的是协助性工作或是开会，她不愿多报小时数，往往少报一些，她内心并不看重多报能多折算出多少钱，更看重能在做事过程中积累和收获多少工作经验。

"事实上，我们团队那几个人差不多都是这么报，都不会多报加长的时间。"

在公共律师团队锻炼近3年，周小苑拥有了自己的案源和业务量，转型成为合伙人，工作内容和地位都出现了大的变化，她要积累自己的案源，培养自己的客户，与其他专业领域的合伙人合作，要带动公共律师团队的律师，要操心以前从不操心的诸多事项，责任明显比以前重大了，也更具有挑战性了。

周小苑是继苗蓓、杨改凤、张继军之后来到中闻律师事务所的，虽然年轻，却有资格称为"老中闻"。她说这里有一大批人品很好、业务很优秀的同事，大家强调真诚合作，许多时候并不过度计较各自利益，而是合力为每项受托事务负责，不辜负委托人的信任。遇到复杂的案件问题，大家宁可花费时间透彻研究法理、法律规定、司法解释、案例等，也不会对客户瞎承诺，忽悠人家。中闻人的品质就是专业、严谨和认真负责。她相信，这家律师事务所的和谐氛围和学习风气能够让新入职的人感到很温暖。

第六章　三易其址

从中闻律师事务所初期的发展历程来看,"3"也是中闻律师事务所的幸运数。

中闻律师事务所执业许可证 17 位数字里的第一个数字是"3",最后一位数字还是"3";这家律师事务所在创立后的 6 年里,每 3 年变更一次办公地址,成为事业拓展、队伍壮大的标志。

搬迁新址进驻城建大厦

华展国际公寓归属于"大型国际化商住社区",建筑设计毕竟是住宅板楼,虽然占地面积多达 5000 平方米,但是这栋 15 层高楼拥有的最大户型仅有 350.95 平方米,人数不多的小型公司在此商住两用尚可,办公人员若超过两位数字,恐怕腾挪不开,犹嫌狭促。

对于那些前来商洽法律事务的大客户来说,律师事务所办公场所直接诉诸陌生客户的感官,影响着来人对中闻律师事务所人力和财力的判断,这是大家心知肚明的担忧。眼看业务范围日渐扩大、人员日渐增多,迁址办公被列入议事日程,成为中闻律师事务所决策者迫在眉睫的头等大事。

吴革回想第一次迁址前的情形说:

"从 2001 年成立到 2004 年,中闻律师事务所的发展势头比我们预想的要好。我们的办公地方都不够用了,就商量换个地方。"

这时,苗蓓从日本学成归来,加入中闻律师事务所不久,适逢动议搬迁事宜,她记得大家开会认真讨论了好几次。当时,中闻律师事务所主要由吴革和孙成霞两人把握大方向,周唯和温继强两位律师为搬迁事宜做了许多具体工作。苗蓓说,为了寻找合适的办公场所,又是周唯骑着自行车到处打探,找过好几处地方。

"要不要从华展国际公寓搬到城建大厦,大家思想斗争很激烈,虽然觉得城建大厦位置好、条件也好,但依我们的收入,能不能承担得起城建大厦的租赁开支?"

在找到城建大厦之前,有一处可租赁的办公地点已经获得大家的认可。那是一处会议中心,位于华展国际公寓和城建大厦之间,在华展国际公寓的西边。苗

因你而不同

蓓清楚地记得,当时人们的疑虑和担心是,如果未来发生入不敷出的情况怎么办?

"当时我们都去现场看过,甚至都在讨论装修方案了,突然又找到了城建大厦,城建大厦的租赁费用比我们看过的那个会议中心高出一些。"

城建大厦同样坐落在北三环中路,矗立在北太平庄桥东北角,这幢楼宇竣工于2002年12月,总建筑面积达到126 180平方米,由两座27层塔楼、一座16层板楼和一座11层塔楼组合命名,其写字楼的设计源自现代办公理念,追求智能化和绿色健康,办公空间宽敞舒适。

经过综合考虑新址位置、交通、环境、日租金、物业管理费以及各方面因素,也经过反复核算中闻律师事务所财力和支付能力,尽管未来存在可能出现的风险,但吴革与孙成霞向参与商讨搬迁事宜的主要成员承诺,城建大厦的办公成本不会成为律师事务所的负担;从事业发展的趋势分析,哪怕把全部收入都拿出来用于支付迁址费用,也必须要迈出这一步,因为华展国际公寓目前的办公环境已经成为制约中闻律师事务所未来发展的最大障碍。

中闻律师事务所的远景规划早就明确要向东发展,而新址城建大厦却地处北三环中路一带,位于华展国际公寓正南偏西方位,没半点向东搬迁之意,这究竟是为何?

原来,2003年北京市政府工作报告成为中闻律师事务所选址的参考背景。报告提到:"今年是奥运工程建设的启动之年,要发挥奥运会对首都经济的加速器作用,落实《中关村科技园区五年上台阶行动纲要》,加快推进专业园和产业基地建设,培育高新技术产业群。"

北三环中路上的城建大厦毗邻全面开工建设的奥运主场馆、国家会议中心、奥运村、记者村,距离大力建设中的中关村科技园区也比华展国际公寓更近、更方便。

中闻律师事务所搬入城建大厦7层,租下700平方米的办公面积,办公场所的面积比华展国际公寓大出近一倍。乘坐德国制造的帝森电梯升至大厦27层,从103.8米的建筑高度向南俯瞰2.2公里外的德胜门箭楼,那箭楼通高31.9米,显得低矮许多。

德胜门始建于明正统二年(1437年),是明清北京城内城九门之一,1921年被拆除城楼,1969年又被拆除了城墙。国家曾在1951年和1980年两次拨款修缮。

晴空之下，站在城建大厦顶层向南瞭望，人们不仅能看到德胜门箭楼那重檐歇山式楼顶上泛着幽绿光亮的琉璃瓦，还能望见故宫太和殿顶上那片金黄色的琉璃瓦。

中闻律师事务所进驻城建大厦，颇有一番"鸟枪换炮"的喜庆景象，拥有了单间办公室，拥有了工位大平台以及会谈室、会议室，这是华展国际公寓办公环境无法比拟的。人们在新的工作环境里，精神面貌也焕然一新。

老话讲"栽下梧桐树，引得凤凰来"。一切似乎都在印证着这句老话。

新面孔相继加入中闻律师事务所，这些专业人才大大扩展了中闻律师事务所的法律专业服务领域，新来的律师中有从事环保专业的、证券业务的，还有专门做知识产权业务的。

强劲的发展态势、蒸蒸日上的气氛，将搬迁前曾有的担忧和疑虑一扫而空。

搬迁新址进驻天恒大厦

中闻律师事务所创立伊始，受财力和人员条件限制，租赁华展国际公寓作为办公场所。创建者心里明白，若条件许可，理应在北京城东的朝阳区寻找办公地点，因为那边的经济发展走向正显露出强劲的上扬之势。

中闻律师事务所登记成立这一年，恰是我国国民经济和社会发展第十个五年计划纲要实施的第一年。"九五"期间，朝阳区作为北京市最大的近郊区，其产业结构正发生着重大转变：第一产业、第二产业在国内生产总值中的比重逐年下降，第三产业比重迅速上升，为朝阳区经济快速发展起到了巨大的推动作用。

朝阳区自2001年开始，经济总量位于北京市各区县前列，率先形成了以服务经济为主导的产业结构。这些不仅仅为中闻律师事务所的律师们所关注，也是众多北京律师关注的重要信息。

协商搬迁城建大厦之前，吴革、孙成霞与决策成员一直留意朝阳区进入经济建设高峰阶段的各路新闻——全市六大高端产业功能区中的CBD、奥运、电子城三大功能区聚集在朝阳区，那里的文化创意产业规模不断扩大，财政收入在全市各区县中率先突破百亿元大关。

因你而不同

中闻律师事务所迁入城建大厦第二年，朝阳区产业结构日益优化，高端产业地位日益突显，据朝阳区国民经济和社会发展统计公报披露，2006年全区财政收入在全市率先达到106.4亿元。

这时，中闻律师事务所向东搬迁的议题再次摆到桌面上，是否具备向东搬迁的条件和实力，是否抗得住未来更大的经营风险和执业风险？中闻人又临近命运选择的岔路口。

迁入城建大厦第三年，中闻律师事务所拥有了71名专职律师和7名兼职律师。从现有办案规模和律师人数以及未来发展态势考虑，寻找更适合事业拓展的地理位置和空间如同三年前提出搬迁新址的决策一样迫在眉睫。

与此对应的是，北京市通过年检和注册的律师事务所达到1000家、律师13 312名。

据苗蓓回忆："吴革主任提出来，我们还是要往东边走，这也是当初从华展国际公寓调整办公场所时大家最开始的一个初衷，当时是受到条件的限制，现在有这个条件了，那么正好找到天恒大厦。"

天恒大厦坐落在东直门立交桥东南角，地处二环路、东直门外大街和机场高速路交汇处，22条公交线路在此设站点，环线地铁、地铁13号线及机场轻轨在此相衔。这栋大厦建成于2005年6月，地上22层，地下4层，A座与B座写字楼标准层均为开敞式办公空间。

2005年6月30日，天恒大厦开盘，媒体于次日以"世界首座整栋真空玻璃高节能写字楼引起关注"为题进行报道。前来商洽租用办公空间的公司关注的不仅仅是这里的交通条件有着其他区位难以比肩的独特优越性，更看中这里比邻中石油、中石化、中海油、中人保、中国电信、中青旅等众多央企和大型公司总部显露出的宏大气派。

"到天恒大厦办公，我是坚决反对的，不同意啊！"

苗蓓的想法是，从城建大厦搬出来，每个合伙人的几万元押金不退还，对个人而言当然是一笔损失。再说，天恒大厦也不算东边真正一流办公区域的写字楼。真正一流办公区域的写字楼要属国贸大厦、京广大厦那一带才对。

做律师最在乎时间成本。

苗蓓家住北京城西，到城建大厦很方便，若去天恒大厦，要从西向东横穿偌大的北京城。吴革知道苗蓓拒绝迁往天恒大厦的态度，找她深谈过两三次。苗蓓态度不变,母亲孙成霞也一劝再劝。一直等到律师事务所绝大多数同事都被说服了,苗蓓才很不情愿地勉强同意。

天恒大厦建成第三年,中闻律师事务所的律师们离开城建大厦,悉数迁入天恒大厦,在这幢号称"世界首座全部采用真空玻璃""高舒适度低能耗"大厦的A座8层落脚,拥有1000多平方米的办公环境当然比城建大厦提升了一个档次,焕然一新的现代化办公环境让大家信心满满。

工作环境改善,办公面积增大,经营成本更是加大了。

吴革、孙成霞及其他管理成员的责任倍增,想更好地经营这家律师事务所,他们把工作中心和重点放在继续扩大规模、增加人员方面,尽力实现业务质量的提升。

搬迁新址进驻居然大厦

2008年2月4日立春,农历龙年自此起算。

龙在十二生肖中位居第五,与十二地支配属"辰"。

这一年,先有国内南方部分地区遭遇突如其来的严重低温雨雪冰冻灾害,后有四川汶川发生特大地震灾害。集举国之力,首都北京克尽艰难,在8月成功举办了第29届夏季奥林匹克运动会。

这一年,国家在经济下行态势明显的困境下积极采取应对措施,推动城乡经济社会发展一体化,促进投资较快增长,加大企业扶持力度,积极发展高端制造业。北京律师奔波的身影出现在社会经济发展的各个领域。

2008年12月20日,第七届北京市律师协会第五次律师代表大会审议通过了第三部《北京市律师协会章程》。这部章程历经两届北京律协的共同努力,先后18次易稿,共有上千名律师会员参与、贡献智慧,被视为北京律师行业自律管理体系建设的一个里程碑。

据第七届北京市律师协会理事会工作报告披露:

"截至2008年底,北京市拥有律师事务所1211家,执业律师18 635名,分别比2004年底增长了56%和99%;有60家外地律师事务所在北京开办分所;另有99家境外律师事务所在北京开设了办事机构。北京律师事务所在全国40余个城市开设分支机构179家,在近10个国家和地区设立了20余个分支机构、办事处或合作机构。

2008年新申请执业的律师达到3000人,外省市在京执业人员总数占全市律师总数的比例已达53.65%,许多新律师面临案源严重不足的困难;律师事务所分化加剧,执业律师在10人以下的事务所占全市律师事务所总数的56%,年营业收入在100万元以下的事务所占全市律师事务所总数的34%。"

就在这一年,吴革出于对未来个人职业目标越来越强烈的向往,想要抽身离开中闻律师事务所,"毕竟当了8年的律师事务所主任,时间不短了,我当时动摇过,是不是直接去做公益律师?我想改变一下"。

这是吴革心底藏了几年的秘密,他为什么有这样的念头?

"2002年1月的一天,一个改变我律师职业生涯的事件发生了。"

吴革在自己撰写的《律师思维与办案经验》一书中写道:

"那是一个到处都散发着浮躁之气的清凉早晨,我穿过大街小巷来到北京市律师协会的会议室,参加了北京市律师协会宪法与人权专业委员会主任的竞选。"

吴革竞选成功,就任北京市律师协会宪法与人权委员会主任一职。早在创办中闻律师事务所之前,他曾办理过轰动全国的"八米账单"案,一名9岁男童去医院就医后死亡,男童死后医院开出的数十页收费单,连接起来近8米长……这是吴革作为公益律师办理的第一起案件。他还在2003年参与办理广州收容拘禁孙志刚致死案,以及后来公益援助湘潭女教师黄静致死案、《中国农村调查》名誉权纠纷案等。

2005年,吴革获得中华全国律师协会授予的"全国优秀律师"称号。

这一年岁末,在中闻律师事务所鼎力支持下,北京义派律师事务所成立,这是一家专门从事影响性诉讼的公益律师事务所。成立伊始,这家律师事务所与中华全国律师协会、法学研究机构、法学著名学者合作,针对"影响性诉讼"展开研讨。

吴革想离开中闻律师事务所,直接去义派律师事务所全力做公益律师,不再做商业律师。然而,没有合适的人选接替他担任中闻律师事务所主任。倘若他坚决撤离,这家律师事务所有可能会散架,这是吴革不愿看到的情况。思来想去,他没有离开。当他再次想离开中闻律师事务所时,已是5年后的事情。

"2010年,北京律师人数增长速度开始放缓。当年律师队伍为22 937名,新增律师 1722 名，低于此前每年新增两三千名律师的速度。2011 年，北京律师人数不但没有增长，反而比 2010 年减少了 837 名。"

  法制周末记者陈磊以"律师人数：北京律师交出'头把交椅'"为题报道上述信息时，引用了《北京律师发展报告（2013）》中披露的统计数据。《北京律师发展报告（2013）》执行主编、中国社科院法学所副研究员冉井富向前去采访的记者介绍说：2011~2012 年，北京律师队伍最引人瞩目的变化是，执业律师人数不仅没有增加，反而呈下降趋势。与此同时，全国律师队伍却一直呈增长趋势。对于这种变化趋势，冉井富表示：这种变化有利于北京律师的行业管理，有利于北京法律服务市场的有序竞争。

  2010 年，北京律师业界的发展走势犹如"战国时期"那样，律师事务所相互间的"合纵联横"此起彼伏。中闻律师事务所经过多次商洽谈判，在不变更律师事务所名称的前提下接纳了三家律师事务所加盟，合伙人及律师助理人数剧增，天恒大厦 1000 平方米的办公面积无法满足这家律师事务所迅速扩大的规模。

  中闻律师事务所选举出新的管理决策机构和人员，吴革不再担任律师事务所主任。搬迁办公场所经过决策层多方调查、仔细核算，选定天恒大厦对面建成不久的居然大厦，整体租下那栋大厦 18 层办公场所。

  此次搬迁，终结了中闻律师事务所多年在北京内城外沿窥视城内的"北漂"生涯，终于立足于寸土寸金的首都内城地界。

第七章 70后

这一代人的童年和少年被认为浸润在理想主义氛围里，青年时代赶上国家大力拓展高等教育的黄金年代，参加工作工资微薄却能够应对市场物价，同时感受到改革开放和社会体制转型的剧烈震荡和变化。他们中的一大批人，在国家恢复重建律师制度的进程中学习法律，考取律师资格，进入国办所、合作所、合伙所实现人生理想。

中闻律师事务所的合伙人中有这样一批70后。

力争做到不让你支援我

杨凯的父母曾在北京工作，父亲是江苏人，国有大型企业管理干部；母亲是大连人，高级工程师。杨凯在北京出生未及周岁，父母因工作单位调动，迁家转至山东淄博。杨凯在淄博上小学时跳了一年级。自此，不论初中、高中、大学，他都是班里年龄最小的学生。

年龄小、个头矮，小杨凯上学时受同学欺负，可他在同学眼里有着愈挫愈勇、绝不服输的顽强性格。初中升高中时，因考试成绩不理想，杨凯未能如愿进入当地重点高中。进普通高中读书时，记不清到底为了什么，他与班里体育委员打架，对方身高一米八六，他矮人家一头多，打不赢也要打，毫无畏惧，就是不能认怂。

为了实现考上大学的理想，他从普通高中转入邻近的潍坊市青州一中就读，那是一所山东省的重点高中，刚转学时，全班成绩排名，他分数垫底，第一学期过后，他排到第17名。此后，杨凯的学习成绩节节攀升，高二时，他又考回了齐鲁石化第五中学这所当年未能考进的重点中学，此后他的成绩一直名列前茅。

1987年他高中毕业，刚满17岁就考入山东大学法学院，大学毕业被分配到中国石化齐鲁石油化工公司做法务工作，工作两年后考取律师资格，自此整天接触与工程相关的合同、诉讼纠纷事务。

杨凯就职的那家公司毕竟是一家特大型石油化工联合企业，他耗费了一年半左右的时间处理债权、债务、欠账纠纷等历史遗留问题，在完善了合同管理体系之后，突然发现没事干了，工作只剩下审核合同、盖合同章这些简简单单的事情。

因你而不同

依个人脾气秉性，杨凯可不想这样混下去。有那么一两年，他去做兼职律师，跟公司协商条件，不要公司工资，也不要公司奖金，专做兼职律师业务，半年就挣了 3 万多块钱。这时，单位领导又把他喊回去做管理工作。人是回了单位，可始终想出来做律师，回单位以后觉得若在企业混下去，一眼都能看到人生的尽头。

杨凯而立之年已是企业中层干部，负责与外部打交道，出入用车方便，工作支出都能报销，妻子是当地政府机关公务员、科级干部。夫妻俩的家居住面积近 140 平方米，各自单位待遇优厚。怎么说也是生活无忧，日子美满。

杨凯心里却另有盘算，就算在企业里当个管法务的处长又能怎样，他就想当个自在律师，不受单位约束，他经常出差，闻知青岛、大连、上海、北京律师的一些工作和生活状况，对比之下觉得本地律师业务实在狭促，专业视野不够开阔，便产生了去北京闯闯的心愿。

到北京发展律师生涯，杨凯执意不从家里带走一分钱，离家前只带上单位结余的工资和奖金 2 万元，他对妻子说：

"你要做好思想准备，我可能 3 年内不会支援家里，也力争做到不让你支援我。"

2003 年 4 月 17 日，杨凯哥哥带着司机开车到北京出差，捎上弟弟杨凯前往北京一家律师事务所办理了入职手续。

此前一天，世界卫生组织正式宣布 SARS 的致病源为一种新的冠状病毒，并命名为 SARS 病毒。杨凯抵达北京当天，北京一名大学生被确诊病情符合 SARS 病毒感染的症状。4 月 20 日，北京市公布的非典确诊病例数从前一天的 37 例增至 339 例，疑似病例增至 600 人以上，同时宣布原五一"黄金周"暂停施行。

杨凯哥哥和司机 4 月 20 日从北京返回山东，随即被隔离观察一周，以确保疫情不会因他俩从北京带回山东酿成扩散的结果。

整个五一期间，人们不能随便走动，北京大街小巷空无一人，真是百年不遇的街景。杨凯待在租住的两居室里，有时甚至怀疑自己是不是得了 SARS。转眼到北京已有 4 个月，一分钱没挣到，带来的钱却只剩下不到一半，他真有些慌了。

毕竟干了十几年律师业务，杨凯在北京那家律师事务所当助理，虽说没有案源，但若接到交办的案件，显然是熟手。他渐渐赢得信任，进京当年的下半年终于有了 3500 元月薪，多少减缓了一些生存压力。

2004 年伊始，他的律师业绩稳步上升。同年 9 月，他与最初那家律师事务所的几个同事一起离职退出，转入另一家律师事务所工作，成为新东家的有限合伙人，便一口气干了整整 9 年，买房子买车，在几千万人口的首都北京稳稳地扎住了根。

来北京第二年，杨凯去北京市律师协会办事结识了吴革，两人在此后的多年里交往并不密切。直至在 2012 年的一次会议上，两人并肩坐在一起，互相聊了几句。当时杨凯已组建起自己的业务团队，正想寻找更好的发展平台。

吴革听到杨凯的近况，说你为什么不考虑考虑我这儿啊？一散会，杨凯就和吴革一起前往居然大厦考察。当时中闻律师事务所跟他所在的律师事务所体制相似，都有高级合伙人，杨凯熟知其中多位高级合伙人。

杨凯与中闻律师事务所的几位高级合伙人聊了聊，十分满意居然大厦的办公条件，听别人介绍了中闻律师事务所的管理方式和财务分配制度，他决定把自己那个主营民商专业的律师团队拉过来入伙。

看不惯没有诚信的同行

陈飞的爷爷是几代中医传人，"文革"中因出身成分受到迫害，被迫从山西太原回原籍黑龙江。陈飞父母为家中第三个孩子起名字时，仅用了一个"飞"字，寄托着夫妻俩对"老疙瘩"（东北民间对家中最小孩子的惯称）未来人生的希冀。可是，这个小男孩在日后成长的人生道路上经历了颇为曲折的跋涉过程。

陈飞的父母均为"文革"前毕业的高中生，夫妻二人都属于聪慧机敏、个性极强的人。母亲是辽宁葫芦岛人，陈飞自小在母亲的家乡长大，他上面有一个姐姐和一个哥哥。初中毕业，陈飞考入一所中专学校学习工业管理，毕业被分配到当地行政执法机关，端上了"铁饭碗"，但他心底一直有个强烈的念头——要考上大学。

当年立志攻读文科时，陈飞只有两个选择，或中文或法律。一个非常偶然的机会被他捕捉到——中华全国律师函授中心创办法律、律师专业全日制教学班。陈飞一边工作一边自学，26 岁通过自学考试，拿到了法律大专文凭。他没有松懈，继续苦读4年，在全国律师资格考试变更为国家法律职业资格考试的前两年通过考试，获取了律师资格。

及至而立之年，他毅然离开自己的"舒适区"（行政执法部门的职务），凭借个人持有的法律大专学历证书和律师资格证书走进当地一家律师事务所，开启了人生的另一番天地。

一年之后，他得知哥哥有位同班同学从中国政法大学毕业后被分配到全国人大工作，他希望能凭借这层关系来北京发展，于是断然离开葫芦岛直奔北京。可是人算不如天算，结果令他大跌眼镜。

当年在北京执业的律师必须同时满足两个条件，一要具备本科学历，二要执业满3年。来自外乡为异客的陈飞却对此一无所知，一时有些措手不及，眼前浮现出朋友们到火车站为他送行的场景，他陷入纠结，扪心自问，难道就这样灰溜溜地返回家乡吗？

离乡时的豪情壮志一瞬间化成乌有。

陈飞摸摸身上仅有的2000块钱，琢磨着再过几天是否就得买火车票打道回府呢？顿时，他耳边响起一句老话"开弓没有回头箭"，他咬紧牙关，心想若不能在北京立身就完了，再难也要坚持下去，绝不回老家！

决心已定，陈飞开始着手联系工作、住处和学习等事项，四处打听律师事务所打杂等工作，找寻可租的住处，了解攻读大学本科等备考事宜。

在接下来的日子里，陈飞内心交织着希冀、期待、焦虑、渴望等复杂心绪，日复一日，年复一年，苦煎苦熬。历经3年，他在北京积蓄了执业经历，成功取得本科学历并跻身北京律师行列，35岁的陈飞如愿以偿地完成了人生历程中的华丽转身。截至2005年，北京律师总人数突破万人。同年，陈飞正式成为北京律师。

男儿有泪不轻弹，这些年在北京吃了多少苦、受了多少罪，他没跟妻子说过。

在风起云涌的社会发展浪潮中，陈飞时浮时沉，辗转几家律师事务所，一路摸爬滚打过来的他钦佩有理想、有追求的同行，看不惯那些没有诚信、诓骗客户的同行，看不惯把律师业务当生意经营的管理者："我到现在都认为律师不能只看能不能挣钱，你要有情怀、有理想、有追求，走正道！"

陈飞心里笃定的底线是，"这个职业应该是很干净的，我付出那么大的代价来做律师，我不能对不起我自己"。

十年光阴转瞬即逝，陈飞一直惴惴不安：去哪里找一帮志同道合的律师共事，哪里有一家能与心愿吻合的律师事务所让自己安身呢？在他北京住处租期已满时，新的人生转机来到眼前。

一位要好的律师朋友要加入中闻律师事务所，陈飞得知这家律师事务所的主任吴革是"中国影响性诉讼"的发起人，了解到吴革策划并参与中华全国律协宪法与人权专业委员会和中国案例法学研究会每年"中国十大影响性诉讼案件"的评选，还得知中闻律师事务所正在"招兵买马"。

陈飞来到居然大厦考察中闻律师事务所的位置、办公环境，感受律所文化。他面见吴革，与他交谈，问及工作制度、待遇、提成比例等事项。陈飞看中这里的办所理念和追求目标，这家律师事务所对律师专业素养继续培育的规划，以及与高等院校专家学者的密切联系。陈飞依据个人观察和感觉，相信这家律师事务所正是自己要投奔的、为正道效力的"大部队"。

与吴革谈完话，陈飞在办公区域走了一圈，四处看看，尽管当时那里还显得空空荡荡，但他已打定主意。2015年6月15日这一天，陈飞与自己原就职律师事务所的几位同事共同加盟中闻律师事务所成为合伙人。

参加工作哪能不受委屈

马海燕父母都是老北京人，家在通州。

父亲年轻时参军入伍，当兵十几年，转业后回到通州粮食局工作，曾经担任粮食局下属一个粮管所的负责人，统管粮管所100多名干部职工。母亲曾是居委会妇联主任。如今二老年过七十，退休在家。马海燕有个弟弟，小她4岁。

20世纪七八十年代，马海燕的父母双双担任基层单位的领导，工作十分紧张，他们属于那种特别负责的人，谁都顾不上家。

马海燕小小年纪就学会打理家务，做饭、打扫卫生，本该男孩子做的事，像搬东西、搬煤等诸多力气活儿，她无法推脱，也从不推脱，家里没有别人援手替她、帮她，弟弟太小。她从小在这种家庭环境里长大，再加上青少年时期那种时代教育的氛围，养成她不怕累不怕脏不怕苦不矫情的秉性。

因你而不同

　　马海燕最佩服母亲工作的敬业精神。就在国家实施计划生育政策最严厉的那些年，身为基层一线的妇联干部经受的工作负荷和压力极大，母亲的工作对象并非那些没有关系或是关系很远的人，全是她身边的人、单位的人，甚至是多年相处的邻居们。

　　母亲工作繁重，白天干不完的事，晚上带回家里继续做，往往她从单位回来，刚一进家门就有人追来，或态度激烈或委婉央求，总少不了一番好说歹说。母亲既要按国策办，还得让人心服口服，这毕竟是得罪人的苦差事。小海燕在家经常目睹这一幕幕情景，成年后才深刻地理解到母亲当年的工作有多不易。

　　"我母亲内心特别强大，气场特别强大，这一点我确实做得没有她那么好，幸好没赶上那种工作，她那种压力我怎么能承担呀，唉呦！"

　　2014年4月，中闻律师事务所有一位行政职员行将退休，执委会向社会发布招聘广告，征聘一位行政专员。马海燕在一家律师事务所主管外勤近十年，基本服务的方方面面都接触过。由于原就职的这家律师事务所要搬迁到离她家更远的地方，她天天乘车上下班单程就要花费一个半小时，她正考虑要不要往离家近的工作单位调动一下，得知招聘信息后便前去应聘。

　　马海燕依其在律师事务所近十年行政工作的经验积累，无疑是应聘的最佳人选。她入职中闻律师事务所来到居然大厦，与那位行将退休的行政职员交接完工作后，立时上手操办各项事务，毫不生疏。

　　马海燕原来所在的律师事务所有100多名律师，做行政工作的有7个人。来到中闻律师事务所才发现，连她在内只有4个人做行政工作。入职一年，她升为行政主管，正赶上大批合伙人加盟，再加上许多合伙人带着自己的助理入职，行政工作特别繁杂琐碎，举凡调入手续、房间安排、工位安排甚至桌椅板凳，都得管理到位。

　　"我们行政就那么一个男同志——董跃，进进出出搬东西也就是他，再没人，接下来就是我。要说搬东西，那可是体力活，我们俩搬来搬去，说句牢骚话，你不干，没别人干。"

　　马海燕记得办公房间里本已配好全套的办公桌椅、柜橱，执委会告知说合伙人选好办公室可以自己配置。轮到具体执行就遇到了麻烦。有律师来了，说不要屋里摆设的所有东西，自己定制；也有人带着自己原来用惯的办公家具过来，马海燕就得叫上董跃把办公室清空。问题是搬出来的东西往哪儿放？这全是麻烦事儿。马海燕觉得不能老因为这种小事给执委会提意见，只能自己想方设法去解决。

合伙人成批入职那段时期，马海燕忙得晕头转向，刚接完一个电话又打来一个，一整天电话不断，这时却有律师反映行政部门的人办事不力。马海燕很是感慨，长大后参加工作哪有不受委屈的，她知道自己不像母亲那样经受得住委屈，她会把心里憋屈的事回家跟丈夫唠叨唠叨，唠叨出去，一些不良情绪也就缓解了。

没压力就没有精彩人生

金属压力加工这门学问与锻造、轧制、冲压这些字眼密切关联。这是一门实用技术。从字面上解释，金属压力加工无非是让金属在外力作用下发生变形。对此稍有了解的人们知道，学习这门技术的人，未来的专业走向是工程师。

穆振辉最初学习的是金属压力加工（轧钢）专业，这成为他步入社会谋生的第一块"敲门砖"。按说他本可继续沿着这条专业之路向前，但他要寻找内心认可的人生，曾经学习的金属压力加工知识给了他更多关于人生意义的启示——没有压力的人生就不会有人生的精彩。

已跻身国家大型钢铁企业管理干部之列的穆振辉，走进北京大学光华管理学院经济专业的课堂，当他闻知律师资格考试消息，确认自己有资格参加考试时，距离考试仅有半年时间，他在没有任何法学基础知识的情况下立即寻找复习材料，利用每天下班回家的业余时间学习……报名、参加考试、通过考试，他于1998年获得了司法部授予的律师资格证书。

2000年，穆振辉从这家拥有上万人的大型国有企业辞去管理干部职务，走进一家律师事务所做实习律师，那一年他28岁。接着，他前往北京大学法律系在职学习法律专业，获得北京大学法学学士学位，他一边做律师一边继续学习，直至拿到了中国人民大学法学院民商法专业研究生学历。

2010年，穆振辉在执业10年之际，在北京律师论坛发表了自己撰写的文章《律师的公益责任》，他在文章中写道：

"律师的定位不仅仅是法律服务提供者，更应该是社会公平、公正的守护者和实践者。律师参与公益是法定的义务，律师的执业要求中包括维护民众权益、帮扶危困弱势群体的内容，这也是律师群体职业理想崇高的部分。律师参与公益事务应该是自觉的，参与公益事务的形式可以是多种多样的，应该将这种意识贯穿于自己的执业全过程。律师协会应该发挥号召和组织作用，调动所有律师的积极性，有组织、有计划地开展公益活动，落实律师群体的执业责任和社会责任。"

同年夏天，穆振辉就职的那家律师事务所决定与中闻律师事务所合并，当时还有另外两家律师事务所也一起合并过来，几方经商议决定保留中闻律师事务所名称。

几方精英汇合一处，人多主意多，事杂嘴杂。合并两个月后，穆振辉在个人博客中以"最近感悟"为题写下几句自戒的警语：

"专注主业——做到极致——形成能力——得以从容；坚持自己——优势和竞争力——五年成就，十年榜样，二十年敬重；谦和待人，积极做事，淡泊得失，从容处世。"

初到北京心理落差极大

"文化大革命"结束那一年，祁俊远出生在黑龙江省东北部的富锦县，那里地处松花江下游南岸的三江平原腹地，享有"北国粮都"的美誉。

祁俊远自小接触最多的人是教师，父亲当过小学教师，后来担任当地一所小学的校长，母亲也是小学教师，与父母往来的众多朋友也多是教师，他说自己是在一个相对比较单纯的人际环境中长大的。

高考成绩张榜，18岁的祁俊远考入当时的西北政法学院法律系，从东北佳木斯乘火车前往2500多公里外的陕西。西北政法学院即现在的西北政法大学，坐落在历史名城古都西安，据称其是新中国最早建立的高等政法学府之一。

大学毕业之前，浙江省舟山市检察院政治部先行挑选优秀毕业生，法律系推荐多名学生应聘，来人从申报的应届毕业生中挑选出两人，祁俊远是其中之一。于是，在东北出生、到西北求学的这个年轻人奔向祖国东南，开始他成长中的另一段人生里程。

在舟山市人民检察院反贪局工作3年，祁俊远在经验丰富的检察官的指导下查办了不少当地有影响的大案。有一段时间,他没白天没黑夜地忙工作,几乎没有个人时间,但他一直想参加律师资格考试,却不敢公开,只能偷偷抓紧点滴时间复习。

"那时候复习律考比较敏感,你一看书,领导就说你什么意思,是不是要走啊?"

祁俊远申请休年假,前往北京一所大学借住,愣是在人家的图书馆里一口气闷学了整整20天,痛痛快快地享受着无人打扰的美好时光。

"我在上大学的时候计划去机关工作5年,最终是要从事律师工作的。"

祁俊远到检察院工作后参加了检察官考试,考了全地区第一名,获得初任检察官任职资格。可他心里想的却是:"作为学法律的人,你不考个律师资格,好像缺点儿什么,对吧?"

2000年9月,祁俊远如愿通过律师资格考试却不敢跟单位领导说。可是,要领取律师资格证,必须拿着单位盖章的介绍信去市司法局办理,这可怎么也瞒不住了。好不容易让单位领导同意给他出具盖章的介绍信,整个检察院的人一下子都知道了。

顶头上司盯着祁俊远问:"听人说小祁要走,是吗?"

祁俊远那时已经具备主办案件的经验和水平了,他知道领导一直都很器重自己。听到领导直截了当地这样询问,他镇静地回答说"没有"。其实,走还是不走,他心里十分纠结。最终,他不改初衷,坚持做律师的心愿,经过艰苦的努力,最终说服单位领导批准他辞职离开。

最忘不了,他从宁波乘坐的航班中午抵达北京首都机场那天是2001年12月7日,在北京开办一家律师事务所的师兄接站后帮他安排好住宿。当天下午天降大雪,雪花落地融化成冰,全北京城各条大小道路瞬间变成超级大冰场,交通瘫痪。北京市政府破天荒地发出了一号扫雪令。这场罕见的雪景被称为"北京冰雪世纪大堵车"。

祁俊远庆幸在这场天灾之前落脚住宿地,不然真不知会发生什么情况。他第二天看报纸才知道,满北京城堵车堵得没法子,很多人把车撂在路上走着回家了。

祁俊远在舟山检察院工作时,开着警车奔来走去,出行方便,来北京没车开,得挤公交车,车厢里什么味道都有;在这里与人接触,没了那种公事公办、高高在上的感觉，反而变得有求于人、多少有些卑微；去国家部委等单位面试，打电话联系，别说人家那态度了，就算是想进单位那大门，门卫问来问去，好像他有什么可疑之处，他不明白自己怎么像个被审查的对象。

祁俊远以前不是没来过北京，北京还是那个北京，街景还是那个街景，但这次来跟以前来实实在在大不相同。若在舟山，哪有小祁不能直接迈进的大门啊，这次来北京，他可真成了没有单位的"北漂"，心理落差极大。他在师兄的律师事务所里打打杂，"漂"了两三个月，觉得不是长久之策。

当时，北京有一家创办两年的专刊小报《手递手》，有朋友帮他在那张小报上免费刊登了个人求职广告，没写几个字，只说是一位有律师资格的前检察官想找工作，标明联系方式。巧的是，恰恰有一位投资咨询公司的负责人看到广告，马上联系了祁俊远。

祁俊远去面试，人家问简历、问辞职缘由、问家庭情况、问求职想法，最后谈到薪金数额。祁俊远在交谈中得知这家公司急于处理一桩案情极为复杂的诉讼案件，涉及多个仲裁及行政诉讼，诉讼对象竟然是国家某部委。他心里这样掂量，薪水少不重要，要干的事大，可以学东西，再说没有更好的地方去，先去干着吧。

没想到上手一看，那堆案卷从地面摞起足有一人多高。他的首要工作是把所有纸质案卷扫描成电子文档。当年的扫描仪器没有那么先进，只能一张张慢慢来，这纯粹不需要智力付出，仅仅是一项体力劳动，只要仔细就行。扫描半个月下来，祁俊远肩膀酸痛难忍，眼睛也花了。

祁俊远开始整理材料，反复翻阅案卷，对案情进行抽丝剥茧般的了解。他被任命为这家投资咨询公司的法务主管，以召集人身份联系多位知名律师、著名法学教授，向他们介绍案情，记录讨论意见，形成报告文字后再反馈给公司决策人。

法院开庭审理这件行政诉讼案时，国家行政学院组织全国各地200多个正在接受培训的厅局级干部前往法院大法庭旁听。祁俊远深知操持这份差事的重要意义，虽说吃苦受累、着急上火，但全程参与得到的历练是如此珍贵，以至于他确信此番经历是多少律师梦寐以求而可能一辈子都遇不上的。

出于在投资咨询公司办案过程中双方结下的情谊和信任，祁俊远挑选了北京一家很有实力的律师事务所去实现自己当律师的心愿，记得去报到入职的日子是

2003年4月1日，那一天恰恰是张国荣从香港东方文华酒店24楼健身中心自坠身亡的日子。

入职这家律师事务所，祁俊远一干就是8年。直到有一天，祁俊远所在专业部门的负责人想另寻一家更适合个人理念的律师事务所，依其从事投资并购业务以及拥有国企、外资大客户群的整体实力，四下探访多家律师事务所，经过与中闻律师事务所多次商谈，终于在2011年带领整个团队的20多名律师一一办妥退伙手续，成建制转入中闻律师事务所。

记得刚到中闻律师事务所所在的天恒大厦，祁俊远觉得这里的办公场所面积实在太小，整个楼的环境也不行，他们团队的人只能在大会议室里集体办公。这时，二环路对面的居然大厦盖好不久，正在招租，尽管对比两座大厦的租金，天恒大厦便宜得多，但在祁俊远团队负责人的主导下，合并后新组建的中闻律师事务所管理委员会经过审慎研究，决定整体迁入居然大厦。

实行民主管理有归属感

张鹏曾就读于清华大学电机系和法学院，获得双学位后继续在清华大学法学院学习3年。在获得硕士学位走出校门后，他先后在三家律师事务所工作过，后来跟朋友办了一家律师事务所，规模比较小，照他的说法是：

"律师毕竟是自由职业，你要想离开，终究还是能离开。合伙制嘛，大家觉得互相合适，才到一起做事情。"

张鹏与朋友创办的律师事务所经营了近4年时间，有朋友发信息告诉他，中闻律师事务所由于之前有一批合伙人离开，正在招募合伙人。

早在加入中闻律师事务所的五六年前，张鹏就与吴革相识。吴革是中华全国律师协会宪法与人权专业委员会主任，张鹏则是北京市律师协会宪法专业委员会的委员，两人在多次专业会议上遇见，共同参加宪法领域里的学术研讨，彼此熟悉。

吴革曾经邀请张鹏加入中闻律师事务所，张鹏当时觉得时机不成熟，没有同意。得知中闻律师事务所正在招募合伙人，张鹏与一位同所律师前往中闻律师事务所，仔细看了章程、合伙人协议，与负责招聘的合伙人进行了深入交谈，后来又见到了吴革主任和执委会主席杨凯,他们两人真诚地邀请张鹏与有条件、有意向的律师以合伙人身份加盟过来。

在张鹏看来,中闻律师事务所硬件环境不差,办公地点和位置也不差,更重要的是,他依据多年执业和创办律所的亲身体验,对其章程、合伙人协议等制度文件构建的严谨程度、合理性等多方面进行了仔细研读,发现这家律师事务所的制度架构和内容跟其他一些律师事务所不太一样。他知道通常律师事务所的管理模式是所有创始合伙人或者高级合伙人(基本就是一人或几个人)决定律师事务所的全部大事小事,其他人按照他们制定的规矩做就行了。

中闻律师事务所不一样,这里不分高级合伙人或是创始合伙人,也不分一级或二级合伙人,所有合伙人都有平等投票的权力。张鹏相信在这个集体中的同事都会有一种归属感,因为大家都认为自己对律师事务所的管理有话语权、参与权,这样就有可能比较长久地在这里待下去。否则的话,避免不了不断地更换律师事务所,这不利于个人从事律师业务的稳定性。他相信只要这里的制度架构能正常运行并加以完善,这家律师事务所对未来发展构想的美好前景是值得期待的。

张鹏就此明确表达了个人观点:"一个律师事务所就像一个社会或者一个国家,你这个国家的老百姓有投票权决定自己的事情和没有投票权决定自己的事情,那感觉肯定是不一样的,对吧?"

2014年6月,张鹏把自己与朋友创办的律师事务所转让给别人,与一位同事一起加盟中闻律师事务所。入所后,他按制度规定依股价购买了股权,成为合伙人。后来经他推荐,又有两位共事过的同事加入进来。

何不换个活法儿当律师

北京小伙子王鑫远赴加拿大,就读于有"北方哈佛"美誉的麦吉尔大学计算机应用数学专业,那是1999年底,他刚刚21岁。

王鑫努力学习获得学位后回国,在北京一家国外著名知识产权事务所从事翻译工作,接触到诸多域名事务及专利文件。在从事知识产权事务翻译工作期间,他接触到几家著名律师事务所的律师,由此引起他对律师职业的好奇心。他翻译的资料和文件或引用法律条文，或解释法律条文，接触多了，心里便有个念头冒出来，何不试试考个法律职业资格、拿个律师执业证书呢？

于是，他打听清楚考试门路，找来复习资料，专心学习了大半年时间，然后报名参加法律职业资格考试，如愿顺利通过。这件事证明他具有很强的学习能力，同时也为他多年后踏入律师执业门槛积累了资质。

在那家国外著名知识产权事务所工作两年后，王鑫辞了职，在家人创办的IT通讯器材公司出任总经理，在管理公司、签订合同、办理业务的过程中，他与形形色色的人打过交道，经历过种种交易过程，对人和社会现实有着清醒的认知标准和判断。

32岁那年，王鑫拿到律师资格证，他打定主意，从自家公司总经理职务上抽身下来，在比较了几家律师事务所的入职条件后，前往中闻律师事务所应聘面试。

"噢，我来报到，正赶上中闻律师事务所从天恒大厦搬进居然大厦，我一车车帮着他们装车卸车，整个成了一个壮劳力。"

这位担任过公司总经理的年轻人在入职中闻律师事务所的头些日子里，从事的工作竟然是一份重体力活儿。王鑫入职薪水三四千元，对于这位不差钱的年轻人来说，他本来就是想看看当律师到底是怎么个活法儿。不用提经商那些年积攒了多少人脉，就说北京人在北京地面上有发小、中学同学、亲戚邻居、各路朋友，谁这辈子不会遇到一些法律上犯难的事儿，谁不得找个律师问问啊？王鑫不愁没有业务来源。

虽说王鑫半路出家，但他凭着自己的精明和诚恳，在律师这一行当里闯出了属于自己的一片天地。

第八章　做大做强

《礼记·中庸》有言：

"凡事预则立，不预则废。言前定则不跲，事前定则不困，行前定则不疚，道前定则不穷。"

谋大事、谋未来，中国历史传承的文化中蕴藏着丰富的精神财富。

无论政府、公司还是单位拟定发展纲要，势必先对当前形势做出分析判断和归纳，言明发展方向，再为实现发展目标制定明确方案及具体要求，继而细化规模设计、制度创建、完善保障等关键环节。

部颁规章紧衔国家法律

1997年2月23日，全国人大常委会通过了《中华人民共和国合伙企业法》，并于同年8月1日起施行。而司法部先于1996年10月25日施行的《合伙律师事务所管理办法》比《中华人民共和国合伙企业法》施行早了近1年。

2004年2月，全国人大财经委员会负责组织起草《中华人民共和国合伙企业法（修订草案）》，起草组在开展专题调研和课题研究的基础上拟订了修订草案稿。同年6月16日，司法部废止了《合伙律师事务所管理办法》这一部颁规章，新出台并施行了《合伙律师事务所管理办法》（2004年）。

《中华人民共和国合伙企业法（修订草案）》成稿第二年进入审议阶段，修订草案对《民法通则》规定的合伙组织形式进行了修改和完善，将合伙扩充为普通合伙、有限合伙和有限责任合伙三种组织形式。

草案修订稿进入第三年，司法部出于解决律师事务所等非企业专业服务机构采用有限责任合伙形式设立的迫切需求，向全国人大建议在该法附则中针对非企业专业服务机构采用有限责任合伙形式设立的问题作出规定。司法部呈交的修法建议在全国人大常委会定稿中得到了原则性的认可。修订后施行的《中华人民共和国合伙企业法》（2006年）被认为是继《中华人民共和国公司法》修订后完善中国商事主体立法的又一个标志性成果，经过修订调整的这部法律适应了会计师事务所、律师事务所、风险投资等专业服务机构的时代发展要求。

2006年8月，全国人大常委会在对修订草案进行最后一次审议时，将先前使用的"有限责任合伙"称谓修改为"特殊的普通合伙"。

施行了9年的《中华人民共和国合伙企业法》于2006年8月27日经全国人大常委会讨论修订后再于2007年6月1日起施行。修订后施行的《中华人民共和国合伙企业法》有多项条款提及"特殊的普通合伙"。

2007年10月28日，《中华人民共和国律师法（修订案）》经全国人大常委会审议通过，修订后的这部法律规定中新增一种全新的律师执业形式——特殊的普通合伙。经全国人大常委会审议通过修订的《中华人民共和国律师法》允许合伙律师事务所采用"特殊的普通合伙"形式设立，为我国律师执业形式增添了一项新的选择。

新旧《合伙律师事务所管理办法》的最后终结者是司法部于2008年7月18日发布的《律师事务所管理办法》，其"第二章律师事务所的设立条件"第5条纳入了"合伙律师事务所可以采用普通合伙或者特殊的普通合伙形式设立"，终于赶在第二次修订的《中华人民共和国律师法》施行第47天补齐了这28个字。

司法部此前出台并施行的《合伙律师事务所管理办法》及《律师事务所登记管理办法》在2009年2月26日一同列入《司法部关于废止十二件部颁规章的决定》中被废止，结束了为期12年的历史进程。

法律制度版本横向交叉与纵向的删减更迭、废止、替换互渗影响，此起彼伏，从另一视角可视为改革态势迅猛，致使国家法律与部颁规章的匹配出现错位和不同步的情形。《合伙律师事务所管理办法》发布、废止、再发布、再废止的过程能够证明这一点。

改制浪潮浮出"大所时代"

2008年6月1日，经全国人大常委会第二次修订的《中华人民共和国律师法》开始施行。根据这部新修订法律中第15条、第16条和第20条的规定，中国的律师事务所的组织形式有合伙所、个人所和国资所三种。

值得关注的是，这次修订的《中华人民共和国律师法》中没有将合作所列入律师事务所组织形式。第二次修订的《中华人民共和国律师法》在第15条中写明"合伙律师事务所可以采用普通合伙或者特殊的普通合伙形式设立"。这被看作开启了新一轮律师事务所改制的另一扇门窗。

第八章　做大做强

有人上网求解："律师事务所的特殊普通合伙的性质与普通合伙有什么区别？"百度网页给出的最佳答案是：

"普通合伙：是指在合伙企业中对合伙企业的债务依法承担无限连带责任的自然人、法人和其他组织；特殊普通合伙：是指在特定情况下，不由全体合伙人对合伙债务承担无限连带责任的普通合伙。区别：普通合伙合伙人对合伙债务承担无限连带责任；特殊普通合伙不由全体合伙人承担无限连带责任，由有过错的合伙人承担责任。"

司法部律师公证工作指导司一位负责人在回顾第二次修订《中华人民共和国律师法》时认为，修订后施行的这部法律对律师事务所组织形式的调整，特别是新增规定的特殊普通合伙，是此次修订的一大亮点。要旨在于：

"引入的一种全新的律师执业形式……允许律师事务所采取特殊的普通合伙，无疑为我国律师在执业形式上提供了更多的选择。"

中国经济周刊记者许浩当年发表了《特殊的普通合伙制——中国律师业迎来"大所"时代》的报道，这位记者在报道中写道：

"6月1日，新修订的《中华人民共和国律师法》正式实施。同日，国内第一家'特殊的普通合伙制律师事务所'——新中银律师事务所在北京宣布正式成立。该所由原中银律师事务所和证泰律师事务所组建而成。"

事实上，公众并不在意到底哪家律师事务所成了首家特殊普通合伙制的律师事务所，而律师们却不能不关注业界制度改革的最新动向以及将会产生的影响。

2009年11月10日，在第二次修订的《中华人民共和国律师法》正式实施一年半后，北京大成律师事务所经北京市司法局批准，成为京城首家变更为特殊普通合伙形式的律师事务所。

时隔51天，《法制日报》刊登了记者焦红艳的特别报道《中国最大规模律师事务所悄然转身"特殊普通合伙"》，标题下的导语十分醒目："一人'重大过失'不再'无限连坐'，特殊的普通合伙制度为律师事务所扩张松绑。"

焦红艳在开篇文字中讲述了一件真实发生的事情：

"一位助理律师在准备一份并购案的法律文件时，一不小心多打了一个0，致使以亿为单位的并购价格由个位数变成了十位数，更为不幸的是，主管律师并没有在厚厚的并购文件中发现并更改这个错误。并购案流产，客户以这个失误为由拒付律师费并索赔。"

焦红艳继续写道,"在普通合伙律师事务所,这样的错误,所有合伙人都要承担无限连带责任"。

大成律师事务所管理合伙人王忠德在接受记者焦红艳采访时这样比喻说:

"特殊普通合伙这种形式,是大成在'四化'路上的一场'及时雨',为大成的扩张之路松了绑。"

据王忠德解释,"四化"是指规模化、专业化、品牌化和国际化。他认为中国律师行业能否在国际上占得一席之地,取决于这"四化"。

"一个人承担无限责任,其他人只承担有限责任,那么客户的风险是不是就加大了?"

记者焦红艳提出律师业界普遍担心的这个问题时,王忠德回答:

"(特殊的普通合伙)这种组织形式主要是对内部责任的一个划分,只是在办案律师出现'故意'或者'重大过失'的状况下,其他合伙人才承担有限责任,也就是说在这种情况之外,所有合伙人还是要一起承担无限责任;其次,这种情况下,办案律师会更加注重尽到自己的充分注意义务,会更认真,更负责任,有利于促进办案质量的提高;再次,在代理业务之前,律师有义务告知客户律师事务所性质,在这种情况下,当事人应该更加注意选择有实力、有能力、有信誉的律师和律师事务所。"

华律伟业咨询有限公司负责人夏海宁接受记者焦红艳采访时表述出他的个人评判:

"传统的普通合伙更注重合伙人之间的沟通,每进一个新的合伙人都是基于相互之间的充分沟通和了解,到了'放心'的程度才行,这种形式的优点是合伙人对内对外所负的责任都少,监督靠连带连坐。问题是,事务所很难做大,很难吸引到新人。"

即使像有人比喻的那样,特殊的普通合伙制是为了给"航母级"律师事务所开辟远航通道而搭建的"政策码头",但是"航母"出海,面临遭遇不测风云的可能,对于出海"航母"的舵把子来说,恐怕是绝不敢掉以轻心的。

防范风险缺乏真知灼见

2011年12月1日,新华社记者赖臻报道了北京市律师协会联合中国社会科学院法学研究所等单位发布的《北京律师行业蓝皮书》，这本蓝皮书是国内律师界第一本关于律师行业发展状况的研究报告。

这位新华社记者在报道中引用蓝皮书披露的统计数据称：

"截至2010年底，北京律师人数已达到22 937人，占全国总数近1/8；北京的大型律师事务所占全国总数的1/5，全国46个特大型律师事务所有25家在北京。"

据相关解释言明，所谓大型律师事务所，是指拥有51~100名执业律师的律师事务所，特大型律师事务所是指拥有超过100名执业律师的律师事务所。

2012年3月，中国金杜律师事务所与澳大利亚万盛国际律师事务所合并，此举引起律师业界关注。同年12月，由天同等8家专业律师事务所联合起来的"金砖律师事务所"在京举行启动仪式，再次形成轰动效应。

2012年9月24~25日，由中华全国律师协会主持的全国中小型律师事务所建设研讨会在甘肃省兰州市召开。《中国律师》杂志记者陈秋兰从会上获悉：全国律师事务所数量此时已达到1.9万家，律师人数超过22万人。其中，百人以下的中小型律师事务所占到90%以上，是律师行业的基本构成和主体力量。此时，北京全市通过年检和注册的律师事务所数量为1672家、律师人数增至22 874人。

2013年2月下旬，中国新闻网曝出一篇《业界论中国律师事务所合并：望合出国际影响力"大所"》的报道，引出律师业界现在进行时和将来进行时的热烈讨论。记者杜燕在报道中披露：

"随着中国律师行业的快速发展，目前律师事务所合并越来越多。（2013年2月）23日，来自律师业界以及高校的专家们就中国律师事务所合并的目标、面临的问题等展开讨论，并期望在未来5~10年，合并出几个在国际上真正有影响力的中国律师事务所。"

据了解，此次研讨会是由最高人民检察院《方圆律政》杂志在京举办的。此次研讨会鉴于近年来不同律师事务所之间的合作越来越多，成为业界不争的现实，专门针对"律师事务所合并"这一主题举办，会上透露出多立场、多角度、多层次的思考：

——"做大做强，在一定程度上可以降低双方运营成本。"

——"合并之前，需要斟酌合并双方的财务目标是不是一致、合并双方文化方面的理念是否一致,合作双方的专业分工程度,尤其值得认真考虑的是,合并后的新所如何管理。"

——"合并后若真正实现一体化管理,将面临很大挑战。"

——"合并是否成功,最主要的是文化及事务所的发展战略的统一。"

《方圆律政》杂志副主编曾宪文认为:"目前法律服务需求面临三方面的转变,一是企业的法律服务需求从单向需求转向全方位需求,二是客户从对律师个人依赖慢慢转向对律师事务所的整体依赖,三是客户慢慢开始形成对律师事务所品牌的依赖。"接着,曾宪文语出惊人:"市场需求变了,律师事务所必然要变,如果不变就会被淘汰。"

合并律师事务所的益处经法律专家热议、司法行政导引、同行实践激发出强烈的社会动能。人们相信,多名重磅级高级合伙人汇聚律师事务所,无疑能让律师事务所在资源、规模、人才整合多个层面催生出强劲的发展动力。

然而,讨论中还有另一种声音。

中国人民大学律师事务研究所副所长李奋飞在研讨会上不无担忧地提醒说:

"不能只考虑合并带来的效益,尤其要考虑负面作用,以及可能带来的风险。管理权限的划分是很敏感的问题,做大容易,但做大未必能够做强。"

只考虑合并效益而欠考虑消极因素,一旦负面风险降临到哪家律师事务所的头上,那不仅会让"做大做强"的目标落空,甚至能带来灭顶之灾。

来自理论界的提醒,当然出自人们不愿看到一语成谶的现实出现。

三家律所并入"中闻"名下

2010年上半年,北京律师业界合并浪潮袭来。

吴革眼见北京市律师行业迅猛发展,许多律师事务所人员规模越来越大,业务收入越来越高,觉得中闻律师事务所与那些规模和业绩最靠前的律师事务所相比,虽然也在增长进步,但实际差距正在拉大,似乎进入相对停滞的状态,没有什么更大的突破空间。用他的话来说,"当时感觉已经顶到自己的天花板上了"。

这时,有三家律师事务所的决策团队审时度势,不约而同地一起商议汇集各所人马,携手中闻律师事务所组建一个大型律师事务所。吴革毫不怀疑这是一次绝好的发展机遇，经过几方多次谈判协商，他同意让出主任职位，但提出先决条件是不能改变中闻律师事务所名称。

各方出于做大做强的愿景目标，在不违背根本利益的前提下互有让步，吴革提出的条件得到了几家律师事务所决策团队的应允。三家律师事务所呼啦啦一下子合并到中闻律师事务所名下，律师人数激增至一百五六十人，其中包括多名业内大腕律师，天恒大厦1000平方米的办公场地一下子难以适应办公房间和工位的需求。

合并后的中闻律师事务所成立起新的决策机构——管理委员会，决策层由11位高级合伙人行使管理权力，基于巩沙律师享有较高的社会知名度，大家推举他做主任，原主任吴革不再担任主任职务；管理委员会考虑到高级合伙人人数众多，于是制定新制度，将合伙人分设为高级合伙人、一级合伙人、二级合伙人三个层级，一、二级合伙人无权参与管理事项。

回忆合并往事，温进说，新成立的管理委员会很快出台了一个新的中闻律师事务所章程，这个章程与合并过来的那几个律师事务所沿用的制度内容相比没有太多实质性改变，唯一重要的改变就是引进了高级合伙人制度。

"新章程规定了什么是高级合伙人、高级合伙人的条件，律师事务所的所有管理啊、决策啊，还有对一些问题的解决什么的，都由高级合伙人掌握。"

合并伊始，一些在律师业界知名度和威望很高的律师加盟入伙，明显让中闻律师事务所的律师们感受到人气聚集的旺势，感受到律师事务所因规模扩大、人员剧增大大提升了原有的社会地位和声誉。原来律师做业务几乎都是单打独斗，合并以后出现明显变化，团队之间有了合作，横向业务交流多起来。

苗蓓在三家律师事务所合并到中闻律师事务所之后连续两年入选"北京市优秀百名刑辩律师"和"北京市优秀女律师"，她无愧荣誉对她个人的褒奖，并十分清楚这与中闻律师事务所的举荐有很大关系。而自己得以被举荐成功，正是由于众多加盟中闻律师事务所知名律师的鼎力相助，借助于他们在北京市律师协会任职的影响力。那些知名律师视野开阔、信息灵通，积极组织和参与业界多种活动，能及时把重要的改革政策和业界动态传达过来。

苗蓓由衷地说，"几家律师事务所合并过来，我认为我是受益的"。

合并初期，各方合作处于磨合期，高级合伙人之间礼貌相待，业务形势发展很好。2011年末，中闻律师事务所创收总额达到六七千万元，转年创收总额升至八千多万元，增收趋势下有望突破亿元大关。2013年，中闻律师事务所通过年检的合伙人、专职律师以及兼职律师人数逾200人，在人数上已经冲出中小型律师事务所的庞大阵营。仅以创收指标攀升的走势和接纳加盟律师人数来看，中闻律师事务所的确显示出多家律师事务所强强联手后的合并优势。然而，潜藏的体制建设和管理制度中的各种问题开始出现。

针对合并后期出现的问题，温进认为：多家律师事务所合并之后基本上各自为战、各行其是，没有打破原来律师事务所固有的人际关系和业务联系，制度上也没有做通盘考虑和调整，尤其是在办理一些集体事项时，私下里只讲谁是谁的人。

雄心勃勃绘制理想蓝图

2010年12月，中闻律师事务所拟就两份文件，一份文件标题赫然写着《中闻宪法》；另一份标题为《中闻律师事务所2011年发展纲要文件》，其文尾署有"中闻律师事务所战略发展委员会"字样。

上述两份文件的撰写时间恰在第二次修订的《中华人民共和国律师法》施行两年半的大背景下，而北京律师业界的"战国纷争"已呈激化态势。

国家宪法为立国之本。所谓"中闻宪法"，当为中闻律师事务所的立所之本矣。

《中闻宪法》行文伊始阐述了如下办所理念：

"精心打造一个中国一流的、为行业内外人士尊敬的、为全体合伙人和辅助人员带来生活保障和发展机遇的律师事务所。中闻律师事务所是全体人员严谨务实、开拓创新的事业发展平台，也是全体人员可以信赖的，平和、稳定的温馨家园。"

这份文件明晰办所理念，针对律师事务所管理体制的各个方面制定出指导原则及部分具体程序，包括财务和管理的基本原则、合伙人制度、高级合伙人安排、合伙人安排、退休制度、享受特别待遇的人、合伙人招募和培养、办公室建设、管理手册计划、专业化发展、业务质量和执业风险控制等方面。

办所理念的最后提到要逐步实现三个基本目标：专业化、规范化、公司化。

第八章 做大做强

《中闻律师事务所 2011 年发展纲要文件》分析了律师行业的发展现实：

"中国改革开放 30 年，GDP 增长 100 倍，经济发展突飞猛进，市场经济条件下各行业战略布局初现端倪。如同立法的滞后性，中国律师行业的发展相较经济领域的其他行业，也同样具有一定的滞后性。"

中闻律师事务所战略发展委员会对未来前景作出的预判是："近几年来，大所兼并、小所合并，律师行业战略布局狼烟四起。不久的将来，律师行业谁竞风流、谁出局的大幕即将垂落"，撰写者继而雄心勃勃地提出，"无论如何，2011 年在人员规模、办公面积、业务收入等各个方面应力争在现有基础上再翻一番"。

中闻律师事务所战略发展委员会相信"市场留给我们的时间已经不多"，写下了誓言般的字句："不付出努力，没有牺牲，就不会有事业上的重大突破。"

《中闻宪法》申明：

"现阶段，中闻实行两级合伙人制度，高级合伙人和合伙人。高级合伙人和合伙人共同组成合伙人会议，合伙人会议是中闻律师事务所的最高权力机构。高级合伙人是律师事务所最高级别的合伙人，承担律师事务所主要义务，享有律师事务所发展和管理方面的主要决策权。合伙人是律师事务所的二级合伙人，承担合伙人义务，享有除高级合伙人否决权以外的所有合伙人权力。"

中闻律师事务所"现阶段"体制下的财务管理制度与两级合伙人制度相匹配，实行的是"合伙人、专兼职律师个人台账制度。每位不受薪的律师有自己的单独账目，公共办公费用和个人办公费用单独核算，按照全体合伙人共同参与公共费用的控制与管理的原则行事"。

尽管《中闻律师事务所 2011 年发展纲要文件》已经看到眼前"大所兼并、小所合并，律师行业战略布局狼烟四起"的紧迫形势，但在《中闻宪法》中却有如下一段沉着冷静的自我警示：

"中闻律师事务所不贪大求全，不急功近利，要循序渐进，追求质量。中闻律师事务所实行符合自身条件、与自身发展阶段相协调的合伙人制度和律师事务所管理体制，逐步实现专业化、规范化、公司化的基本目标。"

可惜，这段沉着冷静的话语很快被律师事务所合并带来的澎湃浪潮淹没在纸面上。

第九章　潮起潮落

未及三年，中闻律师事务所赢来了鲤鱼跳龙门式的扩张，可以想象中闻人实现理想的激情和自信受到了怎样的鼓舞。然而事实上，中闻律师事务所的发展进度在"做大做强"的大环境影响下缺乏应对风险的思想准备，更缺少制度体系的相应保障，像是失去制动的快车鲁莽前行。

一项决定诱发潜在风险

《中闻宪法》与《中闻律师事务所2011年发展纲要文件》两份文件形成文字之时，这家律师事务所出现了前所未有的跨越式发展。仅以2010年与2011年通过年检和注册的合伙人人数、专职律师人数进行对比，就能理解两份文件里透出的激情和自信。

2010年，中闻律师事务所拥有合伙人20名，专职律师72名。

2011年，合伙人增至23名，专职律师人数翻倍达到134名。

2012年，中闻律师事务所拥有的合伙人几乎翻倍，达到40名，专职律师人数增至142名。

2013年，中闻律师事务所凭借着自成立以来12年积累的业绩，经历多家律师事务所合并，在中国律师行业的发展中紧随时代潮流，有志变革现状的中闻人目睹律师业界的迅猛发展，深深感到发展进程中遭遇到严重的瓶颈制约，原有体制只会起到钳制发展的负作用。

此时，中闻律师事务所通过年检的合伙人已从过去的20人增至49人，专职律师达到138名，以及8名兼职律师。同在这一年，北京全市通过年检和注册的律师事务所数量为1672家、律师人数增至22 874人。

中闻律师事务所合并进入第二年，国家税收改革致使律师税负大幅度增加，许多律师事务所经营困难，一些律师歇业或改行。尽管中闻律师事务所创收比合并前有了大幅增长，但即将大幅上涨的办公场地租金对其经营成本形成了极大的外部压力。

居然大厦租赁合同三年一签，当初迁入时，中闻律师事务所新成立的管理委员会认为租赁价格可以承受。转眼进入第三个年头，知悉租赁费用将大幅上涨，如果续签租赁合同，要多支付几百万元。一些高级合伙人及年长律师认为不划算,提议另找一处便宜的办公场所,由此引发争执。

不久,有人听到会议室里高级合伙人厉声叫嚷、拍桌子、摔杯子;有人看到个别高级合伙人怒气冲冲地走出会议室,拂袖离去。高层不和的各种传闻渐渐传开,闹得人心惶惶。与此同时,高级合伙人之间因管理分工出现的矛盾分歧也凸显出来,相互之间意见不合加剧了下属依循合并之前各所人脉抱团结群。面对风气的恶化,管理层迟迟没有商议对策,客观上放任了不良态势的蔓延。

回想当年的情形,吴革认为:合并之后,高级合伙人在各自行使管理权之际往往顾及合并前律师事务所那些熟悉的同事。由于每个业务领域都有高级合伙人管控,再加上合并时几乎无条件接纳来者,不论律师还是管理团队来者不拒,以致权力配置出现失当,多头管理现象逐渐增多,积聚的矛盾裂痕越来越深。

合并律师事务所带来的喜悦热度未减,决策层中不同成员因持有的不同观点及理念在重大管理事项上一次次激辩,分歧无法调和。

2012年4月,管理委员会作出一项决定,不仅要提升留存费用缴纳的比例,还要提升房间使用费,调整幅度从20%提高到30%左右。此时,又有一家律师事务所申请加盟过来,在商议加盟条件时,对方提出必须变更中闻律师事务所名称。尽管这一要求得到大多数高级合伙人的认可,但遭到吴革的激烈反对。

平心而论,在京城律师界,律师事务所合并时改变名称本是公认的惯常做法。合并双方或多方不愿完全失去已经开拓出的市场知名度,不愿失去老客户,经平等协商后往往将各自原有名称并列或保留一个字。

当初三家律师事务所放弃自己原有名称合并到中闻律师事务所名下,本着事业发展大势作出了重大让步。眼下,再合并一家律师事务所进来,对中闻律师事务所来说绝对有益,高级合伙人数量增加,他们之间分担的费用自然能够降低。

本来,决策层成员间的分歧和冲突已涉及管理和发展的大政方针,更牵涉到制度把控的流程及细节。高级合伙人相互不信任的情绪在对峙中愈演愈烈并日益表面化,导致变更律师事务所名称的争执成为矛盾集中的爆发点。

当高级合伙人因理念分歧引发激烈争执,是否撤销"中闻"称谓也恶化成为争执双方拒不退让的焦点。此时,北京市通过年检和注册的律师事务所达到1672家,除中闻律师事务所之外,共有84家带"中"字称谓的律师事务所。

激烈争执后的摊牌时刻终于降临——固守"中闻"字号的人留下来。

这场大动荡让"固守阵地"的中闻人一时陷入困境,不得不应对巨大的生存压力,也由此痛定思痛地审视体制弊端,究问缘由,重构制度,振作精神以鼓起勇气、砥砺前行。

温进不在高级合伙人之列,他与一、二级合伙人及行政人员看到立场不同、观点对立的高级合伙人纷纷召集大家阐述各自政见,甚至对阵激辩、互相指责,这种情形逼迫大家不得不"选边站队",酿成分裂态势。

事实上,最根本性的利益冲突在于高级合伙人想降低成本支出、增加收益,就必然要从一、二级合伙人收益和分成中获得更多份额。中闻律师事务所管理委员会中的11位高级合伙人平均年龄在四五十岁,他们在律师制度发展进程中摸爬滚打多年,而一、二级合伙人人数多达六七十人,平均年龄三四十岁,他们态度明确地不认同管理委员会提升留存费用缴纳比例以及提升房间使用费的决定,尽管双方都有所妥协,这项决定的施行时间依然推迟到来年3月。

整整11个月过去,时间越过管理委员会决定生效施行的3月,又拖延了3个月,不同观点和意识由潜在对立跃上表面对抗,形成难以缓和的冲突格局……

时逢中闻律师事务所行将进入成立的第13个年头,幸运数字"13"能像最初希冀的那样再次眷顾中闻人,使动荡不安的态势化为平静吗?

合并蜜月结束劳燕分飞

2013年6月25日,由中国法学会组织撰写的《中国法治建设年度报告(2012)》公布。这份报告提出2013年要推动中国特色社会主义法律体系更加完备,努力开创中国特色社会主义法治建设新局面。与这份报告形成鲜明对照的是,中闻律师事务所在实现做大做强理想的进程中不可思议地戛然"休克"。

时隔3天,6月28日下午,中闻律师事务所自下而上地召集了全体合伙人会议。居然大厦18层中闻律师事务所大会议室里挤满了人。此次全体合伙人会议并非决策层动议召开,而是由多数一、二级合伙人合议举行,高级合伙人仅有半数出席,会场火药味强烈,人们高声大嗓激辩,会议从下午两点开始,一直延续到入夜时分。

会议进入最后摊牌时刻,能来的人全来了。

走还是留,人人必须亮明态度。吴革在全体合伙人表决事项前作了一次即兴

因你而不同

演讲，宣告他主张未来实行的特殊的普通合伙制究竟是一项什么样的制度。他当场讲过一句深入人心的话："所有的争议都是小事，最大的问题是中闻律师事务所将来向何处去，用什么样的方式发展，哪怕只留下十个人，我也要搞这个制度！"

温进在场目睹并聆听了吴革那番慷慨激昂的讲演，觉得这番演说很有魅力，同时觉得吴革在情绪激动的情况下，有些话说得明显失当。尽管吴革宣称要实现的新制度似乎遥不可及，但吴革坚定地承诺要废弃一人说了算或几个高级合伙人可以决定一切的管理模式，让全体合伙人持有股份，真真切切地当家作主，实行公司化管理。这些话说得激昂慷慨，很能打动人心。

会前，吴革已将改制草案发到大家的电子邮箱里。温进事先看过那份改制草案，知晓实行特殊的普通合伙制这一新鲜事物并非吴革心血来潮，而是有着充分的考虑和筹划。虽然草案行文显得文采大于制度内容，但新制度显示出的生命力无可辩驳。

吵来吵去、闹来闹去，裂痕加剧，无法弥合。

"一个是搬家，一个是改名，这两个事情一直只是高级合伙人在决策，没有经过全体合伙人的同意。因为这个事情关乎大家的利益，最后就召开了一个全体合伙人大会。"

吴革记得这次自发召集的合伙人大会，合伙人基本上都参加了，只有少数几位因各种原因没有到场。吴革坚持拒绝变更"中闻"名称，支持他的只有孙成霞一名高级合伙人，这两人是决策层中的绝对少数。

下午召开的合伙人大会直至夜深时分才结束。最终，参加会议的合伙人分成两派意见，一方宣布，"你们要是不同意改名和搬家的话，咱们就分开。我们不干了"。吴革回应说，"你们要这么弄的话，那你们就离开"。

摊牌时刻终于降临，何去何从由全体参加会议的合伙人投票决定。高级合伙人中只有三位决定留下来，其他的高级合伙人都走掉，与他们一起撤离的还有数十位律师、律师助理及行政团队的成员。决定留下来的，绝大多数是一、二级合伙人。

查看北京市司法局、北京律师协会历年发布公告提供的权威统计数据，能够从人员数量的变化中看出中闻律师事务所快速发展的曲线出现了震荡下降。

2010年，中闻律师事务所通过年检和注册的合伙人20名、专职律师72名、兼职律师 8 名；

2011 年，中闻律师事务所通过年检和注册的合伙人 23 名、专职律师 134 名、兼职律师 8 名；

2012 年，中闻律师事务所通过年检和注册的合伙人 40 名、专职律师 142 名、兼职律师 7 名；

2013 年，中闻律师事务所通过年检和注册的合伙人 49 名、专职律师 138 名、兼职律师 8 名；

2014 年，中闻律师事务所通过年检和注册的合伙人 38 名、专职律师 112 名、兼职律师 9 名。

截止于 2013 年 2 月的权威统计数据显示，北京市通过年检和注册的律师事务所达到 1672 家，中闻律师事务所通过年检和注册的合伙人有 49 名、专职律师 138 名。

时隔整整一年，中闻律师事务所通过年检和注册的合伙人减至 38 名，专职律师减至 112 名。流失的合伙人与专职律师人数相加多达 37 人。事实上，除了合伙人和专职律师之外，这场大动荡也波及了各方合并之初跟随而来的管理人员和提供服务的行政人员，约有六七十人办理了退伙或离职手续。

曾经立志一同发展的同仁，一个个毅然离开，另创事业。如此之多的高级合伙人、一二级合伙人以及专职律师、律师助理相继办理退伙手续、结清各项款项、空出办公室和工位，犹如战场上大撤退的景象那般狼藉。

至此，中闻律师事务所维系三年的"合并蜜月"落下大幕。

办公区域变得空空荡荡

律师成批撤离，退掉办公用房、工位，许多办公室清空后敞着门，室内地面凌乱不堪，扔着弃用的东西，偌大的办公区域一下子变得空荡荡，没了生气。

"大厅的灯都没有全开，感觉就是四处昏暗，弄得心里拔凉拔凉的"，温进回想当年的感受说，"这就像天塌了一样啊，半壁江山没了！"

眼见着高级合伙人一个个办理退伙手续，成批的一、二级合伙人鱼贯而撤，杨改凤目睹眼前的这一切，不知道一下子撤走这么多人的中闻律师事务所还能不能办下去。尽管退伙的那些律师平日里与杨改凤个人关系挺好，但没有人劝说杨改凤一同撤离，因为他们知道她肯定是跟创始合伙人吴革、孙成霞站在一条战线上。

杨改凤说自己想得比较简单，觉得相互之间没有什么达不成的意向，也没有什么不能妥协的事啊，可现实让她很伤感，也很无奈："一下子办公房间都空出来了，高级合伙人用的都是朝南面的大的房间，这些大房间都空出来，租赁成本的压力就变得特别大了。"

穆振辉是随另一家律师事务所加盟到中闻律师事务所来的律师，当年他刚转入中闻律师事务所时不在高级合伙人之列，他赞同律师事务所做大做强的合并之举。若简洁论及这样做的好处，他说可用五个字来形容——"人多力量大"。

穆振辉相信，如果有大客户找上门来，规模大、人数多的律师事务所具备以下优势：一是能够提供全面服务，二是能够提供更专业化的服务。比如一家大型企业希望得到劳动关系、投资、融资、知识产权、各类诉讼等多方面的法律专业服务，出于效率的考虑，肯定不愿意零七八碎地寻找多家律师事务所，而乐于找一家有实力、规模大、人员多的律师事务所一揽子解决法律服务需求。

律师事务所做大做强对内部来说确有好处，律师人数多，可以互相交流，便于实行团队协作，当律师进入律师事务所确定自己的专业方向后形成自己的团队，在一个专业领域内把业务做大做强，就能摆脱过去单打独斗的情形。而以往律师什么都干，什么都不精，被形容为"万金油"式的执业模式。

"合并以后，有一段时间干劲比较足，也形成了当时的一些制度基础，做了好几个制度性文件，包括强制推行的一些管理制度。"

穆振辉谨慎地说，七八年前的大形势与眼下不同，那时制定的制度特别在合伙人收入分配以及合伙人一些权利方面很生硬，出现了很大的矛盾。他认为这与当时决策层大多数成员的思想没有开放有关，关键在于决策层认为律师事务所是他们的，他们有权来决定一切，对不同意见不采信，直到开年终会议时，高级合伙人与下面的合伙人在经营理念、修订制度等多方面形成对峙，而决策层的人意见也不一致，矛盾没有解决好即形成内部严重分歧。

2013年6月，杨凯接到中闻律师事务所通知，邀他前去参加在居然大厦召开的合伙人会议。尽管他已经决定加盟中闻律师事务所，但老东家那边的退伙手续还没办妥。会前他已经耳闻高级合伙人之间出现了难以调和的纷争，争执双方都是他熟悉的律师。

2013年6月28日,杨凯如约走进居然大厦,乘电梯来到中闻律师事务所位于18层的会议室,目睹了争执双方情绪激烈地相互质询。

面对如此剧烈变化的态势,正准备迈进这家律师事务所的杨凯怎么判断进退呢?

决定留下的人们商议成立临时执行委员会,杨凯在公开遴选委员时当场表态:"我这个人啊,是个山东人,我的性格和我做事的风格就是我要么不干、不答应,要么答应了就一定会做,一定会做到底。"

杨凯说既然已经确定加入中闻律师事务所,不管有什么变化,他会和留下来的人同甘共苦,经历风风雨雨,他一定会信守这个承诺。

大动荡传遍京城律师界

"道不同不相为谋"——孔子《论语·卫灵公》。

眼看争执各方妥协无望,律师都是明理、明智的人,没有必要无谓耗费宝贵时间,更不屑像街头那种死缠烂打的争斗者,非得决出雌雄。既然大家坐不到一条板凳上,那就去留随意,各走各道。

留下的合伙人成立临时执行委员会行使管理权,投票选举出11位临时执行委员会委员。临时执行委员会下设两个工作小组,一个是交接小组,负责过渡期间的日常管理工作,办理退伙律师相关交割事宜,直到选举出正式的执行委员会;另一个是制度建设小组,专门就创建新的制度体系拟订条款展开研究,入选临时执行委员会的吴革负责这个小组的工作。

"这件事情太重大,震荡太剧烈。"

王国华入选临时执行委员会委员,在交接小组里工作。回想当时四分五裂的情景,整个过程历历在目。

2007年,王国华入职中闻律师事务所,记得当年这里的人员也不过三五十人,没有像后来设立的什么专业部门。刚来到天恒大厦办公场所时,谁也不认识,大家各干各的,没有"师傅"带他,他自己摸索着办理知识产权业务。大动荡发生时,王国华已经入职6年,他决定留下来。在他看来,"那些选择离开的高级合伙人实际已经对这个律师事务所的未来发展丧失信心，不干了。留下的这帮合伙人还是有一份责任心和信念的，咬牙也得把这个所办下去、扛下去"。

律师的时间比金钱重要，好聚好散是最明智的选择。

业内人士都知道，一名律师若要办理退伙手续，所涉事项繁多，举凡其入职期间债权、债务具体数额有多少，其应承担的数额有多少，还涉及相关财务和行政事宜。数十名律师一并办理退伙手续，对经办方来说可谓一项艰巨无比的行政大工程。

临时执行委员会考虑了多方因素，没让离去的同事承担过多义务，为尽快办妥退伙手续提供便利不纠缠；退伙的律师希望尽快完成交割，急着离开，也不纠缠。退伙律师的手续仅用了半年左右时间就全部完成，这在许多同行眼里是一件难以置信的事情。

2013年下半年，中闻律师事务所经营态势陷入非常困难的境地，收入缩减一大半，支出不断上升，包括日常行政支出以及各位律师业务提款支出，最大的事项则是居然大厦续约租赁在即。租赁协议三年一签的时限来临之前，临时执行委员会反复调研、斟酌、分析，权衡利弊，直至决定继续租赁，直面租价大幅上涨的现实。

杨凯承担重任，代表中闻律师事务所前去协商，谈判过程颇为艰巨。

这场大动荡让留下的中闻人一时陷入困境，不得不应对巨大的生存压力，他们痛定思痛地审视体制弊端，究问缘由。

"精心打造""中国一流""温馨家园""发展平台"……

这些词语写于大动荡发生前三年撰写的《中闻宪法》与《中闻律师事务所2011年发展纲要文件》中，行文充满对未来事业的美好想象和希望，文中激情飞扬的话语昭示出誓言般的雄心和信心。然而，现实却走到这一步，这濒临崩溃的境地，真是令人始料未及。

中闻律师事务所发生的这场大动荡很快传遍了京城律师界。

"说实在话，我比较看重特殊的普通合伙制这个新体制。"

大动荡过后，温进有机会与吴革面对面倾心交谈，听他详尽讲述初步设想的改革规划及细节，了解到其改制念头早在多家律师事务所合并之前就开始在心里萌生，那不仅仅是悬在空中的理念蓝图，而是有着具体实施的步骤和目标。

2009年11月10日，在《中华人民共和国律师法》经第二次修订后正式实施一年半之际，北京大成律师事务所经北京市司法局批准成为京城首家变更为特殊普通合伙形式的律师事务所。

来自北京市律师协会的统计显示，继北京大成律师事务所变更为特殊的普通合伙性质之后，截至 2011 年 8 月 31 日，在北京市通过年度考核的 1485 家律师事务所中，已有 4 家律师事务所变更为特殊的普通合伙执业形式。

2013 年，在北京市通过年度考核的 1672 家律师事务所中有 5 家律师事务所变更为特殊的普通合伙执业形式，相比两年前，仅增加了 1 家特殊的普通合伙性质的律师事务所，而中闻律师事务所此刻尚未进入改制律师事务所的名录里。

与北京大成律师事务所追求的"规模化、专业化、品牌化和国际化"相比，中闻律师事务所在申明办所理念中提到要逐步实现的三个基本目标，应该是从自身条件考虑的，将"专业化"放在第一位，再将"规范化"而不是"规模化"放在第二位，这与办所理念中提出的"不贪大求全，不急功近利，要循序渐进，追求质量"相吻合。但是，《中闻宪法》与《中闻律师事务所 2011 年发展纲要文件》未提及特殊的普通合伙制，撰写者似乎还没来得及将这一深化改革的理念领会入心。

留下的合伙人，尤其是一些业绩良好的合伙人主动提出暂不提款，将律师事务所进入的款项全部留下，以备救急支出。不难想象，如果大家按正常程序提取每笔业务进款，行政工资就无法开出。若再有人员离开，整个律师事务所将难以避免垮掉的危险。合伙人暂不提款，心甘情愿地牺牲个人眼前利益，即使在局势扭转之后也没有一丝张扬，更没有记载在任何档案文字里。

留下来的人们明知身陷困境，明知未来有太多的不可预测性，但既然选择了坚守，只有齐心协力，为闯出困境决一死战。全体合伙人郑重作出三项重大决定：

中闻律师事务所名称保留；

办公地点不变；

将普通合伙变更为特殊的普通合伙执业形式。

参与决定的每个合伙人心里清楚，相对于名称保留、普通合伙制改为特殊普通合伙制这两项决定，办公地点不变这项决定的作出显然是一赌前程。但既然大家一致投票决定固守居然大厦，只能齐心协力向前走，这番决心下得很有些搏命的气概和悲壮。

岁末聚餐气氛格外惨淡

租赁居然大厦合同三年一签的期限只有半年时间,合同很快就要到期。

搬,还是不搬?

这是中闻律师事务所留下的人们必须首先解决的难题。想到当初为装修这里花了好几个月时间,也花了不少钱;想到这里办公环境很好,办公位置也很好,难道仅仅使用三年就弃之而走吗?

"大家还是觉得如果搬到别的地方也得装修,弃掉的与新增支付的相叠加,成本核算并不乐观,很可能越搬地方越差,关键是整个士气就要下去了。"

杨改凤说,"在关键的时间节点上,我们这些有理想、有信念的中闻人咬牙没有搬,那段困难的日子好像当年红军长征一样"。

杨改凤推测吴革心里此时正经受着巨大的折磨和考验,可她见到吴革时,没看出他脸上有什么愁眉苦脸的神情,反而比较坦然,这让她揪着的心能够稍稍松弛一些。杨改凤暗暗地想:"要是他都没有一点信心,那不就全完了吗?"

在这个节骨眼上,杨凯带着自己的工作团队加盟到中闻律师事务所来。

半年前,杨凯确定加盟中闻律师事务所,他受邀参加了中闻律师事务所高级合伙人年会,在会议抽奖环节,他凑巧抽出个一等奖。此后,由于他和工作团队的人与原就职律师事务所办理退伙手续颇费周折,直到中闻律师事务所通知杨凯参加合伙人会议,那边的退伙手续还没能办妥。

2013年6月28日,杨凯如约走进居然大厦,在会议室目睹了双方争执情景。他打定主意,既然已经确定加入中闻律师事务所,不管有什么变化,他会和留下来的人同甘共苦。

王鑫进入中闻律师事务所时正赶上京城律师事务所合并潮,眼见着三家律师事务所一下子并过来,居然大厦18层一时间人来人往,着实呈现出一番热火朝天的兴旺景象。

没过多久,高级合伙人意见不合的传闻越来越多,有人游说王鑫离开中闻律师事务所,也有人劝告他不要离开,回想决策高层矛盾公开化那段特殊时期,王鑫用"非常激烈"四个字形容当时感受到的紧张气氛。

第九章 潮起潮落

大动荡发生后,王鑫置身事外,冷静观察,这得益于他此前在商海摸爬滚打的历练,也得益于他有家底的护佑,他打定主意不离开,想看看这场人事大动荡到底能酿成什么样的结局。

多名高级合伙人与几十名一、二级合伙人办妥退伙手续相继离开后,王鑫在那些日子里常常来到自己的工位上办理未脱手的案件,他多次在夜幕降临的时候见到吴革在空荡荡的工位过道默默踱步,一圈圈地绕着走,有时会来到他面前聊几句。

有一次,吴革走到王鑫面前问他:"你支持中闻搬走,还是留下来?"

王鑫依其经商的阅历和体验这样回答:"还是不迁走为好。只要一离开这里,就算在别处能发展很好,中闻律师事务所在别人眼里也是输到底了。"

工位空空荡荡,人影一天里也见不到几个,在那个消沉无奈的时刻,有个人却时常出现在王鑫的视野中。他总是一身正装、神情昂扬地现身在办公室,全然无视四周荒寂的情景,那人让人看上去就能涌出一股坚持下去的信心。王鑫说这个人是第一届执行委员会的执委、第二届执行委员会主席——杨凯。

王鑫想起2014年中闻律师事务所那次年会,聚餐气氛格外惨淡,没人有心情搞什么仪式,留下的几十人围坐在居然大厦二层餐厅,年会草草结束,各走各路。

第十章　大乱大治

早在大动荡发生前，有志变革的中闻人已经清楚地意识到自身制度存在诸多弊端，如财产性质及归属不明确、合伙人之间权责不明晰等。大动荡给这些人着手创立新制度提供了难得的机会。

先进理念如潮水般袭来

20世纪90年代初，中国企业在引入先进管理理念和体系的同时，面对市场化竞争日益加剧，为谋求更好的发展，迫切需要不断强化管理能力，运用科技手段辅助提高效能。

随着企业管理先进理论如潮水般地涌入学术研究领域，企业和商家趋之若鹜、如饥似渴地借鉴学习，随即运用到各自的改革实践中，由此掀起广泛交流的热潮。

现代科学管理的理论体系裹挟着众多名词如公司化、公司化管理、专业化、部门化、项目化管理、精细化管理、系统化、数据化、信息化、合规管理、内部规范、内部控制、风险化解、品牌化，以及分账制、提成制、计点制等，在人们头脑中形成一轮又一轮的冲击波。

中国社会科学院经济研究所研究员刘兰兮在2006年出版了学术著作《中国现代化过程中的企业发展》，这位学者在书中对我国传统企业的组织和运作进行了深入探讨，由正式制度（法令、规章）的研究向非正式制度（伦理、习惯、价值观）延伸，关注人文因素和企业文化的交互影响。

经济观察报记者康怡在新闻报道《央企2010年改革重点：重组并购与提高竞争力》中披露："2010年，对央企来说是个特殊的年份。这一年国资委要兑现两个诺言，一个是五年前提出的2010年央企数量将减少到80~100家，另一个是2010年央企要建立比较完善的现代企业制度。"

2010年11月30日，北京市律师协会联合中国社会科学院法学研究所等单位联合发布了北京律师行业蓝皮书，这是国内律师界第一本关于律师行业发展状况的研究报告。

研究报告称，自2007年以来，北京律师服务收费连续3年显著增长，在2010年的增幅尤其明显。113亿元的服务收费总额占地区生产总值的0.82%，相比2009年的91.6亿元增加了23.4%。

新华社记者赖臻在同年12月1日的电讯稿报道中写道:"最新统计结果显示,2010年北京律师服务收费总额为113亿元,首次突破百亿元大关。"

道可特律师事务所成立于2003年。作者刘光超撰写的《关于律师事务所公司化(制)的基础性解读》一文刊发在北京市道可特律师事务所的道可特网页上:

"公司化蕴含着企业管理现代化的理想,而企业管理现代化的实现首先要求管理理念现代化,其次才是对管理方式、管理方法、管理制度统筹全局、合理调控。"

刘光超对律师事务所合伙制与公司化(制)的差别进行了如下详尽的分析:

"为什么非要强调(律师事务所)公司化甚至公司制呢?一般意义上讲,合伙和公司的区别主要体现在合营者之间的紧密程度不一样(合伙较为松散,公司较为紧密);成立基础不一样(合伙基于合伙协议,公司基于公司章程);资合人合成分不一样(合伙主要指人合,公司包含人合和资合);治理结构不一样(合伙中合伙人可直接参与管理,公司中股东需成立董事会聘任经理来管理);运行方式不一样(合伙主要依靠合伙人的分工来运作,公司主要依靠组织体系市场化的运作);分配模式不一样(合伙分配依据合伙人特点较为灵活,公司分配根据股权比例较为原则);承担责任不一样(合伙承担无限责任,公司承担有限责任);税负结构不一样(合伙不存在双重征税,公司可能存在双重征税);退出难度不一样(合伙退出程序较为简单,公司退出程序较为复杂);发展方式不一样(合伙一般规模较小发展较慢,公司可以规模很大发展较快)这十大方面。"

尽管刘光超申明律师事务所公司化(制)如何从文字上定义并不重要,但还是加以解释说,律师事务所公司化和律师事务所公司制还是两个不完全一致的概念。

在刘光超看来,律师事务所公司化是律师事务所公司制的初级阶段。接下来给出的分析是:公司化的基础是以股权为基点的组织形式和产权机制。这也是律师事务所公司化特别是律师事务所公司制的基础特征。

"首先,产权股份化代表着与合伙制、个人所区别开来,是以公司股东投资形成股权来组建事务所,而不是合伙的方式或个人投资的方式;其次,产权股份化意味着投资可以多元化。""除了产权机制是律师事务所公司化的主要标志之外,管理系统化是律师事务所公司化的另一个集中表现。"

刘光超相信律师事务所公司化的必然趋势是:业务行为从个体化向团队化转变,从依赖资源向开发资源变化,从商务型向技术型过渡,从偶然性向必然性转化。

刘光超在文章结语中简明地归纳了律师事务所公司化概念:

"律师事务所公司化的核心所在是强调一体化(管理、经营、分配)和企业化(标准化、市场化、品牌化)两个要素,也就是公司不同于合伙的紧密程度、治理结构、运行机制、分配模式、发展方式等方面的集中体现。"

特殊普通合伙执业形式

在一般人看来,制度不论新旧内容,无非是约束和规范个人行为的各种规则。

在制度研究者看来,"制度不应该是约束和制约,而应该是人类的意识形态,更应该是一种观念或价值观。其本质是促使人类自由发展。一个国家、企业、组织、集体、团队,只要有共同的价值观和共同的发展目标,那中间的自由协作会更好地促使事物的发展。"

有勇气投身改革的人借鉴过如此明智的表述:

"民主理想由规定了权利的法律决定的公正理想、人与人之间的平等理想、建立在个人自由基础上的个人的幸福理想互相结合起来。如果人们理性地追求'自我利益'并尊重同行者的利益,社会最终将转变为富于仁爱的有机组织。"

众所周知,民主理想是古代希腊人留下的遗产,这种理想建立在一种信念的基础之上,即集体幸福产生于每个公民积极参与城邦生活。历经两千多年,这种理想现今被认为已经逐渐扩大到所有的社会阶层。

简而言之,理想的制度要能够提供物质资源和精神价值的保障。所谓精神价值,被认为包括自由、平等、民主、权利以及尊严等个人价值和社会价值。对律师事务所的制度设计者和实施者而言,需要从总体和全局把握的是:

——如何用制度界定权力边界和行为空间;

——如何用制度实现资源合理分配；

——如何用制度提升经济效率；

——具体筹划怎样在律师事务所内实现人的自由；

——怎样在律师事务所内实现人人平等；

——怎样在律师事务所内让人切实能享受到民主的实惠；

——怎样在律师事务所内赋予人们实实在在公正的权利；

——怎样形成珍惜并维护个人与律师事务所尊严的风气，如何让精神价值在律师事务所这一独立的集体组织内尽可能地释放其正能量。

中闻律师事务所遭遇大动荡后跌入事业低谷，引以为戒的是，决策不能光凭理念和信心，不能不斟酌合并律师事务所可能会遇到什么样的困难。尽管律师事务所合并的机会显现，但倘若未能预想周全，没能充分做好应对措施，莽撞闯入情况不明的迷局，难免遭遇不测。

每当重大改革时刻降临之际，最考验制度的设计者和决策者对精神价值的领悟水平有多高，对制度体系精髓的理解有多深，对解决棘手现实问题的手段有多强。

大动荡发生几个月后，中闻律师事务所的改革者们在强烈改革心愿的促动下，将誓言般的文字写入《北京中闻律师事务所普通合伙制改革方案（讨论稿）》中：

——普通合伙的体制已不足以支撑中闻的继续前进；

——特殊普通合伙制是中闻寻求突破的关键选择；

——废除过去的高级合伙、一二级合伙的组织结构；

——全体合伙人都享有平等的表决权、集体行使全所重大问题的决策权；

——建立由决策机构、执行机构和监事机构组成的分权制衡的法人治理结构；

——尊重相互独立、相互制衡、相互协调原则；

——大力打造一流的公共律师团队，改变过去长期的律师小团队管理模式。

2013年12月30日，《北京中闻律师事务所普通合伙制改革方案（讨论稿）》拟就，这份21页的文件成为新制度体系的创始性改革文件之一。讨论稿根据"临时执委会决议制度"的规定和盘托出改革最初的整体方案，提出中闻律师事务所要在"采用特殊普通合伙制"下实现"专业化、公司化、规模化、国际化"。

尽管讨论稿体例与行文不似正规格式的制度文案，但在其总述中针对改革的迫切性、必要性和获益处形成的阐述占到全文四分之一强。讨论稿写道：

"中闻所于近来3个月左右的调研、探讨，已经取得改制的初步共识：普通合伙的体制已经不足以支撑中闻继续前进，中闻要选择特殊普通合伙。"

讨论稿成稿之前，理论界热衷律师事务所如何实现科学管理的话题已持续多年，中闻律师事务所心仪改革的人们迫切地从多方汲取改革理论体系和实践经验，结合自身现实，在讨论稿中以设问的方式诠释改革动机：

■采用特殊普通合伙可以有效防范风险

——特殊普通合伙是目前最有效降低律师执业风险的制度。合伙人之间不完全以个人份额或个人财产负无限连带责任，使得合伙人不必再为其他合伙人的过错付出高昂代价，从而降低了律师在执业过程中的风险。

■采用特殊普通合伙有利于实行公司化、民主化管理

——在采用特殊普通合伙制组织形式下进行公司化改革重组，废除过去的高级合伙、一二级合伙的组织结构，由全体合伙人集体行使全所重大问题的决策权，实行合伙人会议、执委会、监事会的"三会制"。依据相互独立、相互制衡、相互协调原则建立由决策机构、执行机构和监事机构组成的分权制衡的法人治理结构。

■采用特殊普通合伙可实现所有权与经营管理权的分离，有利于强化科学管理

——公司化运作将实行所有权与管理权的有效分离，由执委会依据合伙人会议决议的授权执行日常事务。随着业务的扩大、变化，不断灵活地调整管理（服务）机构，让合伙人和执业律师把更多的精力用在专业服务、技能提高等最实际的事务上。

讨论稿附有一篇千字的"说明"，"说明"行文与讨论稿总述中表露出的激情一脉相承，但在这里写下的文字更多地诠释了改革志向如何基于自身发展的现实而形成，以及此番改革承载着什么样的理想：

——"中闻"已经积累十几年，并不断发展壮大，承揽全国各地的业务，并与一百多家国外律师事务所建立业务合作关系，三年来，"中闻"已经实现了部分公司化，中闻律师事务所今天已经值得为合伙人依法长期拥有。

——一些高级合伙人调离后,"中闻"汲取三年前快速规模扩张的经验教训,制度为先,稳定为本,不为规模盲目整合,不疾不徐,循序渐进。改组合伙人体制,改善行政财务服务,建立新型的全体合伙人既有股权又有合伙人权益的公司化的律师事务所。

　　——律师事务所是律师人生、事业发展的平台。我们是在所里继续演绎社会恶习,还是营造彼此相互支持、信赖、帮助、关心的文化氛围?律师事务所应当是由律师自己打造的事业平台。

　　——我们是一批把律师职业当成终身活计,把律师事务所当成自己的门店,愿意为新老客户长期提供有价值服务并不断持续努力的一帮家伙。我们的职业依凭什么?精通日益细分的法律知识和长期积累并不断优化的实践经验……

"三权分立"确保权力制衡

　　"专业化"与"规范化"均侧重提升业务功力。

　　中闻律师事务所提出的第三个基本目标是要逐步实现"公司化",而没有像大成律师事务所那样追求"品牌化"和"国际化"。

　　此时,中闻律师事务所的合伙人、专职律师、兼职律师总数达到百人。尽管《中闻律师事务所2011年发展纲要》毫不怀疑"中国律师行业现有的生存环境和潮流完全能成就中闻所的规模扩张",但是追求"公司化"的目标蕴含着什么样的战略筹划呢?

　　经历大动荡之后,中闻律师事务所痛定思痛,临时执行委员会下设的制度建设小组在2013年12月30日拟出了《中闻律师事务所章程(草案修订稿)》,呈交给律师事务所诸位同仁。

　　草案修订稿宣布"事务所注册资金为人民币2000万元整,由全体合伙人以现金出资认购";宣布建立合伙人会议、执行委员会、监事会"三权分立"体制,放弃创始合伙人、高级合伙人、一二级合伙人体制;宣称要"把本事务所创办成管理规范、业务一流、形象良好的专业化、公司化、规模化、国际化的世界一流律师事务所"。

　　这份文件删除了此前讨论稿总述中一些过多的誓言性的语句,特别申明中闻律师事务所的性质为"自主经营、自负盈亏的特殊普通合伙制律师事务所",将改制的激情掩隐在制定具体制度的条款中。经过一年多的实践检验,草案修订稿终于定稿为总计列有 73 项条款的《中闻律师事务所章程》。

作为交接小组成员,王国华亲历了这家律师事务所由普通合伙改为特殊的普通合伙执业形式全程,继而出任改制后第一届执行委员会委员,他至今难忘那些夜以继日、忘我工作的时刻。

"说实在话,我们也是下了很大的一个决心。"

王国华说,与取消高级合伙人制度并行的一项重要改革内容即是确立特殊的普通合伙新制度。此前普通合伙的注册资金历年都是 30 万元,改制伊始就要增至 2000 万元。

改革大势为理想理念融入中闻律师事务所创设的新制度营造出这样的时代因素:

第二次修订的《中华人民共和国律师法》施行至此已有 5 年;

北京大成律师事务所变更为特殊普通合伙执业形式已有 3 年半;

活跃的学术讨论和交流针对律师事务所改制而展开。

中闻律师事务所的改革者研究股份制律师事务所制度架构,解析股份制经营模式,借鉴公司股东大会、董事会和监事会的"三会制"构建"三权分立"的多层治理机制,将管理制度树状体系的"根系""主干""枝条""叶冠"一一分清,将重大决策、合同管理、案件讨论、统一收费和收结案、归档、投诉处理、过错责任追究等方面纳入筹划得当的"制度森林"中,以促成律师事务所"生态"的良性循环。

制度建设小组痛定思痛,坚定地提出彻底取消高级合伙人及一、二级合伙人这种制度结构,按照法律规定,合伙人就是合伙人,不再分层级,承担的责任都一样。如果继续沿用高级合伙人制度,那么新制度全都难以推行。

草案修订稿提出建立合伙人会议、执行委员会、监事会"三权分立"的体制,这一体制并非律师业界前所未有的新体制,是中闻律师事务所借鉴而来的,这一体制的难点在于如何将权力与权力制衡科学地协调起来。

制度改革者秉持"不受制约的权力必然导致腐化"的理念,为防止滥用权力,探索以权力约束权力的合理制度。《中闻律师事务所章程》第三章"组织机构设置及其职权、议事规则"专门针对合伙人会议、执行委员会、监事会、事务所主任制定出多项限制性条款。曾经施行的原有制度权力架构被初版章程彻底颠覆。

原来的合伙人制度中规定：高级合伙人承担律师事务所主要义务，享有律师事务所发展和管理方面的主要决策权力。初版章程变更后的合伙人定义取消了对高级合伙人与一、二级合伙人的区分，将合伙人定义为："包括设立时的发起合伙人和设立后申请加入的合伙人。"

原制度规定的"合伙人会议下的行政主任（主管）负责制"变更为"执委会依据本章程及合伙人会议决议行使事务所的日常管理职能"。

2012年11月30日，司法部经修正的《律师事务所管理办法》第14条规定了律师事务所章程应当包括律师事务所负责人的职责以及产生、变更程序，2016年再经修订的《律师事务所管理办法》第54条写有"律师事务所的负责人负责对律师事务所的业务活动和内部事务进行管理，对外代表律师事务所，依法承担对律师事务所违法行为的管理责任"的文字。

人们一般认为律师事务所负责人应该是律师事务所主任，但是律师事务所主任具体能够行使哪些权力，顶层设计在此给自治权力留下空间。

国外的一位经济学家对制度有着这样的解释：

"制度无非是集体行动控制个人行动的一系列行为准则或规则。（制度）指出个人能或不能做，必须这样或必须不这样做，可以做或不可以做的事，由集体行动使其实现。"

对中闻律师事务所制度改革者来说，让制度清晰地界定权力边界和行为空间恐怕是最为重要的。针对个人心理及行为的复杂性，要降低内部管理流程中可能出现的不确定性和不可预见性，需要防范意外发生的各种不利情形，保障良好的运行状态。

改革者需要从制约权力的立场和技术角度考虑，明晰各个职位拥有的权力，既有纵向分权，也有横向分权。只有明晰权力多点交叉对整体与局部产生的影响，才能将权力为权利服务的宗旨更好地融入制度设计，建立起顺畅的权力运行流程。

在草案修订稿中，事务所主任被确认为事务所的负责人，对外代表事务所。但这一职务能够行使的职权仅有三项：

"召集并主持合伙人会议；完成合伙人会议交办的事项；代表事务所签署相

关法律文件。"

担任律师事务所主任这一职务的人只能连任两年，且不能同时兼任执委会委员或监事会委员参加重要事项的决策。

反观执委会行使的职权，草案修订稿列出十多项具体内容，包括：

——协助事务所主任召集合伙人会议，并向合伙人会议报告工作；

——执行合伙人会议的决议；组织实施事务所年度工作计划；

——根据合伙人会议的决议，管理、指导公共律师团队的建设，决定聘用或解聘行政总监、专职律师及其报酬事项；制订事务所的年度财务预算方案、决算方案；制订事务所的年度利润分配方案、弥补亏损方案；

——制订事务所增加或减少注册资本的方案，提出变更事务所地址的建议和意见；

——拟订事务所合并、重大合作与设立分支机构方案；

——拟订事务所管理的基本规章制度；决定事务所内部相关部门的设立或撤销，选聘或解聘相关部门的人员；

……

正所谓"内行看门道"。

尽管事务所主任拥有提议召开合伙人定期会议、临时会议、执委会会议，和提出提案、负责召集并主持会议的权力，但执委会轮值主席和监事会轮值主席同样负有召集并主持会议的职权。

值得一提的是，草案修订稿中的章程在监事会行使的职权一项中列出对事务所主任、执委会委员及其选聘的行政总监或其他部门管理人员具体行为统统给予监督的条款，旧体制曾经模糊的管理边界不再模糊。

吴革自从创立中闻律师事务所伊始就担任律师事务所主任，大动荡之后虽然重新当选为中闻律师事务所主任，但在中闻律师事务所新章程里，主任职权同以往完全割断，不行使管理权，没有了实际权力，仅仅依靠股权和自身影响力扶助律师事务所发展。

吴革欣然接受新章程关于主任职权的制度设计和安排，以身示范民主办所的精神：

"我把这个权力放了，觉得还不错，那就是我不做一个独裁者，你也不能做独裁者，对不对？"吴革讲出内心由衷的想法，"当我要失去中闻时，我感觉到我这么多年的心血可能就毁于一旦了，但我发现了该怎么样真正地去拥有，这是一个很大的心理改变。真正地拥有它就是民主制度，它就是属于大家的，我成为其中的一分子去贡献我的力量。其实这种方式是拥有中闻最好的一种方式。"

草案修订稿毕竟不是最终定稿。继修订草案稿之后，《中闻律师事务所章程》在2015年初终于完成。用心细读《中闻律师事务所章程》，不难发现制度设定的章节里汲取了律师管理的诸多实践经验和教训，并尽可能地呈现在众多细小环节里，比如：

——"提议召开临时合伙人大会的上述主体应当附提案。"

——"合伙人决议采用书面形式，并要求签名备案。"

——执委会委员因故不能参加会议，书面委托其他委员代为表决时，不仅要求"书面委托书应载明授权范围及表决事项、授权期限等"，在此前的表述中还增加了"并由其本人亲自签署"九个字。

——"不召开执委会会议直接作出决议，并由全体执委会委员在决议文件上签名。"

——"事务所主任、执委会委员、部门管理人员不得兼任监事。"

——将原来"合伙人自愿退伙，于年度结束前3个月"修改为"提前90天"。

制度由人们经过缜密思考将其变成印在纸面上的文字，如果不能影响人们的行为，不能被人们自觉遵守，也就无法产生约束效力，仅仅是印在纸面上的文字而已。

若想让悉心制定的章程条款焕发出强大的活力，中闻律师事务所首先需要入所者认同制度架构展现出来的发展理念、签订合伙协议。这一点被视为加盟者必要的承诺被写入"合伙人及其权利与义务"一节中。

悉心搭建股权制度结构

仔细比较《中闻律师事务所章程（草案修订稿）》与《中闻律师事务所章程》全篇架构与文字，仅从数据上分析，后者新增11大项、27小项；删除前者1大项、5小项；后者总字数达到8715字，比前者文字减少4463字，占前者总字数的二分之一。

律师，依其从事的法律专业来看，多为精明者，他们理应是对制度构建有着深刻理解的专业人群。然而，要想通过制度构建达到科学管理的理想佳境，即使筹划者们聪明透顶，若不下苦功、不经过通盘精细思考，仍难以将整体与局部、纵向与横向的关隘壁垒打通，反有可能搅乱经过努力建构的已有格局。

无论什么形态的组织，在权力架构的设置方面都需要慎重考虑，如何集权与分权、怎样廓清权力运行线程、怎样确立权力运行保障，要靠理论和实践的精准结合。

尽管合伙人制度在产权关系、责任权利等诸多方面比合作制更具有优越性，但是若没有良好的制度立体管束，仍然会冒出失控弊端。如果高级合伙人独断决策权力，独尊独享资历福利，使后来的合伙人难以享受应有的民主权利，势必弱化整体实力。

采用股权或者期权的激励机制被视为改革良方，倘若鲁莽踏入股权激励和期权激励这一深邃精专的领域，单凭信心和决心是危险的。这也是向往实现律师事务所公司化目标的人们在开始探索前不得不审慎决策的重要因素。

中闻律师事务所启动股权制公司化尝试，经过仔细核算，最先拟订出一份以50名合伙人为限定人数的赠予股公式。尽管公式内容十分简单，即使将其放大字号打印到A4纸上，恐怕也占不到四分之一的页面，但就在看似简单的赠予股公式计算符号里，却充满着重大改革的理念和信息。

《北京中闻律师事务所普通合伙制改革方案（讨论稿）》成文仅仅20天后，一份针对中闻律师事务所股本设置的改制方案形成文字，总股本被分为赠予股、购买股、预留代持股三种形式。这一方案强调股本设置要在法律上落实合伙人对律师事务所的所有权，以达到进入退出顺畅、实现资源优化配置等目标。这份草案在合伙人定义上赋予了全新的理念：

"合伙人包括申请成立时的发起合伙人和本所成立后申请加入的后续合伙人，对外统称为合伙人"，"事务所的合伙人地位平等"。

赠予股公式在中闻律师事务所动荡之前就已经拟出，中闻律师事务所成立起临时执委会后将考虑成熟的赠予股公式纳入《合伙协议书（草案）》。草案开篇第一段即宣称：

"合伙人遵循自愿、平等、公平、诚实信用原则，经充分协商一致，决定将中闻律师事务所整体变更为特殊普通合伙所，并自愿达成以下合伙协议……"

这一改变将深深影响到中闻律师事务所原有的整个制度架构以及固有的形态和格局。《合伙协议书（草案）》共列出 7 章 68 条，首先阐明股权结构，将事务所注册资金 2000 万元折合成总股本 2000 万股，随后详细载明全体合伙人出资额、出资方式及持股比例，限定每位合伙人的最低与最高认购股本数额，其认购最高数额不能超过总股本的 10%。

《合伙协议书（草案）》在章节分述中，针对合伙人、合伙人的权利与义务、合伙人权利义务的转让与继承、合伙人入伙退伙及除名、合伙人会议及其职权、议事规则、事务所负责人产生及其职权、所有者权益收益分配、债务及亏损承担、终止与清算、争议解决方式等内容订出规制。

中闻律师事务所设定赠予股公式后推出赠予股、购买股，大家在理念上一时难以跟上，即便每股股价降为七折，绝大多数人依然犹犹豫豫不肯出手。可以理解，在中闻律师事务所深陷生存困境之时，人们不敢确信会有什么样的未来。

赠予股公式、《合伙协议书（草案）》亮相之后，《中闻宪法》在 2010 年提出的三个基本目标——"专业化、规范化、公司化"都在其中得到了体现。值得注意的是，讨论稿多出一项"国际化"。虽然"专业化"仍排第一位，但排列顺序上明显将"公司化"从基本目标的第三位挪至第二位，另一个明显变化是用"规模化"替代"规范化"排在了第三位。

这一时期，北京市律师协会在编辑《律师事务所管理论坛会议材料》中辑录了论坛中部分人的相关发言：

——从产权制度的演化过程来看，股份制的公司形式是合伙制形式发展的最高阶段。公司化形式的股份制律师事务所更适合市场经济的需要，更有利于律师业的产业化、专业化、集团化发展。

——股份制律师事务所的产权结构决定了股东不能够直接对律师事务所的运行施加影响，从而可以较大幅度地降低服务成本。

——股份制能够比较科学合理地将上述因素量化折成股份，从而确定每位律师内部地位，稳定律师间的合作关系，最大限度地减少律师间的利益冲突……

中闻律师事务所改制特殊普通合伙制，在设定 2000 万股的过程中，不是简单地将股权分配给合伙人，而是经过了严谨、缜密的计算和设计。首先将股权分成三部分：

一部分作为历史贡献分给合伙人；一部分由合伙人出资认购；一部分留给未来的加盟合伙人。这里面既有产权所有制的相应条款，又有权利限制与约束的相应条款。尽管规定了合伙人大会投票由合伙人持股比例决定，但同时限制每人购买股份不得超过 10%。

股权分配制度还专门设计了创新激励机制，除了合伙人出资购买的股权外，律师事务所设定贡献条件，对应其设定的贡献条件赠与其股权。这是将个人年度贡献与律师事务所年度贡献之比例经过计算后获得相应的赠予股权。合伙人凭借个人拥有的股权比例可以参与律师事务所管理以及重大事项的决策等事项。

中闻律师事务所的股权分配并非百分之百依赖业绩，虽然权重主要放置在业绩上，但它还要针对律师参与律所管理、社会活动，以及学术方面的贡献进行综合评价。举凡律师担当各种社会责任都设分值添加，比如发表专业理论文章、参加律师协会工作、担任政协委员、人大代表等，这些都会增加律师股权分配的份额。

第十一章　扭转颓势

第一章 日本語教育

新旧体制交替引起制度结构的重新调整,其震荡犹如崖壁坠石,落入江中激起巨浪。

中闻律师事务所出现的大动荡让不少人内心感到撕裂般的痛苦。即使在那些选择留下的合伙人中也有不少人时刻准备拔腿离开,以防跟这艘船舱进水的船一起沉没。有人公开表示,观望半年为限,若改革者许诺的变化没有出现,他们势必离开。

两根拄杖助力改制深入

变更特殊的普通合伙执业形式与创设股权新制,被视为助力中闻律师事务所改制深入进行的两根拄杖。

制度建设小组提交特殊的普通合伙执业形式改制初步方案后,临时执行委员会展开调研,派人前往先行改制的律师事务所学习,随后召开专门座谈会,待改制方案第一稿完成,再进行深入讨论,同时让大家都来尽心尽力地参与改制方案修改,理解并接受改制方案的全部内容,最终由全体合伙人投票通过。

注册特殊的普通合伙执业形式的前提条件为:

拥有 2000 万元的注册资金,拥有 30 名以上合伙人,这些合伙人在注册之前三年中没有受到过任何违纪处理。有意改制的中闻律师事务所具备这些条件。

制度建设小组经过调研和查询相关资料,完全弄清楚了改制的好处:

首先,相比普通合伙执业形式,特殊的普通合伙执业形式可以规避一定程度的执业风险。前者遇到赔偿事宜,由于合伙关系,彼此承担无限连带责任。合伙人数量越多,出现风险的概率越大。而后者遇到重大过失需要赔偿,非直接责任人仅以出资额为限承担责任,不会将其家庭财产及所有财产都赔进去。

"实行普通合伙的话,所有合伙人对风险责任都要承担无限连带责任,如果确实造成很大损失,保险不能覆盖过来,所有合伙人都面临倾家荡产的风险。"穆振辉对比两种执业形式时说,"特殊的普通合伙要解决的是,如果因为某个人或几个合伙人的过失造成了巨大损失,由主要涉事的责任人承担无限连带责任,其他人依据对合伙企业的出资承担责任,这是有限责任,对其他合伙人是一种保护,这种合伙制度是一种进步"。

因你而不同

　　大动荡之后，临时执行委员会认为第二次修订的《中华人民共和国律师法》提出特殊的普通合伙执业形式为中闻律师事务所突破旧制束缚提供了可能，一定要归纳这些年来相关理论和实践营造的学术思考和实践经验，背水一战，赢得新生。

　　临时执行委员会相信特殊的普通合伙执业形式一定要确立明确的股权制度，着眼律师事务所现实状况，将合并前入职者与合并后入职者厘清股权。在确定总股本之后，再依据测算出来的计算公式统计律师业绩，将全体合伙人的贡献业绩作为分母，每个合伙人的贡献业绩作为分子。

　　若将改制发放股权之日作为基准日，界限设定在2010年合并伊始，历史业绩"清零"是将合并至改制三年间的业绩恰当折算为赠予股权，改制之后合伙人出资购买的股权叫作认购股权。两种股权在表决时效力相等，但是在分成比例上不同。

　　"有恒产才有恒心"，吴革谈到股权改革时十分自信："我们第一个要解决的就是说把律师事务所变成大家的股权分掉。这个概念解决好，才能让人真正拥有这个律师事务所，才能作为民主管理的基础，这是观念的转变和现实处境的转变。"

　　中闻律师事务所的股权每年都在变动，合伙人在这家律师事务所里干得年头多，干得好，贡献多，他的股权就会不断累加，由于人与人的贡献不一样，股权增长幅度因业绩区分有了赶超的可能。

　　"如果你天天去打球、旅游，没有创收进账，那么我一年的业绩比你三年要多，那意味着我一年的股权就比你三年多"，吴革说，"这样的话，就给了勤奋有为的年轻人赶超前辈的可能，论资排辈没有了，这个方案对年轻人有好处，让年轻人看到希望"。

　　年轻人看到了希望，但年长律师的后顾之忧如何解决呢？

　　年长律师减少执业和停止执业，在中闻律师事务所的股权不会像在职执业时那样增长了，但是年长律师的股权还在，仍然具有投票权和分红权利。假设年长律师在职期间积累了100万股的激励股权，这个股权在退休时仍然享有，可以据此进行表决和分红，这项制度被中闻律师事务所决策层视为制度创新的一个亮点。

　　临时执行委员会曾经在这个观念上取得一致：一个合伙组织仅仅靠人际关系

维系，其成员有表决权而实际没有任何义务约束，也没有资金作为组织的纽带，这样的表决权是没有牢靠基础的。

"因为你持有律师事务所的股份不同，你对这个所投入的情感是不一样的。"穆振辉说，"我们改变了旧体制一人一票的方式，让合伙人依其股权投票，可以直接参与管理，同时不允许一个人持有超过10%的股权上限，避免形成垄断控制权"。

对比既往律师事务所对其成员收入分配的做法，中闻律师事务所在制度创设方面也有突破：律师事务所的收入往往由决策人、创始合伙人或高级合伙人几个人或少数人支配，即使有收益，要么由这些人分掉，要么用于他们认为有必要支付的事项。这些人认为其他律师和合伙人都是来打工的。中闻律师事务所对收益方面作出明确规定，除去每一位合伙人应扣除的收益数额之外，年底盈利中留下一定比例的发展基金，其他均用于分红。这项规定是经过全体合伙人讨论后投票通过的。

2014年1月，中闻律师事务所临时执行委员会召开全体合伙人会议，选举第一届执行委员会委员、监事会监事和律师事务所主任。虽然新设制度没有规定律师事务所主任不能兼任执委会委员，但事实上形成了主任不兼任执委会委员的惯例，而仅仅作为律师事务所的形象代言人。让同事们心生敬佩的是，吴革虽然当选律师事务所主任，但他认同新设制度的规定，放弃创始合伙人原有的职务权利。

经全体合伙人投票选出的改制后的第一届执行委员会委员共有七人，这七人再投票选出执委会轮值主席，李波律师当选。改制后选举出的第一届执委会从过渡执政的临时执委会手里接过管理职权后，向全体合伙人、律师和职员呼吁：律师事务所建设需集体智慧，希望大家如有任何有助于律师事务所建设的建议，可在任何时间联系执委会成员。

那段时间，中闻律师事务所处境艰难，执委会成员紧张、劳累，急需将大政方针一项项纳入新制度体系框架，同时调整运营程序中诸多不合理的环节和流程。在这种百端待举的情形下，凝聚人心十分重要。

执委委员是经全体合伙人投票郑重选出的，执委会轮值主席是执委投票选出的。首届执委会轮值主席这一职务承载了太重太多的责任，承载着大家对律师事务所和个人前途的希望。当年，第一届执委会会议往往从下午持续到晚上。

在改制最初的一年多时间里，第一届执委会、监事会任职律师们应对种种繁杂事务，哪项工作都全力以赴地去处理，因为他们深知，哪项工作都直接关联摆脱困境的努力。

扛过一年又一年，好转的迹象一点点呈现。也许是幸运"3"发力。时隔三年，中闻律师事务所股价上涨，大家购买股权的热情与最初的观望静默形成强烈对比。人们的观望态度在持续3年之后得以转变。

随着中闻律师事务所股权制度的逐步确立，包括章程等一系列重要制度的制定和出台，"民主办所、制度办所、人才办所、稳进办所"的办所理念渐渐通过制度整体构建发挥出期待显现的功效。

谁是 CEO 职位适当人选

大动荡发生前，中闻律师事务所的制度架构是由 11 名高级合伙人行使决策权，这种管理制度架构在律师事务所中具有普遍性。

作为被管理者，律师与机关单位工作人员的不同之处在于：如果有谁在入职的律师事务所里感到压抑、不自在、不受重视、有违个人期望和认可的氛围、看不到通往未来的途径，他就可以选择离开，毕竟律师事务所很多很多，他可以去寻找一家相对如愿的律师事务所。正如那句流行趣语所说，"不跟你玩了"。

经历过大动荡，持有改革信念的中闻人将民主办所的理想融入管理体制的现实需求更为强烈，对这些人而言，民主不再是学术著作中表述的复杂体系和理念，他们要把民主理念引入生存环境，变为能够亲身体验到的现实。

过渡时期执政的临时执行委员会设立制度建设小组，小组成员形成了这样的共识：律师事务所属于社会自治组织，其内部治理结构要让其成员在互相尊重中感到个人的权利、自由和责任，这样一个共同体培养出的精神气质是要承担起社会责任，而不能仅仅追求财富。无论谁来执政律师事务所，都不能忽视经济效益和社会效益，不能忽视人员培养，不能忽视队伍整体专业能力和水平的提升，不能只想着怎么让个人去多挣钱。

2014 年 1 月，中闻律师事务所全体合伙人投票选出第一届执行委员会、第一届监事会、第一届律师事务所主任。执委、监事、执委会主席、监事会主席均属于完全的义务性工作，没有任何特权。

检视中闻律师事务所制度创设的历程，自 2010 年《中闻宪法》《中闻律师事务所 2011 年发展纲要文件》开始，此后五六年时间里陆续制定出 20 多项制度，如《考核管理办法》《公共案源管理制度》《公共团队管理办法》《收结案管理暂行办法》《合伙协议中关于合伙人退伙的规定》《合伙协议中关于执委会委员任职和解除职务的规定》《公共团队改革方案》《业务部规范发展指引》《研究机构规范发展指引》等制度文件。其中一些重要制度密集出现在 2014 年至 2016 年，已经成文的制度在执行中依据实践反馈的信息依然在不断修正。

换个角度审视中闻律师事务所出现的大动荡，它恰恰提供了一次难得的改革契机，让有志探索制度构建的中闻人重新审视合伙人与合伙人的关系、合伙人与公共团队的关系，用心琢磨如何优化合作流程，如何提升合作效率。

"闻道有先后，术业有专攻。"

2015 年 11 月，中国法学会民主与法制社总编辑刘桂明曾在《中国律师事务所的 CEO 在哪里》一文开篇时不无忧虑地写道：

"无论是在中国还是在世界范围内，律师事务所在治理结构方面出现的问题都相当突出，而中国律师事务所现存和涌现的问题更加严重，凸显出事务所治理结构研究的迫切性和必要性。律师虽然在法律方面称得上是最专业的人群之一，但绝大多数的律师都专注于办理业务，真正能够承担律师事务所管理责任的人才在律师的队伍中恐怕还是少数，这也给律师事务所股份制的推广造成了一定的瓶颈。"

这位熟悉律师业界发展状况的总编辑进一步阐述的观点如下：

我国律师事务所的管理者长期以来基本上是"土生土长"的"自己人"，一直都在沿袭"律师—高级律师—名律师—所主任"的路线成长。主任们既要管理律师事务所，又要代理诉讼，还要在各种社会组织、学术团体中兼职，常常"分身无术"。特别是担任几十人、上百人律师事务所的主任，把管理当成副业根本不利于律师事务所的发展。

"应该提倡让专业人做专业事，把所主任解放出来钻研业务、拓展市场。"

刘桂明提出公司制律师事务所需要自己的 CEO，建立职业经理人——首席执行官（CEO）制度，这将给中国律师业的管理带来新的气息。

中闻律师事务所执委会曾经专门开会多次讨论过这个问题，打算设立半专职或者 CEO 这样一个职位，年薪提到 100 万元。由于执委们的业务收入远远高于这个数目，执委会没有人主动接手这个职务。

最后，经过反复协商，先由第一届执委会主席杨凯担起半专职管理的主责，待执委会议定外请一位管理能力比较强的专职运营总监，但现实却是一直难以发现适合人选。

穆振辉入选中闻律师事务所改制后的第一届监事会监委，他的体验是，七名执委会委员在民主办所的原则下，除了制度范围内应该正常进行的事项不予干预，举凡需要决策的大事小事都要进行表决，然后再监督行政部门去落实。任何一个执委没有自己的特权，个人不能决定任何一件事情。

执委和监事们为管理律师事务所的事务不免牺牲一些个人时间，甚至要减少或推掉一些业务，执委会主席则需要更多地承担公共事务，投入比执委委员和监事更多的精力和时间。

穆振辉有自己的工作团队，业务涉及好几个省，由于他做的 PPP 业务基本上都是与地方政府和一些大型企业打交道，需要大量时间四处奔波去协调，担负管理工作，有时就不得不把本该自己做的业务交给团队成员去做。

中闻律师事务所的执委会成员都是专职律师，人人案头都有大大小小的业务，被选任执委的律师要遵从律师事务所章程及合伙人会议决议来行使日常管理职能，个人业务再忙也必须为执委工作腾出空间和时间率先安排。

不管是执委会的月例会，还是临时会议，执委会或与监委会的联席会议全部安排在周末，不挤占工作日时间。有时会议要开几个小时，也有从下午一直开到深夜的经历。举凡摆到执委会桌面上需要讨论的议题，都是经过程序确认过的重要事情。执委们清楚，摆到桌面上的这些议题桩桩件件事关律师事务所全体成员的利益，再忙再累，也要尽心尽力去履行职责。

律师人群中鲜有对律师事务所管理特别感兴趣的人，中闻律师事务所尝试过几种方式，找律师做执行主任，结果发现不太合适，转而请行政主管做日常事务管理，也不理想。

中闻律师事务所决策层认可这样的理念：

律师毕竟不是专司管理的内行，律师管理律师事务所存在弊端是因为律师难以站在科学管理的专业立场和角度把握发展方向和路径。

问题是去哪里能寻找到最适合的 CEO 人选呢？

第十一章　扭转颓势

发挥正能量压住负能量

杨凯办妥入伙中闻律师事务所手续,即当选并接任了中闻律师事务所党支部书记一职,当时全所只剩下十几位党员,这位新当选的党支部书记告诫大家,经历大动荡之后的中闻律师事务所负能量太多,有人看热闹,有人找茬儿,有人挑毛病,有人泄私愤,他鼓励大家发挥正能量,压住负能量,人人多奉献,向好的方向积极努力。

中闻律师事务所发出认购通知当天,杨凯去找吴革,建议两人带头把认购股价的钱交上。吴革认购10%的股份,杨凯动员与自己一道加入中闻律师事务所的团队成员认购了相当数额的股份。

回想当初情形,杨凯承认"说实话,起初很多人有顾虑,认购不踊跃"。

律师事务所不能没有运转资金,购买股份最直接的动机实为一时救急的考虑,执行委员会、监事会和主任三方就律师事务所现金流极低的现实达成共识,举凡执委、监事、主任有业务收入进账,尽量不提款或暂不提款。

不提款肯定致使个人收益受损,但为了不让律师事务所垮掉,保住经营所需的现金流,牺牲个人收益没有任何人抱怨。决策层的这点共识让彼此间增添了患难与共的珍贵情谊,而这一暗中施行的举措并不为律师事务所其他同事知晓。

尽管购买股份收到的"真金白银"不及发售数额的一半,但这笔款项在最困难的阶段起到了顶梁柱的作用,在关键时刻撑住了危难中的这家律师事务所。

"当时真没有想说将来股价要分什么红利,就是觉得我们得撑住。"

在当年那些艰难的日子里,杨凯每每要问财务主管这个月的租金能不能交得起。大厦办公场所的租金每个月都要交齐,当月结清,"我们空了一多半房间,在那么困难的情况下没有差大厦一分钱,没有晚交过一天"。

中闻律师事务所执行委员会经过审慎、缜密的分析,笃定固守原址,不再考虑转租办公场地,制定优惠政策,招募合伙人和律师加入。大家上下一心,倾力四处联络,哪怕人家只表示想来看看,无不受到热情邀请。接待者全程讲解、详尽介绍,甚至自掏腰包请人家喝酒吃饭。

早在1997年,北京市律师协会为了引导行业全面发展,开始倡导文娱体育活动，以增加律师事务所凝聚力，增强律师队伍团结、进取、健康向上的良好风气，相继举办过围棋比赛、足球赛、篮球赛、保龄球比赛，由此带动律师积极投入全民健身运动，强健体魄，以便能够精力充沛地投入工作。

律师平日不会天天坐在办公室工作，他们需要推销法律服务业务，与服务对象联系、商谈、分析法律问题、整理案卷、核实证据事实、出庭发表法律意见。律师助理要协助律师做好案头各项准备工作，还要从事一些繁杂琐碎的事务性工作，比如复印材料、联系法官、联系当事人、送取材料、整理交谈记录等。在传统的工作模式下，律师独立办案，单打独斗是工作常态。

杨凯深知律师往往关起门来做业务，相互交流极少。中闻律师事务所既然倡导民主理念，设立起民主管理制度，若延用老一套管理方式，放任律师按照以往工作惯例行事，互不熟悉彼此的业务能力、性格脾气、做事风格，无法构建竭诚合作的氛围，更难以形成整体的凝聚力。

创造机会让同事们加深彼此的工作情谊及私人友情，这对于形成融洽和谐的集体氛围极有益处。第一届执委会成立不久，即发出通告，确定羽毛球场馆、乒乓球馆租赁时间，确定比赛时间，中闻律师事务所拨出专款促成大家难得的活动聚会。通知发出后大家反响热烈。

新成立的执委会在当年第二次会议上就提到了律师事务所文化建设与公益话题，但律师事务所文化建设的具体内容及工作进度是什么，后续文件没有反映出来。接下来，执委们在4月例会上讨论了组织户外踏青拓展活动和体育活动的事项。执委们清楚地知道，大家虽然能在网络上畅所欲言，但平时在外奔波，各忙其事，需要有机会在适合的场合面对面地交流。

杨凯想着怎样提升士气、打破年初合伙人大会那种沉闷气氛，提议到远郊山区结合年中合伙人大会搞一次社会风行的拓展活动，让大家互相了解，互相认识，增进友谊，鼓舞信心。执行委员会赞同这一建议，专门聘请一家拓展公司对活动全程进行了设计。

2014年6月6日，北京市怀柔区的石门山风景区，蓝天白云，空气清新。

中闻律师事务所第一届执委会一个月前讨论商定的拓展活动在这里举行。中闻律师事务所拓展团队举着旗帜，统一着装，分组结队，竞比攀山，自助晚餐，星空篝火，唱歌跳舞，欢声笑语。出发前，大家相互之间十分陌生，拓展活动过程中激发出团队成员之间热烈的情感并结下难忘的友情。

第十一章 扭转颓势

怎么想到把拓展运动安排在合伙人大会日程里？

拓展运动起源于二战期间的英国，后来经过有志者将管理心理学、组织行为学以及发展心理学等相关学科的理论融入其中，研发出一套适应企业的管理规范和团队建设的课程，很快风靡整个欧洲的管理教育培训领域。

拓展运动是一种典型的户外体验式培训，在挑战性项目的设计中以实现团队成员协作、发掘个人最大潜力为最终目的。

拓展活动第二天上午，预先安排的律师交流会议召开。几位新加入中闻律师事务所的合伙人先后站在台前自我介绍，大家其实在前一天的拓展活动中已经熟识了。

杨凯代表执行委员会在改制后首次在年中会议上作了半年工作报告，向大家汇报并介绍了整个律师事务所经营情况、未来工作和发展目标。监事会主席温进也作了半年工作报告。接下来，大家分组讨论公共团队建设，各小组讨论气氛热烈，然后推荐发言人到大会发言，介绍各小组经整理后的讨论内容。

吴革主任最后发言，他请大家相信，中闻律师事务所一定会坚定不移地按照民主办所的既定方向走下去。

拓展活动表现出高涨的人气和团结的氛围，让执委会、监事会成员深受启发，意识到文体活动在促成人与人之间和睦相处、激发集体主义精神方面具有多么显著的作用。律师们在工作时各有各的秉性、思维方式和行事风格，而集体活动讲究互相信赖、密切合作，使他们得以分享共同的快乐，在潜移默化中增强人们对组织的向心力。

相比年初合伙人大会聚餐时的惨淡场景，这一次算是正经八百地开了一次像样的合伙人会议。这次召开的合伙人大会成为改制发展进程中的一个转折点。

大家为救治李波捐善款

"大动荡那时，有一个人是应该大书一笔的。"

温进提起的那位要大书一笔的人叫李波，他是第一届执行委员会选出的轮值主席。李波不是老中闻律师事务所的律师，是从别的律师事务所合并过来加入中闻律师事务所的。

因你而不同

据温进回忆，"李波办事作风雷厉风行，比较果断利索，大家觉得在动荡时期，需要有一个说话比较硬气的人"。

李波比温进小10岁，温进遗憾李波年过半百患病去世，"他跟我一样认同特殊的普通合伙，相信中闻律师事务所要想办好必须得走向民主，人人当家作主才行，不能还是一个人说了算，也不能少数人想违背大家利益就弄什么东西出来都得听他们的。最终，大家选李波做了第一届的执委会主席"。

李波也是王国华敬佩的人。在中闻律师事务所那段特别困难的日子里，李波律师的刚毅性格成就了当时在旁人看来难以做到的事情。高级合伙人退伙离开时要签署一个免责声明和保证书，声明内容对留下来的人来说特别重要。按理说，退伙的高级合伙人内心是不情愿签署此份文件的，但在李波的坚持和说服下，他们在那些文件上签了字。

"李波在整个交接过程中担当了一个非常重要的角色，应当说做到了鞠躬尽瘁，对中闻律师事务所后来的发展起到了至关重要的作用，我觉得中闻律师事务所的每一个人都应该铭记李波律师做出的贡献。"

王国华动情地回想起在艰难岁月里与李波共事的情景，让他心生敬佩的是，李波把律师事务所的利益看得比个人利益更重要。王国华说，如果没有李波的付出，当年那些复杂的交接事项可能难以顺利完成。

杨凯在北京市律师协会工作时与李波有过交往，因为李波在北京市律师协会侵权法专业委员会任过职。李波担任首届执行委员会轮值主席仅仅主持了4个月工作，就因病情加剧无法继续工作。

"我们当时的工作重点，就是怎么把剩下的人心稳定住，别再流失了。李波是老北京人，性格比较强势，心思比较细，做事果断，那个时候需要强硬手段，否则的话，有些事情当断不断，没有一个能拍板的人也不行。"

杨凯也认为李波在改制初期的关键阶段起到了稳定整个律师事务所人心的重要作用。尽管杨凯于2013年6月就来到中闻律师事务所入选临时执行委员会委员加入制度建设小组，投入创设新制度的艰辛工作之中，但他直到9月才从另一家律师事务所彻底办妥退伙手续。

杨凯看到大动荡后居然大厦办公场所曾经人来人往的热闹景象变得一派萧条。

"说实话，最紧要的是先解决生存问题。"

第十一章　扭转颓势

回想当年，杨凯说："我们曾经想过是不是缩小办公面积，实在不行，就把半层办公场地转租给别人，甚至退租。临时执委会工作了将近半年，把特殊普通合伙的改制方案，包括公共律师团队建设方案、取消私人助理、逐渐取消提成等制度雏形都落实了下来。"

这个时候，有同事发现李波气色欠佳，让他去医院查一查，诊断结果出来后，李波不想让大家知道，只告诉了几个人。杨凯记得接听一位同事告知李波入院疗病的消息时，他正乘坐地铁刚刚抵达林翠桥那一站。走出地铁站，他赶紧给李波打电话询问，听到手机那边李波情绪低沉的回应：

"哎呀，这回病得有点厉害，出大问题了。"

"哎，真有那么严重？"

"我得休息，干不了了。嗯，咱俩见个面，聊聊吧，明天！"

杨凯与李波在紧锣密鼓的改制进程中熟悉了彼此的个性，哪料到眼下正处于最紧张的关键时刻，怎么突然冒出这么倒霉的事情来！李波挂断通话，杨凯愣怔片刻，窝在地铁站外墙的角落里心绪翻腾，很不是滋味儿。

第二天，杨凯赶到李波办公室见他，两人简单聊了聊病情。李波说自己原来肝部就有毛病，大夫叮嘱他时刻留意体检结果，最近太忙，就没顾上，有点不舒服也没当回事儿。老婆觉着他不对劲儿，陪他去医院检查，确诊癌症晚期，家属当时就受不了了……

李波一边在办公室里收拾个人物品，一边对杨凯说，"我也没什么给你留纪念的。有一坛浙江老酒，就算是给你留个纪念吧"。杨凯满心感伤，嗫嚅着说不出来话，最后只能讲几句安慰的话，"赶紧治疗，别的事儿你就甭管啦"。

李波家中有个刚上四年级的孩子，妻子是小学音乐老师，本来要去哈萨克斯坦参加一个国际音乐节，丈夫病重住院，她没能成行。李波不愿让更多同事知道病情，谢绝大家探视。杨凯两个月后去医院看望，见李波躺在病床上，整个人瘦得脱了形。

执委们知晓李波申请辞职的原因，深深为这样一个好同事身患重病感到惋惜。大家想着如何为他力所能及地做些什么。吴革在会上提议，律师事务所是每个合伙人的，发生了这种事情所里要和李波共同面对，他劝慰李波不要考虑其他事情，先入院治疗，如果不能创收，可以中止费用承担，保留他的执委和合伙人身份。

执委们虽然都祈盼他能够早日康复，但考虑到李波有过叮嘱，不愿病情让更多同事知道，执委会按照制度规定的决议程序，经表决搁置李波辞去执委会轮值主席职务的申请，保持李波的合伙人身份，还通过一项动议，律师事务所和执委委员、监事委员分别拿出一定数额的钱款作为慰问金送到李波病床前。

但后来李波身患重病的消息还是不胫而走，有人向执委会提议成立李波律师关爱小组，执委会接受了这项提议，希望能在李波治疗期间让他及家人感受到这个集体对他为律师事务所做出的贡献给予真诚的感谢。

知悉李波病重的消息，几十位同事从各自繁忙的业务中抽身，争相前往医院排班陪护。有些律师刚刚入所，甚至从没见过李波，也主动申请排班去病房守护。李波躺在病榻上，眼前时有素未谋面的同事微笑着站在床前，像是熟识已久的朋友。

李波无法继续工作，杨凯在执行委员会中被推举为"临时召集人"，代行轮值主席职责直至2014年岁末。杨凯说，"我们为救治李波动员募捐，每个人多多少少都捐了款"。

中闻律师事务所不断向北京市律师协会汇报李波的工作成就和病情进展，北京市律师协会破例专门召开了一次会长会议进行讨论，为李波授予"北京公益标兵"荣誉称号，并将这一荣誉及时送达给病床上的李波。

入秋时节，杨凯正在云南出差，一位同事打来电话，告知李波"走"了。他立即将开庭事项委托给同去的律师，订机票从昆明赶回北京，参加李波的追悼会告别仪式。北京市司法局、北京市律师协会的有关领导也前来参加了追悼会。

身边一位好同事不幸病逝，让中闻律师事务所的所有人对生命、幸福、工作的意义经历了一次扪心自问的审视。从李波入院就医到去世，其间有那么多同事放下私事、工作事务，表现出同样的热忱、善良、同情心去病床前日夜陪护。病房里的这一幕幕情景让执委们感动。

大家意识到，这不仅仅是同事们对李波个人付出的关爱，也传达出中闻人对中闻律师事务所摆脱困境、走向未来的强烈祈盼。

股价上涨仍被抢购一空

据穆振辉介绍，当年中闻律师事务所执委会经过充分讨论酝酿，多次召开会

第十一章 扭转颓势

议统一认识,合伙人大会最后投票时以高票形式确定要施行特殊的普通合伙制,这项制度要实现所有合伙人平等的理想,包括股权发放。所有购买股份的合伙人按股份比例投票决策管理事项。

"为了改制,我们在制度建设上花费了半年时间,借鉴的是合伙企业法、公司法,以人和为主,加入公司资合这么一个因素。"

中闻律师事务所重负在肩,吃力爬坡,挺直腰杆的日子还未到来,但这里的人气开始慢慢积聚。有意加盟的律师一个个前来洽谈,认同这家律师事务所制度理念之后便签订入伙协议。

第一届执行委员会、监事会执政第二年,依章程规定要在来年1月召开合伙人大会,执委会向大会递交了2014年财务决算和2015年度财务预算报告,首次采取投票方式表决。结果,这一年度的财务决算未获通过,经认真修改后于2015年7月合伙人大会上表决通过,两次表决体现了民主制度的切实运行。

中闻律师事务所民主制度不仅仅作用于全体合伙人,从2015年开始,决策层邀请公共律师团队全体成员旁听每一次合伙人大会,并在会前组织公共律师团队举行专场讨论会,多位合伙人与团队成员共同商讨议题,让大家充分交流思想,参与大政方针的制定以及完善管理事项。

大动荡发生后第二年,中闻律师事务所业务收入比前一年略有增长,其中掺杂着诸多复杂因素。此后,局势好转的迹象越来越明显。2015年底,同比统计数据增加数额令人鼓舞,2016年同比数据翻了一番。

租赁合同三年一签的时限一天天逼近,中闻律师事务所提前已知办公场所租价又会上涨。是续租、迁出另寻租处,还是买房?执行委员会和监事派出几批人马考察过一二十处办公场所,耗费了不少时间和心思,反复研判,最终相中一处楼盘,但大多数合伙人不愿迁走,此事交由合伙人大会讨论时被大家投票否决。

两年半时间说长不长,说短不短。让杨凯和中闻律师事务所决策层成员有些意外的是,2016年底,曾经空空荡荡的合伙人办公房间和律师工位基本饱和。执行委员会决定2017年重新装修公共区域,增添60多个工位。到年底,工位再度饱和,急需增添办公空间。

中闻律师事务所2016年财务决算报出令人欣喜的数据,杨凯在执行委员会会议上提出股份分红,借此明示律师事务所经营利好、发展健康,他将这项提议交由合伙人大会投票表决时获得一致认可。

决策层与财务部门经过多次认真测算，慎重确定分红股价，同时宣布财务透明、账目公开，认购股份的律师不仅能知晓自己可获取多少分红结果，还能够看到其他认购者的分红结果。这一举动一石激起千层浪，反响强烈。

2017年中闻律师事务所业务收入同比数据在翻一番的基数上还多出几成。

中闻律师事务所虽然不是第一家由合伙制改为特殊的普通合伙制的律师事务所，但在律师事务所内部发行股份、合伙人通过购买股份获得股权从而拥有相应表决权，这在律师业界可谓大胆创新之举。

追忆最初发售股权时，吴革说大家认购数额不及半，当时他与年轻律师就此制度交流比较多，有人觉得很好，说这个制度规定得很清楚；有人很重视，认为有股权才真正有话语权和财产权；有人觉得无所谓，持观望态度；有人质疑律师事务所分股权到底算什么，他不会给律师事务所投钱。

"我们一直在动员大家购买股权。2017年哪一天我忘了，消息来了，说是股权被抢了，一下子全部认购完了，我很高兴。"让吴革感慨的是，"我们从2013年底开始认购股权，一直留着，一直等了三年啊，说白了，只有少数信念坚定的人硬撑着，别人都不认也不购，你打折我都不购。大家看到原值上升，都觉得有意思了，等大家来抢购时，有人买不到了，2017年9月买不到我们的股权，也分配不到股权，我们到2018年才增发"。

曾经余下的一大半无人理睬的股权被大家争抢，前后境况变化之大犹如天壤之别。再一年又分红，股价上调，很快被认购一空。吴革闻知这个好消息，第一时间给杨凯打电话，说他根本没有想到大家认购这么踊跃。

2018年股价又涨，再被大家痛痛快快认购一空。抢购股权的背景缘于中闻律师事务所从低谷深处挣扎着拼搏出来，业务收入大大提升，士气高昂，不利局面大大扭转。

第十二章　公共律师团队

2013年11月29日，中闻律师事务所合伙人会议在《中闻律师事务所章程（草案）》出台的前一天审议通过了《中闻律师事务所公共律师团队管理办法》。这项制度共有48项条款，对应入所的三类人：公共团队律师、公共团队实习律师、尚未取得律师执业资格的法律人才和其他专业人才。

这意味着中闻律师事务所全面推行公司化运作，着手吸引优秀人才，开始了自身探索的实践。

着力攻克两大制度痼疾

要打造"一流公共律师团队"，中闻律师事务所的理想蓝图应怎样绘制？

2013年12月30日撰写的《北京中闻律师事务所普通合伙制改革方案（讨论稿）》中给出了原则性的描述：

"建立公共律师团队服务级别，既做到效率优先，又兼顾公平；既要求团队实力的整体提高，又兼顾团队成员的个性化发展需要。"

筹划这项改革之前，中闻律师事务所一方面派人外出，向具有成功实践经验的律师事务所虚心求教，一方面引入层级结构扁平化组织的先进理念，结合已有的管理经验，构想打造一流公共律师团队的具体方案。

在改革设计中，中闻律师事务所建立的公共律师团队要覆盖各业务领域，统一签合同，统一培养，由此形成律师事务所内的法务市场。若合伙人需要某一领域的公共律师协助服务时，可以便捷地找到合适的律师人选，完成交办的工作业务。公共律师按小时计算薪酬，由律师事务所统一支付。这样，既着眼于调动公共律师团队成员的积极性，发挥他们的专长，又能帮助合伙人高效率地完成需要办理的业务。

2014年4月1日，中闻律师事务所公共律师团队正式组建并启动制度运行，这项制度要越过两道大坎，一道大坎是取消提成律师，另一道大坎是"解除私人武装"，即取消私人助理律师。这两道大坎可谓实现公司化目标的障碍。

改革开放之初，无论是在法律顾问处执业的律师工作者，还是在国办制律师事务所执业的律师，对"小作坊"那种"师傅带徒弟"的情形都有切身体验。

"小作坊"式作业方式被称为单打独斗或单兵作战，即使是后来出现的"律师小团队",也未脱开"小作坊"的作业方式。当年普遍采用的这类作业方式在经济社会的迅猛发展下越发跟不上客户日益复杂的法律服务需求。且不说每年国家法律、国务院行政法规、地方性法规,以及部颁规章成批陆续颁布,再加上一些制度修正、废止,律师个人的法律素养、知识更新、学习能力不断受到信息浪潮的冲击,不消说"万金油"式的执业律师难以应对,即便是术有专攻的律师,也感到不断学习新法新规带来的巨大压力。

一揽子提供多领域、不同类型的法律服务,既是大客户上门求助的普遍心态,也是律师事务所欲以良好服务满足大客户实现求助目的的目标,这就亟待通过建立内部紧密合作制度来突破接受综合业务的瓶颈。其中的关键是要明晰如何调顺合伙人与合伙人、合伙人与律师、律师与律师多层互动的协作关系;以及如何针对多方协作的时间流程、程序交叉、证据辨析、法律研判、综合分析给予准确、恰当的统筹调度,促生高效率、高质量的法律服务方案及服务成品。

金杜律师事务所提供了这样的实践经验,这家律师事务所管理委员会主席王俊峰在道可特法视界网页刊登了一篇题为《机制的力量——公司制律师事务所之路系列(一)》的文章。据文中介绍,金杜律师事务所采取"公司化"和"一体化"的管理模式,所有人员由事务所统一调用,所有收入由事务所统一支配,所有重大事项由事务所统一决策。

作为金杜律师事务所主要创立人,王俊峰在文章中披露:

"目前大多中国律师事务所采用提成制,公式简单。金杜所在分配上杜绝提成,为律师之间的分工协作提供了良好的环境,从根本上解决了'提成制'对事务所发展的束缚和局限,而金杜所的客户则从中直接受益。在遇到跨专业的业务需求时,相关领域的律师随时可以组合起来提供跨部门的支持和协助,以确保客户获得精准而全面的法律服务。"

建立健全合理的权益分配、财务分配制度是"打造一流公共律师团队"的关键,无论简单佣金或费用分摊,还是分享所得利润的复杂计算。如何制衡合伙人一心争抢高利润致使协助其工作的年轻律师无奈"被剥削"的压抑;如何改变个人能力不足却独占案源,拒绝转给律师事务所里更具专业能力的其他律师办理的情形?这需要在实践中悉心摸索,确立一套立体的制度运行系统。

第十二章　公共律师团队

"二八现象"困扰律师业界

"二八现象"称为"二八定律",也称为帕累托法则(Pareto's principle)。

这个定律源于意大利经济学者巴莱多偶然注意到英国人的财富和收益模式在数学上呈现出一种微妙的稳定关系,人们还发现生活中存在许多这种数学上的微妙的稳定关系,"二八定律"被广泛应用于社会学及企业管理学研究中。

中闻律师事务所酝酿改制之前,中国广播网记者在2007年参加一次会议后报道了这样一条信息:

"目前,上海律协一个关于青年律师的生存调研在律师界影响很广。该调研项目样本逾千人,被访对象年龄集中在25~35岁,在他们中,年收入低于5万元的比例达60%,82.8%的受访者认为目前收入低或很低,特别在执业前两年,很容易入不敷出。"

2008年12月6日,第四届中国青年律师论坛在广东省珠海市北京师范大学珠海分校召开。此次论坛由中华全国律师协会主办,全国律协青年律师工作委员会、广东省律师协会、中国律师杂志社、中国律师网承办,法制日报、珠海市律师协会、北大法意、北京汉卓律师事务所协办。由此可见,主办人、承办人和协办人的层级规格都不一般。

中华全国律师协会会长于宁在论坛期间接受法制日报记者采访时,针对我国法律服务市场发育不足的现状,忧心忡忡地坦诚相告:眼下律师行业呈现出的"二八现象"尤为突出,即20%的律师占有80%的律师业务,80%的律师却在激烈争夺着20%的市场份额。他认为这种现状不仅影响着青年律师,还影响着整个律师行业。

同年12月24日,最高人民检察院门户网站正义网刊出一篇《青年律师的风光与无奈》报道,文中透露:

"据了解,国内首次针对律师生存状态的问卷调查显示,42%的律师一年办理的诉讼案件数量不足10件,62%的律师一年办理的非诉讼案件数量不足5件;从业3年左右的律师平均年工资在三四万元左右,除去办案成本后,收入只够'糊口'。而且,还有一些'新律师'由于找不到案源,在相当长的时间内没有任何收入。"

北京市律师协会青年律师委员会曾经给出如下统计数据：

截至 2008 年 12 月 31 日，北京市律协 28 岁以下律师有 1353 人，28~35 岁的律师有 5781 人，36~45 岁的律师有 6956 人，45 岁以下的律师共有 14 090 人。显而易见，45 岁以下的律师在全市 18 635 名律师中达到 75% 以上。

年轻律师初入道，没人脉、没客户、没案源，渴望机遇降临，渴望良师引领，渴望快点积累实务经验，更渴望生活从容，拥有尊严、名望和社会地位。

有青年律师喟叹，"没有客户委托就没有收入，别指望天上掉馅饼。接到一单委托，别高兴太早，还得奔命寻找下一单委托、下下单委托"。还有青年律师调侃，"执业始终要保持'狼性'，哪怕不得不'低三下四'，也要把委托攥进手心"。

由于青年律师中普遍存在案源难觅、专业方向不明、业务技能不足、缺少有经验的律师指导和培养的生存现实，一些人对前途感到迷茫和困惑。

如此窘况持续多年，而法律服务市场竞争日趋激烈，这个市场还有很多不完善的地方，青年律师仅凭个人之力，难以准确作出专业定位的职业规划，那些要青年律师"背负职业精神""认清使命责任""刻苦练好内功""精神坚强"的官话，此时显得格外刺耳。

事实上，律师生存状态呈现出的"二八现象"短期不会消失。中闻律师事务所在筹划公共律师团队这项制度的设计时绕不开遇到的种种现实障碍和困难，改革者只有在长期实践中锲而不舍地不断发现问题、解决问题，才有可能向着理想境界迈进。

薪酬制度权衡内外公平

横亘在改革者面前的重重困难考验着他们到底有多大的毅力和智慧。

中闻律师事务所把进入公共律师团队的人员划分成法务秘书、律师助理、主办律师、主管律师、资深律师、专业顾问、薪酬合伙人共七个层级。

怎样实现"既做到效率优先，又兼顾公平"；怎样达到"既要求团队实力整体提高，又兼顾团队成员个性化发展需要"的立誓理想？《中闻律师事务所公共律师团队管理办法》以近 4000 字的篇幅，列出原则宗旨、聘用条件、聘用程序、计划管理和级别划分、考核与晋升、督导和培训、工作职责和工作日志、薪酬待遇、解聘共九大章节，构建出公共律师团队制度的第一个模板。

中闻律师事务所公共律师团队组建进入第 10 天，中闻律师事务所执委会会议将公共律师团队建设列为重要讨论内容，会议决定公共律师团队成员自行创收，在确定其业务收入税前留存比例后将其余收入按照律师级别折合成小时数计算工资。

公共律师团队成立满月之时，公共律师团队工资标准、工作小时标准成为执委会讨论重点，由此引出公共律师团队如何与全体合伙人更好地对接的问题。

依据既定公共律师团队的设计理念，要促成律师事务所内部活跃的法律服务市场，公共律师团队的每个成员都应有机会接到不同合伙人指派的工作。执委们判断，合伙人与公共律师团队可能不适应这一全新的合作方式，会议强调要加强合伙人和公共律师团队成员的对话，促进双方加强沟通。

前来应聘公共律师团队的年轻人最关注的，也许是这项制度中的"考核与晋升"和"薪酬待遇"两章内容：

阅读"考核与晋升"一章，逐级晋升的规定会让应聘者不能不盘算一番，通常情况下，若一年晋升一级，从法务秘书升至薪酬合伙人需要 7 年时间。倘若团队成员工作表现及业绩特别优秀，经所在业务部过半数薪酬合伙人推荐，能够申请晋升两级。

阅读"薪酬待遇"一章，公共律师团队成员实行不定时工时制，其薪酬由月薪和超额奖励两部分组成，月薪包括基本工资和绩效工资，月薪标准参照中闻律师事务所制定的《聘用律师薪酬明细表》中列明的标准执行，未完成月度基本工作指标或超额完成月度基本工作指标，均载明如何支付相应薪酬。考核公共律师团队成员工作的主要指标是"工作小时"，这一指标以年度统计的标准要求不低于 1200 小时（每月 100 小时）计算。

薪酬制度作为人力资源管理体系的核心部分，如果设计得当，能够调动和激发人们实现自我价值的潜能，让人们努力将精力和时间投入到增长学识、技能来积累经验，以创出工作佳绩。评判薪酬决策的优劣，要看制度设计能否在"外部公平"与"内部公平"之间找到最佳的权衡点。

不论是农民、企事业单位职工，还是国家机关干部，若与乡亲、同事、亲戚、朋友聊天时提起收入或薪酬，往往免不了比对一番，或乡村与城市对比，本企业与其他企业对比；或本单位与外单位对比，家庭与家庭对比；或同龄人与同龄人对比，同事与同事对比，同级别与同级别对比。比来比去，比别人高些，会让人感到满足；比别人低些，会令人感到郁闷。

从薪酬管理的立场出发，管理者在运用有效薪酬制度吸引人才的同时，还要会运用技能、资历、绩效、职责、工作负荷、工作量等考核指标强化薪酬对入职、入聘者的激励效能，不能不兼顾被管理人群中多数人的公平感受。

一般说来，人们对薪酬不满意似乎是普遍存在的社会现象。依据心理学的分析，那些聪明的、争胜欲望强的、个性突出的人往往高看自己、低看他人，容易在个人付出与薪酬获得的计较中心理失衡。

毋庸置疑，选择高于市场水平的薪酬标准将会在人力资源市场上形成较强的竞争力，有利于吸引和留住优秀人才，拥有较强的人力资源竞争优势。然而，解决薪酬的内部公平性更需要精心分析筹划，如何让律师事务所入职、入聘者获得的报酬与工作努力、业绩贡献对等，如何让律师事务所能力相当的人员之间报酬均等，不是一蹴而就的事。

公共案源匮乏令人焦虑

2014年初春，中闻律师事务所公共律师团队发出招聘公告，应聘人员面试工作完成后，公共律师团队组建完成，管理制度随之确立。

很快，"打造一流公共律师团队"的誓言遇到了案源和人员不对等的现实困难，尽管中闻律师事务所拥有一批年轻优秀的律师，具备加入公共律师团队的条件。接着，又出现如何保证新加入公共律师团队的律师合理收入的问题，继而牵涉到是否需要限定公共律师团队人员数量的问题。

2014年3月17日，中闻律师事务所执委会讨论通过了《中闻律师事务所公共案源管理制度》。在此两年前，公共案源成为北京律师业界的热点话题，北京盈科（上海）律师事务所执行主任董冬冬谈及盈科律师事务所公共案源的理念时认为：

"公共案源与律师事务所的品牌相关联，律师事务所若没有足够的品牌知名度支撑，很难通过市场化的渠道获得优质客户。"

据董冬冬介绍，早在2011年，盈科律师事务所的公共积累为律师事务所的规模化、专业化、品牌化和国际化建设创造了原动力，一年投入几百万元的品牌运营费用全有赖于公共积累之功。这位执行主任有句话讲到了中闻律师事务所的痛处：

"对于律师事务所而言，提高公共案源占业务创收的比重，律师事务所的业务才不至于因个别大合伙人的离开而创收枯竭，更不会因合伙人的离开而丢掉积累的公共客户。"

《中闻律师事务所公共案源管理制度》公布时全文不足千字，文章首先划分出案源客户的范围，然后确定由行政部门对公共案源客户实施管理和服务，继而拟出公共案源的分配办法。这项制度的条款给人感觉比较粗疏，似乎是在急迫情形下赶制出来的。这份制度文件递交执委会讨论时，与会者们意见有分歧，但在界定公共案源概念的认识上高度一致。

制度制定是一码事，怎么解决公共案源匮乏的难题，令执委们焦虑。有执委提出找媒体营销律师事务所品牌，有执委提出采用会议营销方式。接下来，有关公共案源制度的商讨一直持续了整整3年，足以见得着实不易。

大动荡后遗症的影响没有消除，数十名律师退伙空下来的房间和工位一时难以填补。虽然中闻律师事务所对外招聘合伙人和公共律师团队的政策具有"低洼效应"，来考察的律师人数也不少，但真正迈进门槛的人并不多。

显而易见，这家律师事务所半年前发生过的大动荡使应聘者心里存有犹疑，招聘条件的确优于不少律师事务所，但是应聘者需要慎重考虑的是，到底值不值得把自己的前程赌在这里。

2014年5月4日，中闻律师事务所召开的执委会会议从当天14时一直延续到22时30分，如此"马拉松会议"前所未有。7名执委讨论的困难议题多而又多，以至于会议记录足足超过5000字。

既然解决困境的大前提在于尽快引进更多律师，那么是不是要出台更具吸引力的政策，比如在经营策略上要不要降低合伙人费用，要不要降低工位费，降低比例是多少；要不要提高留存比例，提高比例是多少；公共律师团队的案源在哪里，要不要给提成律师开辟入所的通道……

执委会本该每月召开一次会议，讨论决定有关事务所运营的重大事项，若另行召开会议，要在会议召开5日前通知全体执委委员。"马拉松会议"本是5月例会，这次会议结束后第五天，执委会又召开了一次临时会议。这次临时会议紧接着例行会议召开，花费了近3个小时。

临时会议如此急迫地召开，源于公共律师团队成立一个月的工作数据统计出来了，统计数据中包括公共律师团队成员接收了多少小时单，完成了多少小时的工作，需要支付多少工资，等等。无论怎样，毕竟如此真实的情况让改革决策者看到了第一张"考卷"。

坚持顾及新加入的律师的合理收入，就不得不面对案源和人员不对等的棘手情况，难点在于要不要暂时限定公共律师团队的人员数量。尽管执委会没有考虑限制名额，但律师事务所财务状况以及新进律师薪酬收入状况逼迫决策者不得不拿出精力和时间综合考虑。

各种各样困难层出不穷

考察中闻律师事务所制度全套体系不难发现，在律师事务所制定出台的重要制度中，《中闻律师事务所公共案源管理制度》当属最早一批制度文件之一。公共案源匮乏的情形势必支撑不起律师事务所做大做强的雄心，影响到"专业化、公司化、规模化、国际化"理想目标的实现。

鉴于"马拉松会议"上有执委提出：公共律师团队的公共案源不足，主要在于营销方面没有作为。后继的临时会议立即作出针对性部署，确定具体改进措施。执委会决定成立招聘小组，由专人负责招聘，改变以往发出公告坐等客户上门的被动状态。

业界人士都知道，提成律师拥有的客户和案源是个人的，他们与律师事务所之间是挂靠关系，为客户提供法律服务之后分钱给律师事务所。律师事务所"门槛"过低会导致一些混杂的低端业务搅乱公共律师团队专业化的协作机制和发展方向。

临时会议后，一份针对提成律师财务政策进行调整的制度方案得以拟出，传送给每个执委修订成稿，再经表决后执行。这两次会议之后，执委会相信"以后的情况会慢慢好转"。

第十二章 公共律师团队

公共律师团队组建 5 个月后，制度执行中仍面临许多问题和困难：有执委提出公共律师团队建设要预防权力过界，避免行政化倾向；有执委提出要维护公共律师团队成员与合伙人互相选择的正常关系，不允许强迫现象出现；有执委发现引进提成律师"门槛"过低，影响到律师事务所对公共律师团队及合伙人的管理。

对于那些刚刚取得律师资格和律师执业资格的年轻人来说，公共律师团队这个组织着眼于他们希冀迅速成长的心愿，以公司化的组织方式把缺乏实践经验的年轻人聚合在一起，给他们自主选择专业方向、自愿选择合伙人或接受合伙人合作邀请的自由，以期形成规模化的彼此协调、配合、补充、替代的专业关系。

事实上，公共律师团队建设存在的问题根深蒂固。

依据社会科学领域对"组织"的定义，"组织"是以人为基本构成要素的社会性实体，由此看来，就不能忽略作为组织的公共律师团队中的"人"所具有的自然属性和社会属性，与公共律师团队接应的合伙人也毫无例外地具有自然属性和社会属性。

毋庸置疑，人因对利益的诉求素来就有寻找捷径的欲望。

"师徒关系"的传统理念和旧习惯不仅体现在合伙人的作为上，也易被年轻公共律师团队成员认可。合伙人依个人意愿寻找熟悉的公共律师团队成员合作，公共律师团队成员想方设法与合伙人建立信任关系，这本无可厚非。但是，公共律师团队制度设计的目的是"公共律师团队的每个成员都应有机会接到不同合伙人的工作"。

公共律师团队建立临近一周年，收入低、未形成良性运转机制的现实，促使一些制度细节亟待调整。执委会、监事会召开联席会议，针对公共律师团队成员推荐制度、推荐人承担被推荐公共律师团队成员工作责任、工作小时最低标准与考核、公共律师团队成员劳动合同签订与解聘、严格核定提成律师年任务数额并执行清缴等诸多问题商讨对策。

2016 年 1 月 10 日的执委会、监事会联席会议记录档案保存着一份针对公共律师团队建设存在问题的讨论意见，涉及如下焦点问题：

——"现有的公共律师团队考核小时数能否提高？"

——"公共律师团队工位费能否体现到小时单中？"

——"加强对公共律师团队考核。"

这次联席会议决定，由公共律师团队成员以及财务和行政人员共同配合作出公共律师团队制度改革的新方案。在两周后的执委会会议上，公共律师团队建设存在的问题依然是讨论重点，执委们直面现实列出种种问题：

——"公共律师团队成员积极性不高"；

——"私下与合伙人合作"；

——"合伙人与公共律师团队合作和沟通机制不顺畅"。

提议的解决方案面对的问题有：

——"要不要取消公共律师团队成员的底薪？"

——"要不要适当提高公共律师团队成员的小时单？"

——"要不要将小时费率适当下浮？"

——"如何强化对公共律师团队成员的考核？"

——"要不要让公共律师团队成员将其空余时间、业务范围、报价提前在律所业务平台上公示，以便合伙人提前选择？"

营造互助互爱良好氛围

为何如此执着于探索公共律师团队制度建设？

中闻律师事务所早在筹划改为特殊的普通合伙执业形式伊始，就将公共律师团队看作是合伙人梯队的基本储备力量，并从长远发展的战略角度考虑，在制度构建中特别注重如何在实践中完善公共律师团队的人才培养模式。

从科学管理体系的角度观察，律师事务所合伙人在资历、客户资源、业务收入等方面是对律师事务所贡献大的人群。一般来说，合伙人在接受客户委托后，前期一些基础性工作需要付出时间成本，却不需要付出复杂的脑力劳动，倘若有助手协助其完成基础性工作，合伙人就能抽身承接更多业务，集中精力办理更复杂的事项，从而获取更多收益。如果合伙人事必躬亲，既消耗个人有限的精力和时间，对律师事务所而言，某种程度上也是对集体资源的浪费，这种情形与律师事务所实现"做大做强"理想目标是不相适应的。

公共律师团队制度经历整整两年的磨砺，一份《中闻律师事务所公共律师团队梳理及改革方案》分发到各位执委会成员面前。这份方案透露，截至 2016 年

4月，公共律师团队拥有74名成员，其中执业律师22名，实习律师12名，有法律执业资格但尚未办理实习的有5人，没有法律执业资格的有35名。

《中闻律师事务所公共律师团队梳理及改革方案》一一列出工作量不饱和、缺乏业务协调机制、成员对业务挑肥拣瘦、缺乏团队管理、重复引进公共律师团队成员等问题。由于现实中既有合伙人需要公共律师团队成员提供帮助时无法快速找到合适人选，又有部分公共律师团队成员对合伙人交办的工作随意挑拣，形成对公共律师团队成员买方市场的失控局面，导致出于引导专业化目的在公共律师团队设置的八个专业小组没有发挥明显作用。

执委会针对上述现实问题提出的整改方案内容包括：

——继续加强团队内部专业小组建设；

——坚持不同级别成员承担相应难易程度工作的要求；

——公共律师团队不同专业小组和所内业务部门紧密对接；公共律师团队专业小组成员优先保证对接部门合伙人交办的工作，不得无理拒绝，也不允许挑拣；

——业务团队内部决定公共律师团队成员的分配薪酬。

此时，中闻律师事务所决策层对成立两年的公共律师团队有着怎样的即时评判？

环顾整个业界律师事务所管理制度的现状，中闻律师事务所的公共律师团队制度呈现出与同行有所区别的特点，并且已经打下了一定的基础。尽管公共律师团队制度的优势还没能体现出来，但有待持续不懈地进行调整和完善。

《中闻律师事务所公共律师团队梳理及改革方案》出台未及一个月，又一份改革方案启动。以往公共律师团队制度改革总是由上而下，发现下面出现的问题，经调查整理材料向上汇报，经由决策层调整改革方案，制定具体措施。当公共律师团队成员人数扩展到几十人后，众多公共律师团队成员到底对于这项牵涉切身利益、牵涉安身立业、牵涉个人前程的制度有着怎样的合理诉求和积极建议，决策层难道不该俯身倾听吗？

2016年入夏时节，中闻律师事务所按照章程中每年7月举行最高权力机构——合伙人定期会议的规定，确定在7月7~10日在内蒙古乌兰布统举行定期会议。会议议程之外加进一项不同寻常的内容，这次会议除合伙人参加外，还邀请公共律师团队成员一同参会。在与会人员抵达开会地点当晚，行政负责人召集公

因你而不同

共律师团队成员举行了一次恳谈会。

这次公共律师团队成员恳谈会取得了预想的效果。恳谈会上搜集的积极建议和意见被纳入不久后出台的《公共律师团队政策梳理和改革方案》中。

入秋时节，执委会在就如何优化公共律师团队政策梳理和改革方案进行讨论时，明确"公共律师团队成员均应当加入各专业小组"，"作出承诺的合伙人必须保证每月最低签署55小时的公共律师团队成员小时单"，以及执行关于请假的公共律师团队成员工资和社保承担事宜制度等事项。

中闻律师事务所2016年度考核报告完成之后，针对考核不合格的合伙人、提成律师、公共律师团队成员如何处理，成为执委会会议上一项重要讨论议题，从而完善了公共律师团队制度建设又一项重要补充内容。

2017年第一个月结束之时，中闻律师事务所公共律师团队收入逾50万元，为律师事务所的发展作出了实实在在的贡献。这一数据显示出公共律师团队制度经过持续调整呈现出趋好走势，为决策层继续推进和完善相关制度鼓足了信心。

同年4月，公共律师团队成立三周年之际，最新版的《中闻律师事务所公共律师团队薪酬制度改革方案》与《公共律师团队结算制度办法》两份文件同时出台。这两份文件都是针对公共律师团队薪酬制度存在的问题作出的相应调整：

——公共律师团队成员七个级别每一级别的小时费率提升标准；

——确定律师事务所按月扣减公共律师团队成员的固定扣减费用的标准；

——取消公共律师团队成员每人月基本工资的安排；

——公共律师团队成员中的非执业律师对接的合伙人承诺为公共律师团队成员提供不低于55小时的月工作小时数；

——公共律师团队成员中的执业律师可对接合伙人予以月55小时承诺，也可自我承诺每月工作小时费用不少于2000元；

……

找准公共律师团队制度改革的正确方向，有一个不容置疑的判断是：

"合伙人与公共律师团队之间的利益并不矛盾，即使需要作出一些调整，不能将二者利益视为根本对立，从而让改革向错误的方向推进。"

公共律师团队建设初期存在的较大隐患虽然逐渐被消除或减弱，但是处在"3岁"婴儿期的这个组织肌体内仍存在不少妨碍"健康成长"的、与生俱来的"病因"，如"合伙人和公共律师团队成员对小时单的抵触情绪"等，解决方案提出几种设想：

——能否按照中闻律师事务所对公共律师团队成本核算后改由公共律师团队成员负担，合伙人开具的小时单全部让利给公共律师团队成员的模式改革？

——能否对公共律师团队成员自创案件也给予一个优惠，比如略高于合伙人的公共留存比例？

《中闻律师事务所公共律师团队薪酬制度改革方案》与《公共律师团队结算制度办法》的制定目的在于堵住此前公共律师团队制度出现的漏洞及弊端，这两份文件标志着公共律师团队的改革已进入深水区，更精细的改革思路体现如下：

——"相关费用不要出现叠加效应"；

——提高小时费率和留存要顾及律师事务所资源费留存比例；

——公共律师团队级别是否减少为律师助理、主办律师和资深律师三个层级；

——如何适当降低合伙人成本以鼓励没有律师执业证的公共律师团队成员；

……

不断探索优秀团队制度

穆振辉律师在担任第二届执委会执委期间，主要分工负责公共律师团队建设的工作。

据他回忆，执委会在2017年上半年对公共律师团队工作进行分析、总结后，根据团队整体发展情况进行了一轮公共律师团队薪酬制度的改革，下半年开始着手对公共律师团队进行更深入的改革，搭建公共律师团队专业平台，实现业务部实体化与公共律师团队专业化相结合。

2017年7月28日，中闻律师事务所年中合伙人大会在浙江乌镇黄金水岸酒店召开，北京总所及上海分所、郑州分所的部分合伙人律师参加了此次会议，会期3天，执委会主席杨凯、监事会主席温进分别代表执委会、监事会在会议上作了报告。

两份报告在介绍上半年各项工作取得成绩的同时，指出各项工作中面临的挑战与应对措施，全体合伙人对多个重要议题进行了讨论。会议期间，公共律师团队将如何深入改革作为重要议题在合伙人大会上进行了讨论，这一议题征求了全体合伙人的意见。

此时，公共团队改革历经三年半的时间，这一轮改革后，每位公共律师团队的成员可以选择一个主要的业务领域、备选一个业务领域作为辅助，进入到实体业务部门，从事更为专业化的工作。

原来，每个合伙人都在培养自己的业务团队办理业务，有了公共团队，所有业务领域里的律师要促成一个专业化平台，这个平台由合伙人牵头，联系案源，管理团队，公共团队律师跟随合伙人们办理专业的服务业务，发挥集体力量。

2017年上半年，执委会对公共律师团队整体工作进行仔细梳理之后，启动了有针对性的薪酬制度调整。从实施效果观察，调整后的公共律师团队薪酬制度促进了公共律师团队的工作积极性和工作效率。

下半年，执委会认为推进业务平台实体化的时机成熟了，整合业务部门为若干业务平台以促成深入改革目标的实现，同时进行公共律师团队的专业化改革。执委会相信，实现业务平台实体化，能够更好地带动公共律师团队的专业化发展。

多年以来，中闻律师事务所遵循民主化管理的理念和原则，在律师事务所内形成了集体友爱、情感联系、思想活跃的氛围，虽然大家来自不同地域，每个成员的生活习惯、生活方式、个人修养、思维方式、心理需求存在差异，但出于对共同利益的认同、对工作努力的尊重和珍惜、对报酬公平的认可，身处这个集体环境的人们积聚起越来越深厚的情谊。

公共团队制度创建伊始，着眼于制度建设、人才选拔、人才培养以及业务规划等多方面，针对出现的问题及时分析，持续进行调整和修订，由于难以获悉可借鉴的先例和经验，只能依靠群智群策摸索着向前推进。

公共团队被视为壮大合伙人队伍的后备力量，是中闻律师事务所可持续发展的重要保障，决策层对此战略要点坚信不疑。持续不断地对公共团队制度深入改革，就是要调动公共团队集体和个人的积极性。这件事说起来容易，做起来却要殚精竭虑。

倘若天天把律师的社会责任感和使命感挂在嘴上，不用心为后来的年轻人创设出合情合理的职业上升通道，势必拴不住人心、留不住人。中闻律师事务所的资深律师也都经历过年轻时代的打拼闯荡，谁都知道身处好的成长环境、有好的引路人，年轻人就能成长得更快。

怎样为年轻律师创设良好的执业环境，营造良好的专业氛围？

中闻律师事务所在这些年的摸索中，对"资本思维"这一概念有着逐渐深入的理解。所谓"资本"，不仅仅指钱，它是指对资源的"支配权"，通过资源支配带来更多的支配权叫"资本运作"，通过"资本运作"优化和配置社会财富，实现社会效率的最大化就是"资本运作"的社会价值。

众所周知，资本有趋利性和增值性，追求利润最大化，自然而然要促使社会资源的配置朝着效率、效益最大化的方向上行，而薪酬管理是企业吸引员工最有效、最直接的管理手段。年轻律师接洽入职时，首先考虑的是来这里能否求职生存、能否尽快成长；考虑具体收益会如何，需要付出几年时光才能获得基本满意的财富和地位，毕竟这些考虑均事关个人前途和命运。

让人欣慰的是，中闻律师事务所在2017年7月之前，已经有五六位公共律师团队成员晋升为合伙人。若依照公共团队七个层级设定的晋升时限，这些年轻才俊以其优秀业绩证明自己价值的同时，也证明不断完善中的公共团队制度确实为一些年轻人辟出了一条通畅的晋升之路。

2018年5月18日下午，中闻律师事务所举办迎新会。11名合伙人律师、17名公共团队成员、3名行政团队成员加盟中闻。中闻律师事务所主任、名誉主任、执委会主席、监事会主席，以及5名执委、3名监事和数十位合伙人到场祝贺。

"我们享受为梦想拼搏的过程，也享受彼此合作的激情，我们珍惜一路沉淀下来的理念与文化"，中闻律师事务所主任吴革在迎新会上表示，"中闻的成长来自于集体的成长；中闻的收获，也会回馈给每一位为之贡献的你"。

理想与现实仍存在差距

《北京市中闻律师事务所公共团队薪酬制度改革方案》经过1年3个月的调整修订，再以《关于公共团队薪酬制度调整方案的提案》递交2018年度第二次合伙人大会讨论表决。

讨论结束，四个分会场的讨论建议和意见经汇总后，反映出大家关注的具体要点：公共团队的利益是否能够得到保证；公共团队的案源是否充足；是不是需要建立一个提供案源的专业团队；如何带领公共团队做项目；如何降低合伙人的成本……

最终，表决结果是《北京市中闻律师事务所公共团队薪酬制度改革方案》未能通过。

尽管中闻律师事务所通过激励股权实现合伙人对律所行使股东的所有权、管理权、分红权。但是，公共团队的激励机制如何平衡与合伙人权益的冲突，如何让公共团队成员之间感到公平公正，一直是个难题。

有件往事在此形成鲜明对照：

周纳新是1978年恢复律师制度后北京地区第一个回归队伍的律师。她53岁那年从律师岗位调任北京市司法局副局长，1998年办理退休手续后选择去北京市第一家合作制律师事务所当顾问。合作制律师事务所不占编制，不要国家经费，依靠自己的经济收入发展，按收益分成，多劳多得。合作制打破了长年沿袭的"铁饭碗"制度，一时间让置于竞争环境中的律师备感危机。

恰在此时，与周纳新同期参加律师工作的31名老律师成批从任职的律师事务所退休，律师事务所给这些退休老律师发放退休金和福利时引起年轻律师不满，年轻律师认为自己是挣钱主力，凭什么把他们挣的钱拿给老律师发退休金。老律师则认为律师事务所是他们创建的，现在退休了，当然应该由所里给发退休金。双方矛盾冲突十分激烈……

中闻律师事务所章程规定"合伙人会议是事务所的最高权力机构"，每逢重大事项表决，其制度设定采取"直接民主"方式，即由拥有资格的权益合伙人审议后直接投票，决定提案通过与否。这种制度也被称为"多数的统治"。

公共团队成员人数再多，因不具有权益合伙人资格，无法参与重大事项表决，也就无法让一些对自己有利的事项进入议事程序。在众多普通合伙制律师事务所里，创始合伙人、高级合伙人与年轻律师的薪酬领域的矛盾始终存在，特殊的普通合伙制律师事务所依然避不开这类矛盾。

显然，如何校准公共团队薪酬体系定位、管理对象、实施手段，如何创设保护和提高公共团队成员工作热情的有效制度，如何建立稳定性与灵活性有机统一的公共团队薪酬制度，仍然需要中闻律师事务所进行持续不懈的摸索实践。

对中闻律师事务所的决策层来说，民主办所取决于多数投票者的意愿，公共团队成员要遵从少数服从多数的原则,而多数人由于资历、地位和身份的不同,是否都能够从律师事务所整体的长远利益着想,也为个人将来老年保障着想而让渡出一些权利空间,完善公共团队薪酬制度,这不仅需要决策层付出更多的时间和精力,也需要获得全体合伙人的共识。

中闻律师事务所提出的理想是坚持并逐步创新中闻激励股权制度,使未来的中闻领导人自然而然地从后来的青年新锐中产生,让当今的老年律师可以安心退休,并能够从中闻律师事务所股权中获益。

《关于公共团队薪酬制度调整方案的提案》未能在2018年度第二次合伙人大会上通过,从侧面反映出现实与理想还存在一定的差距。

第十三章 80后（一）

第十三章　80后（一）

新世纪第一个十年之后，"80后"大多迈过而立之年的门槛，他们从出生到成年的人生正处在社会大变革、大发展时期。有人对这一代出生的群体写下了这样的评判：自信、目标与成就导向强烈、平等意识强、不惧领导权威、追求自由平等。

大动荡发生时，中闻律师事务所一批已经入职的80后律师作出选择，决定留下来共渡难关。

立志要做专家型的律师

沈斌倜高考后从福建老家前往陕西咸阳，进入西北轻工业学院，就读服装设计与工程专业。入学第二年，这所学院更名为陕西科技大学，是中国西部地区唯一一所以轻工为特色的多学科性大学。

父母为女儿取名斌倜，寄托着对女儿未来人生的祈望，"能文、能武、洒脱、不拘束"。命运似乎沿着这样的轨迹运行。服装设计与工程专业方向是要培养"具有较高的文化艺术素养和较强的审美能力；掌握服装款式、结构、工艺设计方法和成衣化生产工艺技术的高级人才"。

沈斌倜本科毕业后返回家乡，考入厦门大学攻读法律，学成后进入上海一家外国律师事务所实习半年。获得硕士学位之前，她参加了国家法律职业资格考试，如愿拿到了法律职业资格证书。毕业时斟酌就业去向时，她觉得自己不适合在上海，便径直来到北京。

沈斌倜进入中闻律师事务所之前在北京两家律师事务所就职过，拥有近4年的执业经历，在此期间，她在劳动法领域里获得了较高知名度，国内外主流媒体如中央电视台、纽约时报、德意志新闻社、香港翡翠台以及北京多家媒体多次采访报道过这位有着专家型律师称号的年轻女性。

从2009年开始，沈斌倜每周写一篇劳动法文章发表，坚持不懈，由于劳动法涉及劳动者权益保护，具有一定的公益性质，她撰写的文章为众多劳动者和用人单位普及了法律知识，具有解决现实难题的作用，知名度因此大增，在网上拥有数量可观的粉丝。

"只要你热爱自己的事业，有自信能够做好自己的事业，把眼前的工作做好，那么你就会从中学习到很多的知识，这些知识是你日后成功的必备因素。"

沈斌倜以亲身经历叮嘱年轻律师不要太看重金钱，要发自内心地、脚踏实地地把工作做好，最后自然会得到个人想要的结果。

沈斌倜以合伙人身份加盟中闻律师事务所时，正值这家律师事务所与三家律师事务所合并不久，居然大厦的办公场所已经装修完毕，大家感受着人丁兴旺的喜庆气氛。此时，天恒大厦还留有办公房间，沈斌倜在天恒大厦办公，但没过多久，她就与其他合伙人一道迁入了居然大厦。

时隔两年，合并后的律师事务所潜藏的矛盾爆发，沈斌倜亲历了这场大动荡，"中闻高级合伙人当时处于分崩离析的状态，高级合伙人走得没剩几个，当时已经是朝中无人啦"。

经过留守下来的合伙人全体投票，沈斌倜被推荐成为改制后第一届执行委员会成员，在被选举出来的执委会成员中她年纪最轻，可谓临危受命。

在那个特殊时刻，沈斌倜看到绝大多数合伙人的房间空置了，她知晓律师事务所面临支付租金的巨大压力；知晓决策层考虑是否把办公场所让出一半面积转租给别人，或是变更办公地址以减轻财政支出的负担；也知晓关注律师事务所未来命运的许多人陷入焦虑。

"我是要做专家型律师的人，只关注自己精专的业务领域，像我这种人，在哪儿做不重要，不需要怎么怎么着。"

沈斌倜当时对中闻律师事务所面临的分裂态势并不敏感，认为大动荡不会对自己产生什么影响。尽管有人劝她离开，但她没有考虑离开的原因之一在于对吴革主任为人行事的了解和认可。

她是在北京大学参加公益性法律培训班时认识吴革的，吴革是那届培训班的组织者。她知道吴革担任着中华全国律师协会宪法与人权委员会主任的职务，还知道他在宪法人权领域策划并主持过许多重大事项。在那次培训期间，吴革了解到沈斌倜的执业情况后，建议她以合伙人身份加盟中闻律师事务所，沈斌倜应邀而来。

"吴革主任是一个非常值得敬佩的人，他是非常有担当的。"

吴革在大动荡过程中表现出的定力和气质，加深着沈斌倜对这位年长同事的印象。记得当初改制推行买股份，大家议论纷纷，有人说买完股份就会栽进去，很多人处于观望状态，即便股价降下三成也没有什么人买。她知道吴革买下10%

的股份，不管别人觉得这事靠不靠谱，沈斌倜看到吴革在这件事上坚持自己的理想和选择。她认为吴革这样做是有勇气、敢担当的表现，说明身为创始人的吴革爱这个律师事务所，不希望它倒下散摊子，他守护的是他的理想追求。

大动荡发生后，中闻律师事务所在讨论吴革主任进不进执委会一事上出现激烈争议。沈斌倜知道吴革最初是想进执委会的，也有许多人支持吴革进执委会。但是，担任第一届执委会主席的李波坚决不同意，他反复强调律师事务所主任要独立于执委会之外，这样才能确保"三权分立"制度的设立初衷。

沈斌倜了解到吴革没能进入执委会的争议过程之后，更加深了对吴革精神境界的印象，"我当时是不懂的，我想主任这么厉害，怎么不能进执委会参与这个律师事务所的领导工作，我和一部分人支持吴革进执委会"。

沈斌倜记得，虽然吴革得票比较多，但吴革最后声明自愿放弃进入执委会，作出很大的让步。沈斌倜对此很是感慨，她说现在看来，律师事务所主任没进执委会对于确保"三权分立"制度运行、实现"民主办所"的确发挥了重要作用。

改革方向对年轻人有益

王东与吴革是同乡，同为23岁拿到法律职业资格证。不过，他要比吴革晚出生了整整19年。

高考张榜，他考入上海师范大学，就读电子信息工程专业，毕业那年考入北京师范大学，专攻法律专业，获得硕士学位。其间，他参加国家法律职业资格考试，拿到法律职业资格证书。

怎么想着从工科专业一下子蹦到法律专业？

"工科生毕业更多的是要干辅助性工作，很机械。"

王东觉得自己的未来应该向法律专业领域拓展，因为法律对人的各方面能力有一个调配，更容易开掘出个人的发展潜能，他毫不怀疑自己选择跨行跳槽的正确性。

在上海读书时，这个工科大学生跑到北京，走进中闻律师事务所实习。读研究生时，他第二次走进中闻律师事务所实习。研究生毕业后，王东先去了一家网络科技公司工作近10个月，出于对律师职业和法律事务的向往，他在2013年入

因你而不同

职中闻律师事务所。

"那个时候合伙人分级,有高级合伙人,还有一级和二级合伙人。"

回想刚加入中闻律师事务所的情形,王东记得,当时整个律师事务所业务以及各方面发展是以高级合伙人为核心形成运营驱动的,年轻律师人数相对比较少。

"也是那一年,部分高级合伙人出走,整个律师事务所改制,取消高级合伙人和一、二级合伙人,建立公共律师团队,引进专业化合伙人和年轻合伙人",王东察觉到这家律师事务所逐渐变得越来越年轻化、专业化,规模也在扩大。

为什么当年没有与那几十名律师一道离开?

当时王东的想法是,这家律师事务所已有十几年发展历程,无论是从事业平台来看,还是从品牌名望来看,依然很有实力,不会因部分高级合伙人的离开就垮掉。

王东和当年选择留下的年轻律师想法一致,在了解改革方向和改革方案后,相信身处的这家律师事务所具有很强的生命力,对年轻人大有益处,他期待这家律师事务所改革成功。

"在高级合伙人为核心的体制下,年轻人若想建立自己的事业平台或者利用那些平台,肯定是非常困难的",王东用改革前后提成制不同的情形举例,说这种不同会直接影响到年轻律师的工作积极性。

身为公共律师团队成员,这种身份与"师徒制"的助理律师有何不同?

王东的体验是,虽然你在公共律师团队干助理的活儿,但你不局限于助理一位律师,可以有更多的选择。另外,你可以根据个人兴趣和专业化发展提出个人要求:

"原来你在高级合伙人体制下只能干他的业务。公共律师团队做成了一个开放性的平台,你前期做助理或者做法务秘书,可以依赖某一两个合伙人,如果你成长起来,业务能力变强以后,你的选择权就会大很多。"

王东在中闻律师事务所公共律师团队里工作了4年时间,2017年9月晋升为合伙人。他说自己有个同学在一家名望很大的律师事务所当律师,做业务很多年,具备很强的能力,业绩很棒,但一直当不上合伙人。反观中闻律师事务所这边,一些不到30岁的年轻律师由于能力突出,业绩出色,已经当上了合伙人,王东相信这种现象在别处恐怕是难见到的。

中闻律师事务所公共律师团队设置七个级别,王东以过来人的体验介绍说,"进入公共律师团队里的年轻人,前期有一个基础素养的发展期,像法务秘书、律师助理,干的辅助性工作要多一些,专业方向可能不是那么明确,但是随着级别的提升,比如进入专职律师或者主办律师这个层级的年轻人,可能更多地去干挑大梁的工作,这就势必会涉及专业方向的考虑"。

在中闻律师事务所就职近4年,王东相信吴革为这家律师事务所付出了相当多的心血,认为这位主任为其所热爱的事业舍弃了生活中的许多个人乐趣,他敬重吴革这位前辈。

参与制度改革方案设计

2011年初秋,闫创手持沈阳到北京的火车票验票出站,来到站前广场上,回望两个大钟楼之间矗立的那三个红色大字——北京站,心里空落落的。跻身"北漂"人群的这位非京籍小伙子,无法预知自己未来的人生之路通向何方。

闫创尚在辽宁大学法学院读研究生期间,北京市司法局于2009年12月2日公布了《北京市司法局律师执业管理办法实施细则》,这份文件中规定:律师申请异地变更执业机构,应当向拟变更执业机构所在地区县司法局提交北京市所属人才机构出具的人事档案关系存放证明。

2010年1月15日,北京市律师协会在网站发布通知,宣布自1月18日起,人事档案不在北京市所属人才机构存放的人员将无法获得在北京市律师事务所申请实习的资格。这一消息犹如滚油里泼进一瓢凉水,在律师群里炸开了锅:

"我是外地人,来北京10年了,现在连全国人才的存档证明也不认了,可怎么办啊!"

"难道就因为一个破档案,我非得回老家实习不成?"

"今天感觉到什么叫地域歧视了,什么叫外地人不是人了!"

"谁给了北京市司法局和北京市律师协会这样的权力?"

面对汹涌而来的负面舆情,北京市律师协会急忙通过媒体声称实习新规并非歧视外地人。然而,京华时报记者裴晓兰、刘杰在2010年1月24日的相关报道中披露:

因你而不同

"此前，在京申请做实习律师的人员递交材料时也需提供人事档案关系存放证明，但对档案存放地没有限制。而新出台的《北京市律师协会关于调整申请实习人员相关申请材料的通知》则要求在本市申请实习人员的人事档案存放地必须为北京市所属人才机构。通知要求1月18日起，申请人员申请材料不合规定将不予受理。"

时任北京市律师协会秘书长的李冰如在接受京华时报两位记者采访时说，把律协通知推论为歧视外地籍贯律师是误读，律协只要求外地律师将档案存放在北京人才机构，并未对户籍提出要求。当记者问及该通知下发的初衷时，这位秘书长表示，北京市律师协会将在近日对通知作出全面解释。然而，此后3年再无任何消息。

闫创在辽宁大学法学院学习期间曾进入律师事务所实习，实实在在地接触到律师事务所琐碎繁杂的事务性工作：联系、接待、取材料、复印……来到北京，他预想将面临一段艰难的日子。

徘徊数月之后，闫创经人介绍，揣着硕士学位证书走进位于天恒大厦的中闻律师事务所。按说依其当时身份，本不能被律师事务所接受。此时，针对北京市律师协会变相限制非京籍法律人到北京市律师事务所实习和执业的激烈争议并未撬动相关政策发生任何改变。

据相关权威统计数据披露：截至2009年12月31日，北京市律师人数达到21 215人，年内新增3284人，北京律师总人数中60%的律师为非京籍人士，仅有9000余人拥有北京户口。

日子在一天天煎熬中度过。

2013年4月1日下午4时30分，北京市律师协会网站上发布了一条消息，北京市律师协会与北京双高人才发展中心签订合作协议，协议中公布了实习律师的存档条件：

"取得中华人民共和国法律职业资格证书；2010年（含）以后大学毕业的；取得全日制研究生学历且获得硕士及以上学位的人员，或由教育部留学服务中心认定的在海外教育机构取得研究生学历且获得硕士及以上学位的留学归国人员。"

网络上一时间争相转载这一消息，有人视此为谣言，不敢相信，皆因消息发布那天恰是愚人节。由于协议要求同时符合三个条件，非京籍全日制研究生欢欣鼓舞，而2010年以后的本科毕业生们仍无缘迈入新政策敞开的这道命运之门。

北京市律师协会青年律师工作委员会副主任孙晓辉在个人微博上写道：外地律师进京终于打开了缺口，"硕士可以申请执业实习了"。时隔一周，民主与法制时报记者刘炜以"北京市放低非京籍律师实习门槛"为题写道："2010年1月18日，北京市律协的一纸通知变相限制了非北京户籍法律人到北京的律所实习和执业。3年来，对此非议从未停止。直至今年4月1日，转机乍现。北京律协实习门槛终于有了小步放开。"

命运之门在眼前敞开。

闫创在2014年拿到了北京市司法局下发的律师执业资格证，多年悬着的一颗心终于安稳下来，能够向着独当一面的专业理想放手拼搏了。

闫创自小不怵考试，学习轻松，自知个性特点是遇事不会太着急，很少会因什么事特别生气。他明白，若想成为一名优秀律师，需要具备多方面能力，举凡专业素质、持续学习、接人待物、思维敏捷、能言善辩、文笔流畅等。在首都北京这地界上，他要过的头一关就是得练就一口普通话。

进入中闻律师事务所，闫创跟随主任吴革做过两三年助理，观察和体验到这位资深律师如何在办案过程中与形形色色的当事人交谈对话，不论对方是企业老总、中层干部还是普通百姓，怎样获得对方信任，怎样详尽分析案情，怎样洞悉对方心理，怎样以理服人并赢得尊重，闫创受益匪浅。

中闻律师事务所大动荡发生后，闫创参与了改制方案及相关制度的重构过程，目睹了拟定条款并不断修改的过程，他与同事齐心协力挽救中闻律师事务所面临的经营管理危机，经历了局外人难以体验的艰辛。

入职中闻律师事务所进入第6年，闫创跻身权益合伙人之列，在互联网金融、融资租赁、房地产、建设工程等领域积聚了大量诉讼和非诉的实务经验。当年那个站在北京站广场上惴惴不安的年轻小伙子如今未及不惑之年，就已成家立业，打拼出自己事业的一方天地。

从公共团队晋升合伙人

"学法律其实也是自己的抱负，大学专业是基于自己的兴趣嘛。"

栗志的老家与吴革的老家同在河南省信阳市息县，他的父亲是县水泥厂职

因你而不同

工，母亲在新华书店工作。他19岁考入郑州大学历史系，大学毕业考入中国社会科学院研究生院攻读法律专业，23岁获得法律硕士学位，随后入职北京一家环保科技有限公司。

上大学挑选专业时，栗志想的是"读一些人类历史，能够为以后走上社会积累一些经验"，完成大学本科学业去学法学，他说是基于个人先前已有的理想：一是有个亲戚做律师，很让他心动；一是看过一些法律方面的书籍，很感兴趣。依他个人见解，学历史和学法律最大的不同是——学历史使人明智，学法律使人懂得社会规则。

栗志说父母待人接物很真诚，给予儿子成长最大的影响是先学好做人，再做事。父母对儿子选择未来人生道路的建议是医生、军人、律师。

栗志读研究生时曾到中闻律师事务所实习，当年中闻律师事务所的办公地址在天恒大厦，走进中闻律师事务所，第一印象是看到这里的律师们真忙碌。他在吴革律师的指导下实习，深知机会难得，怀着敬佩的心情生怕自己各方面能力达不到。吴革对他要求非常严格，指导这位年轻人办理业务尽力做到精益求精。栗志在北京那家环保科技有限公司工作2年后正式转入中闻律师事务所。

多年以来，吴革一直在坚持做"中国影响性诉讼"。"影响性诉讼"在平面媒体和网络报道中简称为"影响性论坛"。为了让公众更加容易理解，"影响性诉讼"的另一个说法是"个案推动法治"。众多中国法学家参与过"影响性诉讼"的点评活动。每年为此都要出版一本专著。

尽管"影响性诉讼"算不上是律师业务，也不是律师事务所的事，但吴革希冀通过个案推动法治向前发展，据吴革介绍，"我们最早跟法制日报合作，每次都刊登两三个整版，点评案件影响的几大因素。做了两三年之后，我们跟南方周末合作，再后来交给中国法律评论，这十几年做下来，真的是很不容易"。

实习期间，栗志跟随吴革律师做了一些公益诉讼，协助他在中华全国律师协会宪法与人权专业委员会的一些工作，包括参与"中国影响性诉讼"的评选，还去过义派律师事务所。他在实习中清楚地意识到，从学院学到的书本知识体系与法律实务操作的逻辑是不一样的，毕竟是要因地制宜地解决问题，律师实务操作侧重多方面能力结合，不仅仅靠专业知识。

实习结束，相隔4年，栗志入职中闻律师事务所。那时，这家律师事务所于3个月前发生大动荡，原有的一百多人走得只剩下不到一半。面对整体收入陡然下降、办公租金上涨、经营危机、人心不稳,成立不久的临时执行委员会要将普通合伙制变更为特殊的普通合伙制。栗志与留下的人们一样,也担忧这家律师事务所到底能不能维持下去。

这时,应急组建起来的临时执委会宣布将实行"一所两制"。栗志理解"一所两制"应该是一种过渡性措施,因为一部分律师暂时难以接受特殊的普通合伙制这种执业形式,临时执委会决定在保留原有制度的同时,继续往前推进特殊的普通合伙制改革。栗志参与到改革方案的设计中,"虽然我是改革方案的第一撰稿人,但改制的核心理念是吴革主任明确的,我只是在他提出的理念基础上进行了一些整合"。

栗志记得,2013年10月,他将改制初稿提交给当时的临时执委会进行审议修改后,再由临时执委会提交全体合伙人表决。这些年过来,栗志回想,正是由于发生了大动荡,中闻律师事务所才痛定思痛地明晰了"民主办所、人才办所、制度办所、稳进办所"的理念。而在改制进程中,"解除私人武装"浸透着上述理念的指导原则。

中闻律师事务所所谓"解除私人武装",即是瞄准律师行业沿袭日久的师徒制施行"手术"。栗志这样解释:"建立公共律师团队制度,由有经验的合伙人,或者由有资源的合伙人挑选自己的服务律师,针对一个案例组成律师工作组,提供专业的服务,采取小时制的付费模式。"

栗志说这是当时的一个改革重点,关键在于制度设定公共律师团队与合伙人相互之间是双向选择的关系,尽管年轻人刚开始是不敢与主管律师讨价还价的,但这项改革的目的是要在律师事务所内部促成市场化。改革者相信,随着业务量的大幅攀升,公共律师团队成员的业务能力和水平及个性特点逐渐显露,与合伙人的熟悉程度会逐渐增加,相互信赖程度也随之增加,慢慢会形成良性群体互动。

2016年初,栗志在经历了公共律师团队的七个层级后晋升为合伙人,在这一过程中,他的心理体验具有一定的代表性。在公共律师团队里,他的心愿是强化民商法领域的专业能力,当他与合伙人进行双向选择时,害怕收入低,害怕得不到优秀合伙人的选用,更害怕自己不适应这种制度要求。

这个制度对公共律师团队的成员有什么样的要求?

据栗志介绍,在"师徒制"下,你若是当徒弟,被动接受工作,"师傅"要你干什么就干什么。师徒之间改为双向选择，众多师傅可以选你，你也可以选择师傅，你需要向不了解你的师傅推介自己，介绍个人志向和业务积累，不断地要求自己积极进取。

作为"过来人"，栗志回想在公共律师团队的那些日子，说自己与合伙人接触、熟悉、信任合作的过程中，专业技能得到强化，自信心更加充实，他觉得这种制度使自己的心态变得更加开放、理性。

"2013年过渡期那段时间动荡比较大，2014年上半年开始调整后就比较稳定了。"

栗志分析，这种局面的出现，是由于一些新的合伙人不断被引进，同时财务危机的压力也得到一定的缓解。他说晋升合伙人肯定与做公共律师团队成员时感受到的压力不同。

"以前的压力是什么呢？我只要把合伙人交办给我的工作给做好，跟客户处好关系就行。现在，作为合伙人，我肯定要通过所里制定的绩效考核标准，考虑能不能让自己的业务能力在工作团队的协助下与时俱进，让自己的时间成本更有价值。"

第十四章　公司化

"无论（制度）如何修订，方向只有一个，只能是与公司化更进一步，绝不能后退。"

引自《中闻律师事务所 2011 年发展纲要文件》的这句狠话，是汲取了先进理念以及社会上相关行业的实践经验，继而结合自身状况进行认真分析后萃取的决心。

大动荡未动摇改制决心

三家律师事务所并入中闻律师事务所之时，其中一家律师事务所已实施了公司化制度，具有成形的制度体系和一些管理经验。并入中闻律师事务所之后，新成立的管理委员会尝试着将这家律师事务所的公司化制度移接过来。

市场经济经过多年的发展历程，针对股份制经营模式的探索和实践已经形成了一套完整的组织制度和运行规则，足以给律师业界提供摹本，律师业界有关建立公司化股份制律师事务所的讨论正在扩大，渐渐由学术争议转入具体制度构建的探索实践中。

面对波澜壮阔的改革大潮，合并后的中闻律师事务所决策者没有忽略时代发展所昭示出的方向，无论学者观点、央企改制、同行经验，都予以密切关注并结合中闻律师事务所的发展现状进行研判。

然而，大动荡致使合并后的中闻律师事务所整体推行公司化的进程中断。留下来的改革者很快拟出《北京中闻律师事务所普通合伙制改革方案（讨论稿）》，坚定申明要"采用特殊普通合伙制"实现"专业化、公司化、规模化、国际化"的目标。

早在改革方案讨论稿撰写之前，中闻律师事务所就一直密切关注着法学界、律师业界对于特殊的普通合伙制的学术理论研讨和交流。为撰写草案修订稿，中闻律师事务所多方调研，向同行中的先行律师事务所求教学习，历经三个月的反复探讨琢磨，形成了草案修订稿。

2011 年 12 月，正义网报道了著名经济学家吴敬琏对中国市场化改革的分析。

吴敬琏认为：中国虽然在 20 世纪末期把市场经济制度的基本框架初步搭建起来了，但是市场化改革其实还处于"进行时"阶段，国有经济布局的战略性重组和国有企业的公司制改革都还行在半途。他作过如下简明的表述：

"所谓公司化，是指将现有的非公司类型的企业改组为公司法人组织。公司化改制包括明确公司的法人性质、界定产权关系和建立'公司治理结构'。"

公司化运作被认为是与家族化运作及行政化运作相对应的概念。公司的管理架构通常由股东会、董事会、管理层、监事会构成。而律师事务所要实现的公司化则是建立企业模式的组织形式并展开运作，公司化的制度设计首先要由上而下地明确律师事务所内部各组织功能单位的权责，确立相应的权限边际。公司化蕴含着企业管理现代化的理想，而企业管理现代化的实现首先要求管理理念现代化，其次才是对管理方式、管理方法、管理制度统筹推进、合理调控。

基于"制度是一切组织机构的基础和生命"的认识高度，中闻律师事务所在最初的改革方案讨论稿中申明："在采用特殊普通合伙制组织形式下，进行公司化改革重组，尊重相互独立、相互制衡、相互协调原则，建立由决策机构、执行机构和监事机构组成的分权制衡的法人治理结构，在一套完备的规章制度的规范下，推行科学有序的管理。"

值得注意的是，曾经在《中闻律师事务所办所理念》中提及的三个基本目标"专业化、规范化、公司化"，引入讨论稿时就变为了"专业化、公司化、规模化、国际化"。

讨论稿不忘提到，既有发展规模和成就受益于以往实行的普通合伙体制，同时又语气坚定地宣布"废除过去的高级、一二级合伙人的级别规定及相关协议，所有合伙人地位一律平等，享有平等的表决权"。

紧随讨论稿后出台的《中闻律师事务所章程（草案修订稿）》完成了律师事务所集权与分权的制度架构，实现了所有权与管理权的有效分离：

"合伙人会议是由全体合伙人组成的决定事务所重大事项的最高权力机构；合伙人会议实行少数服从多数原则；执委会依据合伙人会议决议的授权执行日常事务；监事会监督执委会的运营管理工作，代表合伙人会议独立行使监督职能。"

废除过去的高级合伙、一二级合伙的组织结构，将决策管理权交由全体合伙人集体行使，完全颠覆了原制度层级组织结构中的上下级关系，也完全改变了组织成员与领导者之间的纵向联系，这种带有扁平化组织结构特征的权力架构体现了民主管理的理念和权力制衡的机制。

从草案修订稿过渡到《北京市中闻律师事务所章程》，聚合着全体合伙人共

第十四章 公司化

同的意思表示,奠定了自身法定性、真实性、自治性和公开性的基本特征,确立了组织与行为的基本准则,完成了立足社会、赖以生存的基础,在实现理想的进程中迈进了一大步。

可以肯定的是,《北京市中闻律师事务所章程》的版本不是凭空冥想、完全独创而来的,有借鉴、有参考、有模仿,当然也必不可少地有一些根据自身理解和现实创新编制的内容。

然而,将纸页上的制度文字转化为人们执行规则的自觉行为,这考验着律师事务所上下理念和意志是否统一,是否真正形成制度保障,让载有公平、公正、公开的权力机制在现实中通畅运行。

用实践检验制度设计是否存在偏差,及时做出正确的调整,才能保障制度的执行力。

当人们将《中闻律师事务所章程(草案修订稿)》与时隔一年出台的《北京市中闻律师事务所章程》中针对执委会条款修订的细节进行比照,就可窥见中闻律师事务所是如何细心完善制度严谨性的:

——草案修订稿仅仅提到执委会委员的人数,提到"执委会轮值主席由全体委员过半数选举产生",却没有提到执委会委员到底如何产生。这一重要缺失由章程补写明确,"执委会委员由合伙人会议从全体合伙人中选举产生";"拟参选执委会委员的律师可以自荐,3名以上的合伙人、5名以上的律师也可以联合推荐执委会委员"。

——草案修订稿第22条规定"(执委会)轮值主席若不履行职责,又不指定其他委员召集和主持执委会时,经2/3以上(包含2/3)委员提议可以召开执委会",这条所说的执委会是指每月召开的例会。章程对此进行修订时,不仅区分出执委会的月例会与临时会议,还专门为临时会议设置了5项启动程序。另外,章程将这一条中的"经2/3以上(包含2/3)委员提议"的人数改为"1/3"。显而易见,降低人数比例是为了更加方便地听取律师建议和意见。

——草案修订稿第22条规定"执委会委员因故不能参加会议时,可以书面委托其他委员代为表决,书面委托书应载明授权范围及表决事项"。章程修订这一条时,在"书面委托书应载明授权范围及表决事项"后面添加了"授权期限等",以及"并由其本人亲自签署"。

章程作为律师事务所的自治规范,依据文档的重要性明确了"必须记载"

"次要记载""任意记载"的属性差别。

章程在执委会一节中还添加了草案修订稿中没有的一句话,"执委会委员应当对执委会的决议承担责任"。

有必要提及的是,通常由股东会、董事会、管理层、监事会构成的公司管理体制,其中董事会、管理层人员职务常有交叉,一些律师事务所也如是。中闻律师事务所则完全杜绝如此情形,执委会委员、监事会监事、事务所主任不允许交叉兼任。

"健全的制度规范,既可以形成中闻统一、系统的体系,又能够保证律师事务所执业活动规范、有序开展。"

中闻律师事务所执行委员会主席杨凯回顾律师事务所改制以来的制度建设时说:

"我们不断制定和推出新制度、修订原有制度,使制度体系日趋合理和完善。"

行政能力"短板"掣肘改革

历经三年艰苦努力,中闻律师事务所改制后渐渐恢复了元气,迎来发展的好时机,人员持续增加,规模逐渐扩大,执委会应对的工作越来越繁杂,律师事务所管理范围已经扩展为综合行政事务、财务、品牌、人力资源、业务管理、业务培训、分所建设、公共律师团队管理等门类。

尽管管理部门和管理职能不断调整,一个无法回避的现实是,合伙人既要完成创收任务,又要管理日常事务,有时效果并不好,很容易产生合伙人之间的矛盾。

当大多数人对律师事务所公司化(制)表示认同,相信这是律师事务所规模化的必然选择之时,民主与法制杂志总编辑刘桂明发现现实中律师事务所的制度结构与管理普遍存在着突出问题,他在律师业界呼吁改制重组的律师事务所不能忽视制定实施适合自身特点的管理制度与发展战略。

中闻律师事务所组织结构的扁平化特征具有上下沟通便捷、互动反应灵敏、减少官僚主义、民主气氛浓厚的优点,有利于调动多数人"当家作主"的积极性。然而人员扩充，管理幅度随之拓宽，协调和取得一致意见变得困难，如此现实，一方面，加重执委会、监事会进行协调的负担；另一方面，对担任执委会委员和监事会监事的人提出更苛刻的素质要求。

作为现代组织管理的重要组成部分，行政管理体系的能力和效率反映的是组织运行的治理能力和效率。中闻律师事务所规模的扩大对行政工作形成了巨大压力，促使整体架构开始调整，必须朝高效、便捷、精细的服务功能转化。

中闻律师事务所决策层清楚地意识到，在规模化的进程中，行政能力的"短板"已经面临着难以适应发展规模需要的挑战。经过两个月的调查、探询、比较，中闻律师事务所找到一家专业咨询公司，洽商如何进行品牌建设及行政运营事项。

2016年6月，双方签订合作协议后，对方的专业人士对中闻律师事务所职能部门展开全面调研。专业人士给出的调研结论指出职能部门管理存在以下问题：

——没有按照常规企业运营特点划分职能部门，组织机构设置无法满足大型律师事务所的管理需求；

——职能部门工作人员分工不明确，岗位职责不是按照制度和需求划分，而是按照约定俗成的规律，随机性较强，难以运行和贯彻制度；

——员工的薪酬没有系统化标准，员工因薪酬没有成长的空间和通道，积极性得不到鼓励。

专业人士分析了决策层对行政职能部门的领导关系，从中发现，尽管执委会是职能部门日常工作的主要领导机构，但由于执委会工作由分管合伙人统筹，而事实上日常事务处理方面较难统筹，无形中会增加大量的管理成本，决策效率低。相关制度的缺失使得行政事务需要依靠"人治"，管理成本极高。

经过8个月的反复斟酌，专业人士完成了一份长达45页的《中闻职能人员岗位说明书及薪酬体系设计建议方案》，递交给中闻律师事务所执委会讨论。执委会本着民主办所原则，将这一方案交给行政部门全体人员商讨，随即着手进行制度调整。

由此，中闻律师事务所行政团队分为综合行政部、财务部、品牌部、人力资源部、知识管理部。行政团队工作人员依其所在岗位工作职能、工作内容量化工作指标及考核标准，初步搭起与律师事务所规模化发展方向相适应的机制架构。

"一路走来磕磕绊绊，尝到了许多酸甜苦辣，但得到全体律师们的信任和支持，是我坚持下去的动力。"

时任第二届执委会主席的杨凯发出这番感叹，道出了常人难以体验的真情，他接着说了这样的一句话，"看到律师事务所一点一滴的变化，正朝着我心目中的中闻律师事务所发展，心里很欣慰"。

律师协会加强执业惩戒

企业风险被定义为"未来的不确定性对企业实现其经营目标的影响"。

律师事务所与企业同样面临战略风险、执业风险、财务风险等来自"未来的不确定性"的影响，由此酿成的严重影响甚至可以表述为"生存危机"。

在风险管理学看来，风险出现时，以最小的经济成本获得最大的安全保障被认为是风险管理的基本目标。

2013年至2017年间，多家律师事务所的数十名律师受到证监会处罚，罚没金额总数逾千万元，一家律师事务所甚至受到政府监管部门针对违规业务收入作出的5倍的顶格处罚。在外人看来，律师本身就是为当事人提供法律服务的执业者，律师事务所是律师的执业机构，怎么能做出违法违规的事情来？

求助律师提供法律服务的当事人形形色色，应对心理压力的表现也因性格、教养不同而呈现出千差万别的状况，有的当事人只要稍有不满，就宣称投诉律师或去律师事务所、律协发泄怒气。市律师协会纪律处分委员会着手调查时既要弄清事实、辨明道理，依法依理化解矛盾，又要做到不枉不纵。

有人将律师的执业风险分类列出：名誉受损、人身伤害、突遭意外、民事赔偿、行政处罚、行业处罚、刑事责任。然而，律师个人的执业风险又何尝不是律师事务所的管理风险呢？律师事务所作为律师的执业机构当然存在未来不确定的运营风险。

为了维护整个行业的社会声誉和尊严，北京市律师协会数十年坚持不懈对执业律师进行教育、提醒、引导，告诫大家要依法合规地从事法律服务职业，并制定出执业规范、执业惩戒、纪律处分。

早在《北京市律师协会章程》出台前一年，北京律师行政管理工作尚由北京市司法局和各区、县司法局实施分级管理，当年就已制定出多项管理制度，包括律师惩戒内容。1982年4月,北京市律师协会第一次代表大会召开,会议讨论通过的《北京市律师协会章程》载明了行业惩戒的条款。

1995年10月,北京市律师协会改由执业律师担任协会领导的第四届律师协会,成立了北京律师纪律处分委员会和律师纠纷调解委员会,实行理事值班制度,参与对律师投诉案件的接待、调查、处理工作,对确有违法违纪的律师进行惩处。

北京市律师协会第五届律师协会理事会于2001年6月16日通过了《北京市律师执业规范》,旨在以本行业公认的职业道德为准则,针对律师执业活动有可能产生的与委托人、其他律师、律师事务所、司法机关、行政机关、律师协会以及其他主体之间的冲突,确定了解决这些冲突的多项规则,其中对违反律师执业规范的行为明确规定了执业处分条款。

2002年,北京市律师协会第六届律师协会理事会完成了《北京市律师协会律师纪律处分办法》及《北京市律师协会律师纪律处分委员会规则》的修订工作,增强了规则的可操作性:引进纪律法庭审理机制和召集投诉双方听证制度;加大被投诉会员不配合投诉调查的处罚力度。

来自北京市律师协会第九届理事会报告的统计数据表明,自2012年以后的3年中,全市共接到当事人对律师事务所及律师的投诉442件,立案179件,审结176件;对80名律师、37家律师事务所作出了纪律处分;依照《北京市律师协会诚信信息管理办法》在首都律师网上对9名律师、1家律师事务所受到行业纪律处分、行政处罚的结果予以公布。

全国律协民事委员会委员、北京市嘉维律师事务所合伙人吴晨律师写就的文章《律师事务所运营风险防范》在律师同仁中广为传阅,吴晨写道:"律师事务所的核心是合伙人,最大的运营风险也来自于合伙人。对于合伙人而言,最核心的问题是分配机制。在市场经济条件下,没有一种分配机制是'最好'的,也没有一种分配机制是可以一成不变的。"

如何避免律师事务所在发展进程中遭遇大起大落的情形?吴晨给出的建议是:"律师事务所建立健全的工作制度,淡化律师所业务开拓和执业的个人化、自由化倾向,强化律师所的团队协作和专业化分工,健全公允的工薪律师评价标准。"他郑重提示说,"我们应当防范那种只鼓励当下的创收、忽视客户维护、律师管理、律师事务所运营、人才吸引、战略规划等有利于律师事务所长治久安的分配机制"。

2013年3月29日,全国律协发布了《关于进一步加强和改进律师行业惩戒工作的意见》的通知。这份文件要求各地律师协会大力加强以"严格执法、恪守诚信、勤勉尽职、维护正义"为核心要求的职业道德和执业纪律教育,切实履行行业协会自律管理职责。

此时,中闻律师事务所已经在酝酿改制。就在全国律协发布上述文件9个月后,中闻律师事务所制定出脱胎换骨的改制章程,确立起合伙人会议、执行委员会、监事会"三权分立"的体制。尤其在监事会职责的制度设定中,汲取了全国律协的文件精神。

来自北京市律师协会的统计信息如下:

2016年,市律师协会共接到当事人投诉98件,接到各区律协报送的建议给予行业纪律处分案件59件,立案68件,审结71件;召开听证会18次,分别对15家律师事务所和32名律师作出了不同程度的行业纪律处分,并按照协会有关规定,在首都律师网站对受到公开谴责(含)以上行业纪律处分的11名律师和5家律师事务所予以公开通报。

2016年,北京市律师协会在规范律师执业行为、完善律师违法违规执业惩戒制度方面加大力度,一方面修订颁布了《北京律师诚信执业公约》,制定了《北京市律师和律师事务所执业诚信信息管理办法(试行)》,举办律师职业道德与执业纪律专题培训班;另一方面严格查处会员违法违规执业行为。

重大事项设监事提案权

早在中闻律师事务所改制前三年,由三家律师事务所合并而来的数十名律师一下子聚集在同一屋檐下,骤然提升了中闻律师事务所对风险隐患的警惕。

中闻律师事务所曾在"执业风险控制"的标题下写下了告诫性警示:

"律师最大的敌人是丢掉律师执业勤勉、谨慎的原则,疏忽大意或者恶意违法。中闻的每一位律师一定要保持理性,洁身自好,放眼未来,清醒地知道律师职业的危险和无奈。任何以中闻名义执业的律师都必须树立风险防范意识,珍视自己的职业身份和声誉。"

据温进回忆，2014年1月14日，中闻律师事务所全体合伙人依据新制定的章程规定的监事会的产生办法、职责和议事规则，投票选出第一届监事会委员5人，温进当选第一届监事会主席。自此，中闻律师事务所的监事会工作从零开始，从不完善逐渐走向完善。

若将2013年12月30日制定的《北京市中闻律师事务所章程（草案修订稿）》与2015年制定的《北京市中闻律师事务所章程》的相关细节进行比照，就能够清楚地看到这家律师事务所改革实践的推进轨迹。

两份章程相隔仅一年，尽管草案修订稿在监事会章节中已规定监事会要"监督执委会的运营管理工作，维护事务所的利益，采取监督、维权、纠正等相关措施，代表合伙人会议独立行使监督职能"，但章程郑重增加了"事务所主任、执委会委员、部门管理人员不得兼任监事"22个字，增添了草案修订稿中没有提到的监事要"对事务所主任、执委会委员进行监督"，还新设一条内容为"监事会主席应当列席执委会会议"或"应当委托一名监事列席会议"的条款。

监事会按照章程规范要求认真履职、公布律师反映问题的渠道、收集律师意见和建议；派员列席执委会会议、审议会议议程、发表监事意见；对重大事项行使"监事提案权"。

不仅如此，在章程以外，监事会还承担了律师事务所的"风险控制"工作。尽管后来成立了"风险控制委员会"，但这个委员会的具体工作仍由监事会承担。

温进曾任北京市律师协会纪律委员会委员，其后担任了北京市律师协会纪律委员会副主任，由于在北京市律师协会这个高于律师事务所的工作层面上视野更加开阔，他在处理业内一般人看来十分棘手的矛盾纠纷时具有丰富的经验。

监事会的工作都摆在明面上，大家能切身感受到担任监事的5位律师没有辜负大家的信任，为中闻律师事务所合规管理、规避风险、保障律师权益、营造平宁的办公秩序尽了力。

第二届监事会换届选举时，温进连任了中闻律师事务所的监事会主席。

社会经济发展进程中不断出现新事物，随时会有一些新词汇对刚刚出现的新事物予以简明概括，从而引发各种诠释。当政府机关加大对企业经营管理各方面的执法力度时，"依法合规"得到企业非同以往的广泛关注，遂与"风险控制"紧密地关联在一起，促生了企业家们迫切需求专业法律指导的市场效应。

合规管理要求建立系统化制度，包括制定政策、适时修改内部规范、确保内部规范执行、及时识别和发现违规行为并实施有效防范和控制。合规流程囊括建制立章、审查与检查、投诉与举报、考核与问责、处罚等环节。

鉴于企业合规业务涉及经营管理诸多方面，其服务利润高、衍生业务多，非短期合作所能完成，可能成为律师行业的竞争热点，由此触发了律师业界的专业敏感。

中闻律师事务所监事会主席温进在任职北京市律师协会执业纪律与执业调处委员会副主任期间，接触到多起律师执业投诉案例，他深知中闻律师事务所正处于稳步发展的阶段，若出现执业风险，将大大损害这家律师事务所多年奋斗赢来的良好声誉。

中闻律师事务所监事会依据章程赋予的权力，倘若发现不利于中闻律师事务所发展的决策、行为以及工作方式，会及时监督纠正，提出整改意见。

"执委会充分重视监事会意见，使得监事会的工作能够顺利有效地开展"，这是温进作为监事会主席在任时的工作感受。

2016年7月8日上午，中闻律师事务所2016年度年中合伙人大会召开。

监事会主席温进作完《中闻律师事务所监事会2016年上半年度工作报告》之后，有针对性地向全体与会者作了《律师执业风险与防范》的专题讲座，他凭借北京市律师协会执业纪律与执业调处委员会的任职经历，提醒大家增强执业风险防范意识。

"人力资源"替代"人事管理"

2005年去世的美国人彼得·德鲁克（Peter F. Drucker）早在1954年撰写的《管理实践》一书中首先提出人力资源的含义，并加以明确界定。这位祖籍荷兰、生于维也纳的现代管理学者认为，人力资源拥有当前其他资源所没有的素质，即"协调能力、融合能力、判断力和想象力"，这是一种特殊的资源，必须借助有效的激励机制才能开发利用，并给企业带来可见的经济价值。

中闻律师事务所创立前一年，中国经济体制改革初步建立起社会主义市场经济体制，国有资本、集体资本和非公有资本等相互参股的混合所有制经济不断发展，统一开放、竞争有序的现代市场体系初步形成。国有重点企业实行公司制改革,针对权力机构、决策机构、监督机构和经营管理者之间的制衡机制给予规范。

经济学者把一切为创造物质财富投入生产中的要素通称为资源,包括人力资源、物力资源、财力资源、信息资源、时间资源等资源。一切资源中最宝贵的是人力资源。

随着改革进程逐步推进,改革力度持续加强,人们渴求尽快掌握系统专业理论以启迪和指导如何在史无前例的经济改革中抢占先机、发展壮大。

"人力资源"的概念引入国内伊始,学术界、企业界趋之若鹜,形成借鉴研究的热潮。这一概念破除了国内沿袭数十年的传统"人事管理"模式。机关、企事业单位、公司的人事部门仿佛在一夜之间纷纷更名为"人力资源部"。即使是国家设立的人事部与劳动和社会保障部,也在"国务院机构改革方案"审议通过后,于2008年3月31日正式挂牌为"人力资源和社会保障部"。

由经济学、管理学理论体系中引出的"人力资源""人才资源""人力资本"概念迅速普及,也延伸到律师事务所的管理理念中。"人力资源"一词出现在2010年成文的《中闻宪法》中,并在中闻律师事务所列举出的三大资源中排在首位,另外两大资源分别是客户资源和文化资源。

《中闻宪法》将"人力资源"理念引入如下表述:"一批素质高、业务精湛、有合作精神、热爱律师事业的合伙人队伍,而且要形成合伙人梯队。"接着,《中闻宪法》在"合伙人招募和培养"一节中明确提出:"选聘本科生、研究生、博士生加以培养;有计划、有目标地招募成熟的律师加盟;中闻坚持每年选聘一批新律师进所,为优秀者安排针对性的培养、薪酬、晋升计划,积累一批忠诚中闻事业的青年才俊律师。"

与《中闻宪法》同时成文的《中闻律师事务所2011年发展纲要》也提到了"人力资源管理",这份文件在"人才延揽及储备"一节中明确提出三项举措:

"从各方延揽优秀人才,充实事务所的人才资源,进一步加强事务所;吸引在读博士来事务所进行短期或定期学习和工作;吸收优秀的应届毕业生来本所工作,增厚事务所的人才储备,实现事务所人才的阶梯结构。"

中闻律师事务所的改革者明白,律师事务所想要拥有强大的人力资源,很大程度取决于"门槛"的设定。

继彼得·德鲁克提出"人力资源"十多年后,美国经济学家西奥多·舒尔茨（Theodore W. Schultz）和加里·贝克尔（Garys Becker）认为人力资本体现在具有劳动能力的人身上的、以劳动者数量和质量所表示的资本，它是通过投资形成的。该理论更加深化了人力资源的概念。

人力资本概念的提出，被视为向着更加尊重人的方向迈进了一大步。在经济学界看来，虽然它并不能换得真正的股东权益，但有时确实能得到类似于股东权益的东西，比如干股、期权。

纵然经济学、管理学界经过多年研究，将人力资源、人力资本概念广泛诠释给社会公众，但是怎样在管理实践具体操作中创设有效的激励机制，让人才享受到尊重，从而获取人力资源焕发出的潜在效能，带来高附加值的经济效益，需要实践者发挥自己的实践智慧。

世上没有先知先觉的人，实践者执着理想而宁愿承受各种磨难不放弃努力，从不幻想天下掉馅饼的幸运。"人力资源"最终要由组织中每个人的价值及潜在价值做出的贡献来体现效能。

设定入伙退伙程序条款

我国宪法学者依据《中华人民共和国宪法》第二章"公民的基本权利和义务"中第35条规定的"结社自由"来解析宪法体系：

结社自由是一种基本权利。

作为一种自由权，它兼具自由与权利的双重属性，既是"按照自己的意愿行事而不受阻碍的状态"，也要求"在国家制度保障下行使自由或获得利益的能力"。

有学者将"结社自由"延伸诠释为：

就公民个人来说，结社自由分别为是否结成团体的自由，是否加入团体的自由，是否有保持以及脱退团体成员身份不受公权力干涉的自由。

1996年5月15日，全国人大常委会在审议通过的《中华人民共和国律师法》中明确规定"律师协会是社会团体法人，是律师的自律性组织"，有权"按照章程对律师给予奖励或者给予处分"。这一规定被学界视为对1993年关于律师管理体制改革的思路的回应，从而为律师协会行业管理奠定了法律保障。

第十四章 公司化

不久，全国律协通过了第一部行业规范——《律师职业道德和职业纪律规范》。

司法部在全国人大常委会通过《中华人民共和国律师法》163 天后发布《合伙律师事务所管理办法》，这一部颁规章提到：合伙协议应当载明合伙人入伙、退伙及除名的条件和程序，又在第 14 条、第 15 条、第 16 条具体规定合伙律师事务所如何吸收新合伙人；如何退出合伙；如何除名。

中闻律师事务所成立前一年，司法部废止了《合伙律师事务所管理办法》，司法部部务会议于 2004 年 6 月 8 日审议通过了新的《合伙律师事务所管理办法》。这份部颁规章中所列的"合伙人入伙、退伙及除名的条件和程序"被纳入中闻律师事务所成立伊始的章程之中。

倘若不出现大动荡，进出中闻律师事务所"门槛"的合伙人兴许像其他律师事务所入伙、退伙那样，履行大同小异的相关手续。一般来说，无论哪个律师事务所遇到合伙人退伙或律师退所，办理相关手续少不了必要的羁绊流程。对于人数众多的大律师事务所来说，若同时有多名高级合伙人连同几十名一、二级合伙人一齐退伙，怎样评估事件的灾难性影响恐怕都不为过。

中闻律师事务所大动荡发生后，人们回看 3 年前《中闻宪法》《中闻律师事务所 2011 年发展纲要文件》这两份文件，能感受到其中洋溢着"做大做强"的乐观情绪，却单单没有规制退伙和除名的意思表达。

痛定思痛的反思体现在大动荡出现几个月后。改革者在《北京中闻律师事务所普通合伙制改革方案（讨论稿）》中写下了入伙和退伙的条件约束及办理程序。

相对而言，讨论稿针对入伙条件仅有两行字的规定，"新合伙人入伙，应当经全体合伙人过半数同意"；而退伙条件却足足列出 6 项：

——退伙不仅"需要有正当理由"，还"需提前 3 个月书面告知其他合伙人并经合伙人会议一般多数通过"；

——"退伙时按照退伙时的中闻所财产状况予以清算，退还退伙人的财产份额"；

——"退伙人对给中闻所造成的损失负有赔偿责任的，相应扣减其赔偿的数额"；

——"退伙人在中闻所的财产份额的退还办法，应由合伙协议约定或由全体合伙

人决定";

——"未经合伙人会议同意而自行退伙给中闻所造成损失的,应当赔偿损失";

——合伙人退伙时,所内财产少于所负债务的,应当在合伙协议规定中约定由退伙人分担亏损。

讨论稿当然不是正式文件。

相隔20天后,在正式公布的《北京中闻律师事务所特殊的普通合伙所改制方案》中,针对合伙人的退伙与除名有了规范表述,较讨论稿严谨了许多。这里仅列举涉及退伙新规制的部分内容:

——合伙人有权退伙,分为自愿退伙与强制退伙;

——自愿退伙,年度结束前3个月书面通知执委会,并经合伙人会议一般多数通过;

——强制退伙,在一个执业年度内连续3次以上遭到当事人书面投诉和在事务所执业期间被当事人书面投诉合计达到5次以上的;被司法机关决定采取强制措施、追究刑事责任的;被司法行政部门作出停止执业6个月以上行政处罚的(具体参见《律师法》第49条规定);多次违反事务所制度,发起合伙人一致认为应予强制退伙的;

——退伙时,合伙人可转让其认购份额,或按照退伙时事务所上年度财务报告确定的股价予以折现;

——退伙时,合伙人所享有的赠与份额,由律师事务所收回。

《北京中闻律师事务所特殊的普通合伙所改制方案》公布整整两个月后,中闻律师事务所同时出台了《合伙协议书(草案)》和《中闻律师事务所章程(草案)》。前者将"合伙人入伙、退伙及除名"放在一节中表述;后者将"合伙人入伙、退伙及除名"放在一章中表述。

《合伙协议书(草案)》对合伙人入伙条件进行了细化,增加了多项内容,不仅要求新合伙人是"具有3年以上执业经验并能够专职执业的律师",还要求其"担任合伙人前3年内未受过停止执业以上的行政处罚";同时强调新合伙人要"认可事务所发展理念,承认并愿遵守事务所章程、管理制度、本协议及合伙人决议";"履行相应的出资义务";最后的条款是"履行合伙人会议决议或法律法规规定的其他入伙事项"。

讨论稿曾提出"新合伙人入伙，应当经全体合伙人过半数同意"，这句有失严谨的表述在《合伙协议书（草案）》中被修正为"符合合伙人条件并申请或受邀加入合伙时，须由全体合伙人会议讨论，并经全体合伙人表决权的1/2以上（包含1/2）表决通过"。

另外，讨论稿中"新合伙人应依法订立书面入伙协议"一句，也在《合伙协议书（草案）》中被修正为"事务所应与新入伙合伙人签订书面协议，将其录入《事务所合伙人名录及出资情况一览表》，并报送司法行政机关办理变更登记"。

退伙制度条款一改再改

"摆脱保守僵化思维，强调全体合伙人的整体利益，强调合伙人会议的核心权威，以自信、开放的态度行使律师事务所的管理，做到律师的人性化服务，以公平、公正、公开作为我们中闻律师事务所改制和管理运营的指导原则。"

这一段话引自 2010 年《北京中闻律师事务所普通合伙制改革方案（讨论稿）》之"中闻所改制的总体原则"中写下的文字。不难看出，这段话衬托出中闻律师事务所制度改革者的精神追求。

出于可以理解的背景原因，《合伙协议书（草案）》对退伙及除名制度列出 12 项条款，所涉文字比讨论稿溢出一倍多。这些文字详尽地规制退伙合伙人应当交办的各种事项及手续。

比如：何时递交书面退伙通知；应对尚未了结的工作、占用财物、债权债务以及应说明的其他问题提交详细书面报告，并按照合伙人会议决议办理移交和清偿手续；退伙合伙人可转让其认购份额，或按照退伙时事务所上年度财务报告确定的股价予以折现；退伙合伙人所享有的赠与份额由事务所收回；退伙合伙人不参加当年度事务所剩余利润的分配；退伙合伙人应保守事务所商业秘密……

有必要指出的是，《中闻律师事务所章程（草案）》在阐述退伙概念时提出了"自愿退伙"与"强制退伙"。自愿退伙的合伙人被要求"于年度结束前 3 个月书面通知执委会，并经全体合伙人表决权的 1/2 以上（包含 1/2）表决通过"。"强制退伙"列出的条件是："合伙人在一个执业年度内连续 3 次以上遭到当事人书面投诉和在事务所执业期间被当事人书面投诉合计达到5次以上的;被司法机关决定采取强制措施、追究刑事责任的;被司法行政部门作出停止执业6个月以上行政处罚的(具体参见《律师法》第49条规定);多次违反事务所制度,发起合伙人一致认为应予强制退伙的。"

《中闻律师事务所章程(草案)》执行一年后再经修正,郑重推出删掉"草案"两字的《中闻律师事务所章程》,再看章程第五章"入伙与退伙",草案提到的"自愿退伙""强制退伙"被保留,但增加了"当然退伙"的条款。"当然退伙"在此前中闻律师事务所的文件中没有出现过。

事实上,1997年8月1日施行并于2006年修订的《中华人民共和国合伙企业法》第48条的规定就载明了"当然退伙"的五种客观情况。可以说,如果中闻律师事务所没有遇到适用"当然退伙"的客观情况,恐怕还想不起来将18年前法律已载明的这一情形列入中闻律师事务所章程之中。

经济学与管理学均属于社会科学大范畴。"人力资源"最初从经济学理体系出发,以纯粹物化的角度将人置于经济学理的逻辑矩阵中。当对"人力资源"理念深入研究之后,这门学科参酌管理学重视人权的立场,在承认人的价值上实现了理念的重大突破。

《中闻律师事务所章程》将《中闻律师事务所章程(草案)》第49条规定的"合伙人自愿退伙于年度结束前3个月书面通知执委会"改为"合伙人在不给事务所的事务执行造成不利影响的情况下可以自愿退伙,但应提前90天以书面形式通知执委会"。

这一改变体现了公平和尊重人权的旨意。而中闻律师事务所制度文件条款一改再改,显现出改革持续向着理想方向推进。

第十五章　专业化

第十五章 专业化

保存在中闻律师事务所制度档案柜里的文件中有一份有着 21 页的制度文件——《北京中闻律师事务所普通合伙制改革方案（讨论稿）》。这份文件"根据临时执委会决议"较为完整地呈现出改革整体方案，郑重提出中闻律师事务所要在"采用特殊普通合伙制"下实现"专业化、公司化、规模化、国际化"目标。

市律协导引专业化方向

追溯北京律师制度恢复历程，初期业务从比较单一的刑事辩护渐次发展至刑事辩护，民事、经济、行政案件代理，涉外仲裁、劳动争议仲裁代理，非诉讼法律事务，担任法律顾问，以及律师见证、行政复议申请等领域。

专业委员会在这一历程中立下的功绩不可忽视。

早在 1979 年，北京市律师制度恢复重建时，律师业务大多是诉讼业务，承办的是刑事、民事及经济类案件。1981 年，北京市律师协会在全国率先提出"调整组织机构，走专业化的道路"，由此开始推动法律服务业务向各个领域拓展。每一届北京律师协会理事会报告必不可少地要重点介绍协会在专业化方面做出了哪些努力，取得了哪些成效。

北京市律师协会凭借专业化实践积累下的经验，于 1991 年 12 月 31 日成立业务委员会。业务委员会下设刑事辩护、诉讼代理、非诉讼代理、法律顾问和涉外经济 5 个专业委员会。

北京市律师协会成立业务委员会未及一年，北京市司法局在《关于深化律师改革的具体意见（讨论稿）》中建议各律师事务所都要划分专业部组，构建合理知识结构和专业结构。不久，这份文件的精神促使北京律师在诸多专业领域深入开掘，如金融、证券、投资、贸易、信托、公司、保险、边贸、招标投标、税收、商务、房地产、融资租赁、海商海事、知识产权、涉外仲裁、破产清算、股份制改造、新经济开发区和科技园区开发等。

与此同时，北京律师参与立法和专门法律课题研究，广泛延伸专业触角。

专业化理念明确提出之后，北京律师紧紧围绕社会经济发展进程展开专业服务。1994 年，北京市律师协会先后成立知识产权、谈判、国际业务、房地产、企业产权交易、税法、劳动法、金融等 8 个专业委员会，专业委员会总数达到 15

个。

2001年9月，中闻律师事务所挂牌成立之时，北京市律师协会换届为第六届理事会。同年12月，作者吕淮波、吴成亮发表《律师事务所走规模化建设之路的构想》文章，作者在文中披露：

"全国近万家律师事务所，大多规模在执业律师10人左右，律师人数过百人的不超过10家"，"律师事务所规模小，人力资源分散，综合力弱，未形成专业化"。

两位作者指出不能忽略的现实：

"目前大多事务所采取小作坊式的经营方式，对律师事务所的前途缺乏统筹规划和长远打算。只有极少数事务所办出了自己的专业特色，如有的专门受理关于知识产权的法律服务，有的专门受理涉外法律事务，有的擅长从事证券市场的法律服务等，但规模都很小。"

2004年，北京市律师协会第六届理事会任期结束，向第七届理事会呈交了理事会报告，报告着重强调"未来要积极推动和完善北京律师法律服务诚信化、品牌化、国际化建设，引导律师事务所向规范化、专业化发展"。

同年12月，北京市律师协会被民政部评为"全国先进民间组织"，这一荣誉称号被看作是国家对北京市律师协会多年来工作成绩的肯定。

新世纪第一个十年里，北京律师在继续承办大量刑事、民事、经济案件等传统业务的同时，将业务范围覆盖到市场经济法律体系的各个层面，如房地产、金融、投资、融资租赁、海商海事、证券、知识产权、保险、税务、期货、国际仲裁等诸多领域，同时在反倾销、企业改革、产权界定、高科技等领域延伸拓展，办理了大量的非诉法律事务。一些专业特色明显的律师事务所和专业律师崭露头角。两位北京律师于2007年11月分别当选内地首位WTO大法官和北京奥运会唯一中国籍仲裁员，成为北京律师业界国际化高端人才的翘楚。

2009年，北京市律师协会已组建起13个专门委员会和53个专业委员会。

专业培训细化业务类别

专业化的概念源于人类社会工业化的发展历程。

第十五章 专业化

自工业化初期出现部门专业化、产品专业化之后，工业发展逐渐繁衍出零部件专业化、工艺专业化。全球产业革命之后，大机器的广泛使用使得工业生产的分工愈来愈细，技术专业化催生人员专业化，专业化理念在社会科学多个领域得到发展。

专业化是公司化管理体系中的一个组成部分，要求运用企业模式的组织与运作，进行精细化管理。

中国社会科学院法学所研究员周汉华在人民日报发表文章中指出：

"随着社会进入信息时代，人类面临的问题越来越复杂、越来越专业，必须通过专业化分工，让专门人才解决专业问题。分工产生效能，专业化是社会分工的产物，是社会进步的标志。"

律师在执业机构中运用专门技术和经验，针对法律服务某一领域提供专业服务，获得相应专业地位，这一过程被视为专业化。

具有相当规模的律师事务所设立专业部门，选任专业经验丰富的律师担当专业部门的负责人直接为新加入律师事务所专业部门的律师提供培养条件，助力律师事务所整体向着专业化方向挺进。在时代大环境的促动下，律师行业细分领域的专业化已成为一种趋势。

《中闻律师事务所业务部规范发展指引》与《北京中闻律师事务所普通合伙制改革方案（讨论稿）》在同一时期制定出来，前者在总则里言明要加强规范化和专业化建设、形成专业服务团队品牌，遂将"业务部设立和调整""业务部负责人""业务部职责""鼓励业务部发展措施"各自分章阐述，并列出业务部门的10项职责，包括业务发展和推广、内外培训、组织研讨、对外招投标、制定业务操作规范指引等。

中闻律师事务所第一届执委会和监事会执政一年之际，专门讨论了业务部门的建设计划。中闻律师事务所此时已建起21个业务部门。

中闻律师事务所新制定出台的《合伙人招募政策》，将业务部门负责人选举条件和方式以及绩效考核要求一一列出，成为指导性文件。各业务部门举办活动要提前向专家委员会申报，由专家委员会统一协调组织实施。由此，业务部门竞相组织培训授课，预订开会场所经常"撞车"，每每需要协调解决。

在制度文化中，组织内部展开有针对性的培训更符合年轻成员内心的迫切期望，年轻人期望更快地提高专业素质和工作能力，积累更多的专业知识，铸就个人的技能经验,他们在捧好专业饭碗的同时,祈盼通过个人努力成为不可或缺的优秀人才从而受到尊重。

与注重培训人才的律师事务所一样,中闻律师事务所建立起内部专业培训制度,由在专业领域经验丰富、理论功底扎实、善于研究又热心付出的各位资深律师定期举办专题讲座。这些课程深受年轻律师欢迎,培训会场往往座无虚席,即使没有座位,后来者也要站着聆听。

资深律师传授专业知识和技能的同时也传递着人品、意志、修养和敬业精神。尽管每个授课者性格鲜明、风格不同,但一批又一批的年轻律师通过一次又一次的培训课程,寻找着个人专业志向、专业定位和专业兴趣。

与专业化有着密切关联的一个概念是标准化。

基于法律各领域的规则体系具有相对的恒定性,如果设计出相应的工作流程、工作环节,制定相适的标准化要求,将专业领域里的法律服务工作固化下来,这样既有利于节省时间和精力,又能提高工作效率,还被认为可以有效地控制执业风险。

从《中闻律师事务所业务部规范发展指引》形成的篇幅及内容中能够看出,撰稿者对专业化体系的深度思考尚处于初级阶段,比如将"规范化"与"专业化"连缀在一起;而"合规"概念的表述则在几年以后才出现。这份文件折射出过去时社会形态与律师业界的既往历程。

2013年11月29日,经中闻律师事务所合伙人会议审议通过的《中闻律师事务所公共团队管理办法》沿用了《中闻律师事务所业务部规范发展指引》中关于"加强专业化建设""形成专业服务团队"的指引,明确要"贯彻以人为本及专业化的原则"。

然而,时间过去了10个月,体现在众多制度文件里的"专业化"仅仅出现在一次执委会上讨论"公共团队和合伙人管理"的议题中,并且只有"提高团队的专业化、团队化"11个字一带而过。

此时,中闻律师事务所执委会在专注忙碌什么重大事项呢?

平台战略促建矩阵部门

2014年入秋时节,执委会忙着筹办两件大事:成立专家委员会和发展委员会。

专家委员会将承担起中闻律师事务所的培训、讲座、论坛等事务，统一策划安排；发展委员会将中闻律师事务所未来发展、分所战略、营销工作和人才招募等工作统筹管理。发展委员会和专家委员会属于执委会下设机构，两个委员会在执委会的宏观指导下独立开展工作。

委员会是组织结构中的一种特殊类型，其组织形式的主要特征是执行某方面管理职能的集体活动，一般情况下，委员会具有决策、咨询、合作和协调作用。

中闻律师事务所之所以急于成立这种特殊类型的组织结构来实施管理，显然是出于对大局发展紧要态势的判断。发展委员会和专家委员会成立一年后，中闻律师事务所又成立了考核委员会。这个委员会的成立，有力地支撑起团队专业化建设。

大动荡中多名高级合伙人及几十名律师退伙离开已有一年之久，中闻律师事务所尚未从多重困难中解脱出来，大量引进人才成为最迫切的解困途径。靠律师个人调动人脉以及在朋友圈四处游说，虽有些微进展，但这种方式无法从根本上扭转颓势，决策层意识到必须组织起来，用团队的集体力量突破困境。

中闻律师事务所执委会档案中存有 2017 年 5 月的一次会议纪录，在与会者讨论业务部门的改革时，有人提出业务部门是否在建立平台的基础上向实体化方向发展，借此引出专业化、规范管理的重要话题。

当"平台"这一理念紧随互联网时代而来时，"平台战略"一时间成为企业倾心研究的热词。"平台战略"如是解读："遵从客户价值核心，构建关联多方业务主体的生态经营系统，在平台上的业务单元之间会产生协同效应，每个业务单元都会获得自己的价值增值。"

中闻律师事务所文件档案里另存有这样一份制度文件——《中闻律师事务所证券法律业务质量管理和风险控制管理制度（试行）》。2014 年 1 月 15 日，这份文件经由第一次合伙人大会审议通过。

翻阅这份文件不难看出，这是一份由经验丰富的律师起草的制度文件，专业性极强，文件内容多达 15 400 余字，共列有 101 项条款，它是中闻律师事务所任何一份制度文件的篇幅都无法比肩的。这份制度文件体现出的专业性、规范性，以及细致界定权力边界和行为空间的程度，不仅具有深层隐含的伦理和价值观念，还显示出较高的专业水平和素养，更鲜明地昭示出向往理想目标积蓄的精神力量。两年以后,这份文件再经合伙人会议审议修订。

中闻律师事务所业务平台实体化承载着"规模化、专业化"的理想目标,针对律师从事的业务领域促建矩阵性组织,把职能分工与组织合作结合起来,从专项任务的全局出发,促进组织职能和专业协作。

中闻律师事务所的改革信心基于3年来业务部门和公共团队的发展态势。在专业化平台的概念下,这家律师事务所由专业经验丰富的合伙人牵头,联系案源、管理团队。公共团队律师跟随合伙人接触专业业务,发挥相互协作的集体力量。这样,既提高了工作效率,也培养了渴望尽快成长的年轻律师。

改制5年,中闻律师事务所陆续建起29个专业部门,包括公司业务部、金融业务部、知识产权业务部、投资并购业务部、民商诉讼与仲裁业务部、刑事业务部、房地产业务部、国际业务部、医药卫生业务部、劳动争议业务部、行政与国家赔偿业务部、婚姻继承业务部、证券业务部、建筑工程业务部、企业重整与清算业务部、不动产物权业务部、酒店管理法律业务部、互联网金融法律业务部、公益诉讼与法律援助业务部、互联网与传媒法律业务部、养老产业法律业务部、矿产能源业务部、京津冀法律业务部、政府法律事务业务部、海外华人权益保障法律业务部、竞争与贸易救济业务部、传媒娱乐法律业务部、不良资产处置业务部、公司合规业务部。

中闻律师事务所虽然也有少数人在改革进程中置身事外,逍遥观望,但更多的人在专业领域加倍努力,与团队密切互动,将个人利益融入整体利益,将个人前程与律师事务所前程紧紧联系在一起,同舟共济,同甘共苦。

刑辩学院与行政诉讼研究院

2015年11月6日清晨,从睡梦中醒来的北京人惊喜地看到窗外飘散着雪花,而早高峰出行的人们纷纷换上冬衣。由于路面湿滑,部分公交车辆停驶、地铁限速,新闻报道称这是此年北京入冬迎来的第一场飞雪。

上午,居然大厦18层大会议室里正在举行中闻刑辩律师学院成立仪式,中闻律师事务所主任吴革与监事会主席温进共同为中闻刑辩律师学院揭牌,执委会主席杨凯主持会议,向知名刑辩律师朱明勇授予中闻刑辩律师学院院长聘书。

第十五章 专业化

随后，朱明勇在会议上做了"刑事辩护中逆向思维模式构建"的主题演讲。清华大学法学院教授、博士生导师易延友与中央财经大学硕士研究生导师李轩先后对朱明勇的主题演讲进行了点评。来自法律界、新闻界的数十名嘉宾参加了这次会议。

一年前，中国网刊登出一篇文章，标题为《刑辩律师的培养应该在律所——访北京中闻律师事务所主任吴革律师》。法治观察记者金仲兵在文中介绍了中闻律师事务所打造中闻刑辩律师学院的背景、动机、构想以及规划运作。

吴革告诉前去采访的记者，策划成立中闻刑辩律师学院的社会背景如下：

——2014年，中央全面深化改革领导小组通过了《关于司法体制改革试点若干问题的框架意见》，为杜绝刑讯逼供、严格实行非法证据排除规则和法官独立审判提供了政策支持；

——据全国律师协会统计，截至2013年底，中国执业律师已逾25万人，但刑事案件被告人律师出庭辩护率不到30%，这意味着70%的刑事被告人在面临公诉人指控犯罪时没能获得律师辩护；

——新修订的《中华人民共和国刑事诉讼法》确立了严格的非法证据排除规则，最高人民法院发布的《关于建立健全防范刑事冤假错案工作机制的意见》彰显了国家加强对公民人权的保护。

吴革谈到创办这所学院的规划时说，中闻律师事务所在十几年的发展中积累了很好的教学资源，既有"刑事辩护资源"，也有"专家资源"。所谓"专家资源"，是指在该所执业的刑事领域专家、著名教授、学者等。吴革表示，中闻律师事务所将会利用自身优势，邀请国内优秀刑辩律师、专家加盟中闻刑辩律师学院，为优秀学员们提供国内顶级优秀刑辩律师、高校专家教授组成的教师团队。

法治观察记者特别留意吴革谈到的一个重要理念：

"优秀刑辩律师人才的培养应放在律所里，而非在法学院里。"

据吴革介绍，这所学院将把"专业理论与实战经验有效结合"作为长期坚持的一项教学理念。他还向记者透露，中闻律师事务所不仅要创设中闻刑辩律师学院，还要创立中闻行政律师学院和中闻商务律师学院，为社会输出更多优秀的专业律师人才。

2016年9月11日，这一天是中闻律师事务所创立15周年的前两天。

法制日报记者王开广在《全国首个行政诉讼法研究院在京成立》报道中披

露了"行政诉讼立案登记制实施效果与展望研讨会暨北京市中闻律师事务所行政诉讼研究院成立仪式在京举行"的消息。

据悉,中闻律师事务所行政诉讼研究院院长由中国政法大学教授何兵担任。这家新创立的研究院旨在强化行政诉讼理论与实务相结合、提升行政诉讼案件代理水平、维护当事人合法权益、促进公权力依法行政。

中闻刑辩律师学院创立两年后,陈飞律师被任命为执行院长。这位律师在此前多年的执业生涯中,已经由传统的综合性诉讼代理转型为专职从事刑事辩护领域的工作。

"担任执行院长这一职务没有职务津贴,我是怀有一种情怀来做此工作的。"

陈飞律师坦率地说,每当聆听刑辩专家研究论证案情时,他往往感到能够提升自己的认知境界,感觉那些思想精华正是他想追求的东西。任职执行院长仅月余,陈飞在网上发表《不忘初心致力于中闻刑辩学院的发展》一文,文中写道:

"随着依法治国进程的推进、全社会文明程度的整体提高,对刑辩律师的要求必然也会越来越高。刑事辩护业务的内涵和技能、执业规范等无时无刻不在变化着,律师唯有不断地接收新的理念、新的知识,不断深化自己对法律、法规的理解,不断推进实践创新,才能跟上这个日新月异的时代。"

陈飞介绍说,这所学院的首要任务,即是在律师事务所内部营造良好的学习氛围,通过组织不定期的案例研讨、学术讲座、沙龙交流、主题论坛等活动,将学员们聚集在一起互相学习,提高专业技能;借鉴业界其他优秀同行的宝贵办案经验;充分挖掘、调动律师事务所内外的资深专家、学者、律师等师资力量,培养中国刑事辩护领域的专业人才。同时,还将通过中闻律所微信公众号、官网等线上平台以及学术讲座、沙龙交流、案例研讨等线下传统方式,为社会上广大受众普及不同形式的法治理念,增强广大公民面对犯罪行为的辨别能力,加强群众维护自身合法权利的防范意识和能力。

中闻刑辩律师学院在 2018 年 3 月 11 日召开"新形势下涉黑案件的有效辩护与风险防范"研讨会之后,又于 4 月 22 日召开了中闻刑辩律师学院第一次全体大会。与会者为中闻刑辩律师学院未来发展与规划积极提出建议。

2018 年 11 月 1 日,中闻刑辩律师学院在设立重大、疑难案件研讨机制的前提下召开了第二次重大疑难案件研讨会,以此响应中华全国律师协会《关于律师办理黑恶势力犯罪案件辩护代理工作若干意见》,集全所之力为具体承办该类案件的律师提供帮助。会议由曾经在公检法机关工作、熟悉办案程序的律师，以及来自大学科研机构、专门研究涉黑犯罪课题的近 20 位资深律师或专家，为中闻律师事务所一位律师办理的某犯罪嫌疑人涉黑案件进行了集体研讨。

公平实现以贡献论报酬

在管理学的"制度森林"中，每一项制度都可谓是系统工程。

确立考核制度的意义在于依据理想中既定的战略目标，运用专门制定的标准及指标对岗位任职人员的工作行为及工作业绩进行评判，既要了解其工作能力和工作适应性等方面的情况，又要将此作为奖惩、培训、辞退、职务任用与升降等制度实施的依据。

衡量一个公司或经营组织是否具有很强的凝聚力，要考察其成员对共同利益的认同程度，也要考察组织内是否真正能够公平实现以贡献论报酬的激励制度，还要考察是否杜绝了任人唯亲、拉帮结派的不良风气。若想实现以贡献论报酬的制度，需要将工作业绩量化为客观的工作指标。

中闻律师事务所正在酝酿考核管理办法之时，涉及律师行业顶层设计的信息频频传来。中央政法单位研究起草了《关于依法保障律师执业权利的规定》，司法部对《律师执业管理办法》《律师事务所管理办法》作了修订，并起草了《关于深化律师制度改革的意见》。北京市律师协会正忙于《北京市律师执业规范》的修订工作，编印律师违法违规执业典型案例，定期在首都律师网上向社会公开发布行业纪律处分情况通报，同时就《北京市律师协会章程》的修订工作广泛调研、征求意见，形成修订草案。

在如此大环境影响下，《中闻律师事务所考核管理办法》定稿，呈交合伙人大会讨论。管理办法涉及如何考核律师、如何考核公共律师团队等具体考核内容及考核方式，还涉及制度设定的各个环节及衔接是否合理、是否公平、能否达到奖勤罚懒的激励效能等各个方面。《北京市中闻律师事务所考核管理办法》继《中闻律师事务所章程》之后于 2015 年 7 月 24 日经合伙人大会通过后被列入制度体系。

依据司法部 2012 年 11 月 30 日通过修正的《律师事务所管理办法》，这份制度文件共列出27项条款，确定考核对象，并就设立考核委员会、选聘考核委员会成员、考核次数及时间安排、考核流程和考核内容、考核结果处理、惩戒与奖励等事项进行了规制。需要说明的是，考核对象为全体律师、公共团队成员、行政人员和财务人员。

有意加入中闻律师事务所的合伙人在签订合伙协议书之前，势必要阅读中闻律师事务所章程。章程在事务所宗旨里写有这样的话：

"把本事务所创办成管理规范、业务一流、形象良好的专业化、公司化、规模化、国际化的世界一流律师事务所。"

当人们接着看到合伙协议书写有"认可事务所发展理念"这九个字时，也许不会在意其中蕴含的深意，就算把这九个字与章程宗旨联系在一起，兴许会认为那不过是一句空洞的大话。

研究考核制度的人不会忽略绩效与薪酬的密切关系，因为这两者直接影响人力资源管理的质量。有学者这样表述，"考核的最终目的并不是单纯地进行利益分配，而是促进企业与员工的共同成长"，用更直白一些的话来说，"考核就是让做得好的人得到很多，让做得不好的人得不到或得不到很多"。

从决策管理者的立场出发，若想让考核制度充分发挥激励效能，必须明白考核绩效并非单纯进行利益分配，其目的是促进组织与组织成员共同成长。理想的激励成效是将每个成员积极进取的自尊心与所在组织的前途融为一体。

考核是一项系统工程，其本质属于过程管理，需要用心经营。管理者在设计和考察制度过程中要能不断发现问题，及时进行调整和改进，将多方管理要素恰切地结合在系统流程中，以促发相互作用的良性影响。

一位日本现代企业的著名企业家有句流传甚广的口头禅，"工作的报酬是工作。如果你干了件受到好评的工作，下次你还可以再干更好的工作"。这句富有哲理和管理智慧的口头禅，成为启迪现代企业管理思维的经典名句。

中闻律师事务所考核管理办法开宗明义，制定这一制度的目的在于"达到律师管理和行政管理等工作规范有序、风险可控的要求"，"为权益合伙人赠予股份的确认和调整提供依据，为公共团队成员、行政人员、财务人员评级、晋升、薪酬发放和奖惩提供依据"。

查阅这份制度内容，可以看到律师考核分为六项，包括：

遵守执业纪律和职业道德情况；

业务收入情况；

承办案件质量情况；

参加社会公益事业情况；

社会兼职的情况、参加本所以及相关业务委员会活动的情况；

投诉情况等。

公共团队成员考核分为六项：

工作小时单完成情况；

工作任务和成果完成情况；

本所指派的公共事务完成情况；

遵守职业道德和执业纪律情况；

遵守本所规则制度情况和《公共团队成员诚信承诺书》的履行情况；

参加培训、工作态度、团队合作、出勤情况等。

根据《中闻律师事务所考核管理办法》的规定，律师考核方法如下：

"主要以提交自查表、查阅律师案卷、律师业务收入情况、投诉情况等方式为主，必要时可征询该律师以及委托人及有关单位的意见。"

公共团队成员考核方法如下：

"主要以提交自查表、查询工作小时单、承办案卷、出勤记录等方式为主，必要时可征询签发工作小时单的律师的意见。"

当一张中闻绩效考核测评表摆在面前，人们看到表中列出的"考核项目""考核指标""分项权重"，以及分项权重所列出的分级标准"优秀、良好、合格、差"，这似乎是考核表格中的通常格式，还能看到与"业绩指标"并列的有"态度指标"和"能力指标"，再看各个指标的子项之下还有分项，最底端各分项均有详尽释文。

随着中闻律师事务所考核制度得到不断修正和完善，全体合伙人包括执委会委员、监事会监事、公共团队成员、行政人员、财务人员在接受考核制度的过程中有着渐次递进的体验和认识。

"互联网+"促生"中律联盟"

2014年11月，李克强总理出席首届世界互联网大会发言时曾提到，互联网是大众创业、万众创新的新工具，而"大众创业、万众创新"正是这一年政府工作报告中的重要主题。转年3月5日上午，李克强总理在十二届全国人大三次会议上所做的政府工作报告中首次提出"互联网+"行动计划：

"制订'互联网+'行动计划，推动移动互联网、云计算、大数据、物联网等与现代制造业结合，促进电子商务、工业互联网和互联网金融（ITFIN）健康发展，引导互联网企业拓展国际市场。"

所谓"互联网+"，即"互联网+各个传统行业"，但绝不可认为这是两者简单地相加，而是"利用信息通信技术以及互联网平台，让互联网与传统行业进行深度融合，创造新的发展生态"，更加详尽的释意为：

"充分发挥互联网在社会资源配置中的优化和集成作用，将互联网的创新成果深度融合于经济、社会各领域之中，提升全社会的创新力和生产力，形成更广泛的以互联网为基础设施和实现工具的经济发展新形态。"

2015年5月26日深夜时分，吴革在个人微博上发表了标题为《关于成立中律联盟的倡议书》的杂谈，博客认证显示博主身份为"著名律师、全国律协宪法与人权委员会主任、法律博主、资讯视频自媒体"。

吴革密切关注"互联网+"概念体系，了解其具有"跨界融合""重塑结构""尊重人性""开放生态""连接一切"几大特征之后，从国家发展趋势联想到行业现状，由此对行业态势走向给出了个人分析评判：

"中国正处于一个法律服务市场井喷式增长的前夜，未来五到十年，随着经济社会发展，无论是诉讼还是非诉讼业务，都将出现海量增长，法律服务——尤其是优质的法律服务，将出现供不应求的局面。"

在这篇2000多字的杂谈文章里，吴革对为什么法律人需要联盟以及如何联盟这两大问题阐述了个人的见解。他认为，"今天，中国法律服务业正越来越呈现出全球化、规模化和精品化的特征。一些大型、超大型律师事务所开始在全球范围内兼并收购，形成全球一体化的格局。本土事务所亦呈现两极分化趋势，即大者更大，小者更精。中国法律服务市场将在接下来的几年里面临全行业的重新洗牌乃至颠覆！"

吴革为自己设想中的中律联盟勾画出这样一幅愿景：

"中律联盟将建立全球化、遍布中国三四线城市的律师事务所网络，将每家律师事务所不专业、能力弱的板块高效整合，使得律师事务所无须丧失联盟成员所在当地业已形成的品牌优势,却可以形成线上海量资源与线下成员律师事务所实体的无缝对接。同时,将联盟成员律师数以亿计的碎片时间高效利用,共同抗衡全球大所的竞争,取得跨界超越优势。"

2015年7月4日,经李克强总理签批,国务院印发了《关于积极推进"互联网+"行动的指导意见》。这份文件被视为"推动互联网由消费领域向生产领域拓展,加速提升产业发展水平,增强各行业创新能力,构筑经济社会发展新优势和新动能的重要举措"。

同年10月24日,由清华大学法学院、中国互联网协会联合主办的第一届互联网法治大会在首都北京举行。据中国经济网记者李万祥报道:"会议宣布集合全国各地知名律师事务所及律师资源的中律联正式成立,并举行了中律联互联网法治研究院的揭牌仪式。"

在吴革发表杂谈151天后,其倡议在多方热烈响应中促成了一个真实的社会实体组织。全国政协原副主席罗豪才在第一届互联网法治大会会议致辞中提到,"互联网带来了这个时代最深刻的变革"。

中律联盟发起人之一、全国律协建房委主任朱树英在接受中国经济网记者采访时介绍说:"中律联盟现有30多家律师事务所成员、数千名律师个人会员。遍布中国一二三四线城市的中律联盟律师事务所网络,将每家律师事务所专业板块高效整合,使得律师事务所无须丧失联盟成员所在当地业已形成的品牌优势,却可以形成线上海量资源与线下成员所实体的无缝对接。"

同为中律联盟发起人,吴革对前去采访的记者说:

"中律联通过联盟的形式获取北上广深及各个省会城市的律师事务所的资源,形成聚焦效应,以'互联网+'时代的知识管理和互联网精神应对国外互联网大潮的冲击,主动融入以互联网为标志的法律人的大连接、大联盟的时代。"

熟悉吴革的一些朋友对其痴迷"互联网+"颇感费解。其实,从他以往的经历中寻找动机,不难理解他为何如此执着,皆因他在多年执业经历中丝毫没有减损对实现正义的尊崇。

民主与法制杂志记者李蒙曾在2007年写过一篇题为《吴革:以个案推动法制车轮》的报道,这篇5000多字的特写报道生动地讲述了吴革是怎样提出通过个案促进法治的主张,进而成为"中国影响性诉讼"发起人的,文中这样介绍:

"作为中华全国律师协会宪法与人权专业委员会主任,他提出了'影响性诉讼'的概念，其含义就是通过有影响的个案推动法制进程。"

李蒙曾在面对面的采访中，了解到这位已届不惑之年的律师有着怎样不同凡响的执业经历，自 2003 年以来，他参与过孙志刚案件、湖南湘潭女教师黄静致死案、河北定州惨案，支持设立了公益诉讼的北京义派律师事务所，先后援助过崔英杰刺杀城管案、董坚"爱眼协会"案、李刚状告牙防组案……

身为中华全国律师协会宪法与人权专业委员会主任，吴革自 2005 年开始提出"影响性诉讼"的概念。在吴革的促动下，"中国十大影响性诉讼案件"先在法制日报推出，继而移至南方周末，"影响性诉讼"每年的评选都与媒体合作推出，社会反响巨大。

作者李磊曾在法制网上发表了标题为《律师事务所品牌建设四大攻略》的文章，文章开篇写道："微博和微信的崛起，开创了一个全民自媒体的时代，基于自媒体低门槛、易操作、交互强、传播快的特点，微信公众号和微博已经成为律师事务所营销的主战场。"

眼见着互联网、大数据、人工智能排山倒海般地席卷而来，整个经济社会仿佛在短短一瞬间坠入前所未有的数字化转型浪潮之中。相比十几年来坚持不懈地推动"中国十大影响性诉讼案件"的曲折经历，吴革感慨往昔没有互联网技术的艰辛时说，"以往个案推动法治虽然有一定的影响力，但是推动得太慢啦"。

互联网时代以全新的理念重塑人们的生产、生活方式，科技浪潮汹涌袭来，法治建设曾经沿用多年的观念和方式迎来了跨时代的惊人变革。吴革一直对实现现代国家法治抱有极大热忱，看到互联网将划分出一个新纪年——传统时代和互联网时代，他意识到法律人也会因此被划分为传统法律人和互联网法律人，互联网法律人则是兼具法律思维和互联网思维的法律人。为此，他在多个场合呼吁，"中国的法律人应改变过去被动参与的思维而主动参与，融合互联网思维与传统的法律思维"。

中律联盟成立后很快发展到 40 多家律师事务所成员、4000 余名律师个人会员。

2016 年 10 月 16 日，第二届中国互联网法治大会在北京会议中心召开，这次大会由中国互联网协会主办，中华全国律师协会和法律出版社支持，北京中律联网络科技有限公司和中闻律师事务所承办。

吴革以中华全国律师协会宪法与人权专业委员会主任的身份在会议上做了题

为《互联网时代的公民》的演讲。仅仅两个月后,"中国专业百强大律师事务所联盟"在北京法律出版社正式成立。这一联盟是由全国各个法律专业领域的知名专业律师事务所及推动法律行业链的相关企业发起成立的,加盟成员有来自不同地区的中小型专业律师事务所。

2018年4月,第一届中律联盟论坛在京召开。论坛由中律联盟主办、北京市中闻律师事务所承办。据法制日报记者王开广报道:来自全国18家参会盟所代表围绕"法律服务专业主义与'互联网+'的碰撞与融合"的主题展开深入探讨。

吴革在接受法制日报记者采访时,就专业主义如何适应"互联网+"的挑战这样回答,"这个问题不是一家律师事务所或者一个律师的问题,应该是律师业在'互联网+'时代当中面临的共同问题。互联网时代应该是一个'民有、民治、民享'的时代,'互联网+'法律应通过商业、技术的创新,寻找更好的解决方案,保障公民的权利"。

互联网对实现法治理想具有无可争议的强劲助推力,互联网对律师执业实现现代化也提供了难以估量的无限可能性。吴革相信,理想在上,需要迎难而上,不惜付出任何代价去探索实现理想的最佳途径,建造互联网形态的律师事务所,这正是未来最需要关注的努力方向。

第十六章　文化与品牌

依据学界"管理幅度"理论的表述，集体规模愈加扩大，人际关系系数将呈指数增加，协调和取得一致意见会变得更加困难，信息量和管理难度也成倍增加。那么，一个日渐庞大的组织如何调动全体成员积极向上的进取心，如何培育组织的核心价值观，势必成为推进事业发展过程中面临的又一道关卡。

"硬文化"实现"更上一层楼"

中闻律师事务所改制之前，有志改革者从战略高度将文化资源列入律师事务所建设的三大资源之中，同时认为"文化资源包括律师事务所的各项管理制度、律师事务所形成的基本价值观和文化品位"，并据此希冀"通过不断积累自己的独特文化资源，团结风格各异的自由知识分子，形成中闻旗帜下的强大律师团队"。

问题是，这一理念能否经得起改革实践进程的检验？

"各项管理制度"与"基本价值观和文化品位"到底有什么关联？

律师事务所怎么形成"基本价值观"？

"基本价值观"包括哪些内容？

"文化品位"具体指的是什么？

什么是"自己的独特文化资源"，这个资源怎么积累？

《北京市中闻律师事务所章程》在"合伙人及其权利与义务"中写有这样一句话，"认可事务所发展理念，签订《合伙协议书》"。下面这句话正是这家律师事务所的发展理念：

"把事务所办成管理规范、业务一流、信誉良好的专业化、公司化、规模化、国际化的综合性律师事务所。"

然而，那些雄心勃勃的大律师事务所不都有相似的表述吗？

有人注意到，"文化"这两个字出现在《北京中闻律师事务所普通合伙制改革方案（讨论稿）》的内文时，后面缀有"资源"二字。在讨论稿撰写时，律所正处于改革初创阶段，对新生的社会组织而言，若以骨架、血肉、精神来比喻，制度犹如骨架。骨架立好，血肉和精神方可有所依附。将章程草案与章程中的同一表述进行对比，人们会发现这里有了重要的修正。

因你而不同

章程草案写的是"把本事务所创办成管理规范、业务一流、形象良好的'专业化、公司化、规模化、国际化'的世界一流律师事务所"。章程将这一句修正为"把事务所办成管理规范、业务一流、信誉良好的'专业化、公司化、规模化、国际化'的综合性律师事务所"。可以理解,撤掉"世界一流"是出于避免理想目标过于遥远而难以实现。

不同时期加入中闻律师事务所的人们对中闻律师事务所的第一印象和感受肯定不同。中闻律师事务所最初在华展国际公寓办公时,几个人守着一部电话,办公空间狭窄,若与来人交谈,房间里其他人都能听得见。出门办事,律师要走一段路才能到达公交车站。北京地铁当年只有一号线和二号环线,街上跑的是夏利、富康出租车。兴许还有人记得,夏利出租车全部退出北京是在 2006 年岁末。

最初几批加入中闻律师事务所的人们很怀念当年一起度过的日子。想当初,人少有人少的好处,遇到律师事务所大事,十几个人之间互相通通气,说一说,哪怕大家在工作餐聚齐时表个态,取得一致意见,全都出于信任,事情该怎么办就怎么办,不用像后来那样必须履行多少程序,必须要有主管签批、负责人签批。

眼看加入律师事务所的人越来越多,年轻面孔越来越多,熟识新人的机会越来越少,以至于同在律师事务所多年,有些律师相互之间从未打过交道。老相识各忙各的,相见也越来越少,偶尔有机会聚到一起,相互间很有些久别重逢的亲热。

"欲穷千里目,更上一层楼"有多种释义,其中广为认可的释义是诗意中蕴含的励志境界。创立 3 年,中闻律师事务所从最初只有 6 名创始人渐渐增至 30 多名律师,从华展国际公寓迁入城建大厦 7 层可谓"更上两层楼";又 3 年,拥有六七十名律师的这家律师事务所从城建大厦迁入天恒大厦 8 层,"更上一层楼";又 5 年,拥有近 200 名律师的这家律师事务所迁入居然大厦办公,这次可谓"更上十层楼",再 8 年后又将居然大厦内的 8 层整体租下扩展办公空间。如此一次次搬迁呈现出跨越式的变化,让身处变化中的人们深有感触。

在客户眼里,律师事务所办公环境和条件给人留下的最初印象,会在一定程度上影响人们对律师事务所业务水平和能力的判断。就大型律师事务所而言,其文化"硬件"既包括办公地点、城市区位、周边环境、建筑形态、空间大小、室内装饰、办公设备,也包括现代化条件必备的官网、微信公众号,以及视觉识别系统（Ⅵ）的使用。

按企业"硬文化"概念审视，中闻律师事务所一次次乔迁展示出中闻律师事务所事业发展取得的物质成就，也让人忆起中闻人改制之初曾经许下的承诺。

"软文化"蕴涵着理想情怀

古语有"单丝不成线，独木难成林"。

管理学界以管理者和被管理者所处地位不同，区分出核心层文化（领导文化或老板文化）、中层管理者文化、基层管理者文化，或部门文化、分公司文化、子公司文化，等等。如果那些充满理想的表白仅仅出自中闻律师事务所改革决策者之口，未能成为大多数中闻人的共同信仰和情怀，那至多只能划归为决策层文化。

学界权威对企业文化或组织文化的阐述有些烧脑：

"这种文化不是策划出来的，而是在长期的生存和发展中所形成的，为组织所特有的且为组织多数成员共同遵循的最高目标价值标准、基本信念和行为规范等的总和及其在组织中的反映。"

对应律师事务所的建设实践，可否将上述烧脑理念简化为两大要点：

一是这种文化不是策划形成的；二是这种文化是长期形成的。

早在20世纪80年代初，美国哈佛大学教育研究院教授泰伦斯·迪尔与麦肯锡咨询公司顾问艾伦·肯尼迪耗费了半年时间走访了80家企业后，于1981年7月出版了《企业文化——企业生存的习俗和礼仪》一书，成为论述企业文化的经典之作。

"企业文化"一词自1984年陆续出现在国内报纸杂志上。时隔4年，企业界在管理学、文化学、社会学和心理学者积极投入相关研究的热潮中，将这一理论体系结合各自的管理实践大力普及，热度持续不衰。

新世纪来临，国资委召开了首次中央企业"企业文化建设研讨交流会"，从高层推动企业文化建设。一时间，企业文化成了国内企事业单位、公司、社会组织人见人爱的"香饽饽"，以单位名称为前缀冠名的企业文化遍地开花。滥觞之下，到底有多少"掌舵人"真正透彻地理解企业文化的理念精髓，并转化为

"特有的、能识别的心智概念",从而凭此获得了企业无形资产的增值?

查阅2015年中闻律师事务所全年的执委会会议记录,其中没有看到有关文化建设的相关议题。日历翻到新的一年,在执委会、监事会联席会议纪要中出现的"文化"二字与"品牌推广"紧紧连在一起。此时的"文化"用意是否等同于品牌,或是作为修饰语强调的中心词是品牌?

此次会议之后的执委会会议记录里写道,"把所内文化建设增强凝聚力与所外推广活动提升影响力打造成中闻品牌建设的两大支柱"。在这里,"文化"终于割舍掉与"品牌"的连缀,同"建设"紧紧相连。自此,会议记录的"文化"与"品牌"的概念区分开来。品牌就是品牌,不再有"品牌"二字死咬"文化"二字的情形出现了。

"企业文化"(亦称"组织文化")定义如下:"企业在生产经营和管理活动中所创造的具有该企业特色的精神财富和物质形态。它包括文化观念、价值观念、企业精神、道德规范、行为准则、历史传统、企业制度、文化环境、企业产品等。其中价值观是企业文化的核心。"

另一种定义是:"一个组织由其价值观、信念、仪式、符号、处事方式等组成的其特有的文化形象。"

"价值观"又是怎样定义的呢?

"价值观是基于人一定的思维感官之上而做出的认知、理解、判断或抉择,也就是人认定事物、辩定是非的一种思维或取向,从而体现出人、事、物一定的价值或作用;价值观具有稳定性和持久性、历史性与选择性、主观性的特点。价值观对动机有导向的作用,同时反映人们的认知和需求状况。"

先把学界的烧脑术语搁到一边,且从专业理论的另一视角来考察中闻律师事务所价值观的形成,会看到中闻人是"粘"在什么样的共同价值观之下的。

中闻律师事务所自2001年创立之后,在发展进程中凝聚集体智慧构建制度,用实践反复检验制度设定的细节,及时调整修订制度条款。每项制度条款都凝聚着难以衡量的集体心力和心血,也隐含着初来乍到者不易察觉的理想和情怀。在从多家律师事务所前来加盟的律师中,有些人能敏锐地从中闻律师事务所的制度条款中领悟到某种心灵向往的默契。

任何组织在接受全新理念的制度条款时,其组织成员免不了要经历一段适应过程,当大部分成员由被动应付渐渐转变为主动自觉时,制度激发出来的价值观就能够发挥出企业文化的巨大能量。

组织，是以人为基本构成要素的社会实体。

一个组织在制度建设中融入人文情怀，能够在公正执行制度规范的同时体谅人的感情，尽力促成上下级之间、同级之间相互信任、友爱和睦的气氛，于此渐渐形成组织特有的凝聚力和向心力，这大大有助于人们在特定的价值观念引导下实现共同目标。

如果说理想和情怀构成了价值观的核心部分，中闻人的理想和情怀是什么呢？

事实上，只有为数寥寥的几个中闻人看过改制讨论稿里写下的那几段通俗表白：

——我们是一帮把律师当成终身活计，把律师事务所当成自己的门店，愿意为新老客户长期提供有价值服务，并不断持续努力的家伙。

——我们的职业依凭什么？精通日益细分的法律知识和长期积累并不断优化的实践经验。

——律师事务所应当能够挣钱，能够让律师过上体面的生活。

——优秀的律师应当带领一支稳定的团队，收入的钱一定不是偶然收到的，也不应当是基于非法的权钱交易。

——最成功的律师事务所以股权为基础，权属关系清晰稳定，有稳定现金流和公共积累，能够很好地解决律师事务所资合、人合的双重关系。

集体潜意识中的归属感

人的精神是通过行为来体现的，集体精神即是全体成员在实践行动中表现出观念意识的一致性。这种集体心理的外化表现被理论界视为企业精神或组织精神，也被冠以"企业软文化"之名。

制度规范的约束性相对来说很"硬"。

人们在制度体系划定的边界之内，遵循规范要求，多少带有强制性，因而不太容易显示出组织成员适应制度的真实心态。然而在一些偶发、突发的意外事件中，很容易观察到集体精神是否成为多数成员的自觉意识，集体成员是否存在相同的归属感。

如果将道德与制度规范放在一起相比，前者显然比不上后者具有那么大的强制性和约束力，但人们在道德昭示下会领悟到强烈的感染力。

2016年7月24日，正值盛夏入夜时分，中闻律师事务所一位合伙人赵连琪律师因交通事故不幸遇难。马海燕记得那是个星期天，她在通州家中看到中闻律师事务所微信群里突然冒出一条信息，一位与赵连琪律师熟悉的律师在微信上说赵连琪出了车祸，人已经被送到清河999急救中心，由于家属远在外地，一时赶不过来。这位律师在微信群里询问有谁离清河999急救中心比较近，赶紧去看看赵连琪伤情怎样。

毕竟通州离清河距离很远，夜已深了，马海燕正纠结着自己去还是不去。微信群里很快又有消息发布，说已经去了十几位律师，先到那里的同事劝告大家不要再去了，说赵律师被送到急救中心前已不幸去世，遗体送进太平间了。

马海燕顿时心情沉重，她见过这位律师，一米七左右的个头，中等身材，微胖，印象中他讲话不多，是个温和憨厚的山东人。

赵律师加入中闻律师事务所时间不长，在北京没有亲戚，同事中只有几个人知晓他的来历，却又联系不多。赵律师先在顺义郊区较为偏僻的地方租住了一间民房，后又换过一次租住地。事故发生后，律师事务所的十几位律师为找到他的租住地颇费了一番周折。

第二天，执委会跟马海燕商量，问行政人员有谁能去顺义那边照顾来京的赵律师家人。董跃得知后先行赶去，安顿家属入住。赵连琪家里来了大哥、二哥、妻子和孩子，他的孩子当时正在上中学。

当晚，马海燕带领一位行政人员郑红赶去安排赵律师家属的生活杂事，她看到平时与赵律师熟悉的几位律师都去了那边，他们安慰赵律师的家人，相关大小事宜也都有律师在积极协助办理。

中闻律师事务所执委会组建起赵连琪交通事故处理应急小组，先后有几十名律师放下手头重要事务以及私人事务，冒着盛夏酷暑，义无反顾地忙前忙后，大家反复协商、分工合作，全身心地投入调查取证的具体工作中。

由于车祸出事过程有些蹊跷，律师们多次与执法机关交涉，包括对司法鉴定书提出异议，协助有关部门依法追究相关人员的法律责任。大家执着一个共同的念想：遇难者是咱们中闻人，人人都要伸把手。

"咱们律师事务所有刑事方面的专家们，各方面人才都有，他们一边分析进展情况，一边表示必须要把这事故真相调查清楚。"

马海燕记得，事故处理应急小组经常开会研究，执委会及时将事故发生过程及处理情况一次次与顺义区交通局、区律师协会、区司法局沟通，同时向上级机关北京市律师协会、北京市司法局汇报，得到上级领导的支持和帮助。

在此期间，吴革一边与大家积极参与协调事故处理，一边在网上发表了《连祺，北京欠你一个说法》的文章，文中浸透着对一个逝去生命的理性思索和浓浓的人文情怀。文章发表后影响很大，以至于北京市领导、公安部领导、中央领导都对事故处理作出了相关批示。吴革坦率地说，"其实我并不埋怨谁，你要告诉人家死了一个人，得告诉怎么死的，对吧？我就说你欠一个说法"。

接着，中闻律师事务所一百多位同事为这位遇难律师捐款近10万元人民币。经过三个多月的不懈努力，案情终于有了令人满意的结果，车祸肇事者被有关部门依法追究法律责任；遇难者家属得到200万元的赔偿金和慰问金。

马海燕事后感叹，假若仅仅是一个普通家庭去争取权利，哪比得上这么大的律师团队专心致志的工作力度，形成这么大的影响。家属满意离开北京之后，与马海燕联系比较多，每逢过年过节，总要寄点家乡土特产来，请她代劳分给大家。

"哎呀，东西倒是没多少钱，人家一直惦记着，确实是一片心意，我把东西给律师们拿过去，咱们律师都挺感动，说哎呀，做了这点事情，人家一直记着咱们"，马海燕说，"看到大家做这件事，挺感动的，假如谁家里人出了事情，那咱们律师事务所也是必须要管的"。

让吴革感动的是，在处置这场意外事故的整个过程中，大家迅速展开行动，自行分工，不等决策层组织发动就已经形成了众人合力的局面。

这次"无界行动"不仅展示出中闻律师事务所律师的专业素养和业务水平，更体现出大家协作互助的友爱精神。它犹如一把探尺，丈量出中闻律师事务所集体潜意识中公与私、善与恶、荣与辱的默契程度。

品牌建设转向系统耦合

2017年5月10日，经国务院批准这一天成为中国的第一个"中国品牌日"。

国内的"品牌热"源起何时？

有人想到 1989 年 10 月 4 日中国加入《马德里协定》，说国内从那时起开始利用商标、专利等知识产权保护工具保护品牌价值；也有人说中国加入 WTO 后，"品牌管理"成为一种时尚。

"品牌"源于古斯堪的那维亚语 brandr，意指"把铁烧红"。最早"把铁烧红"用于在罪犯身上烙下识别印记，其词义与中文"烙印"相近。自 15 世纪有牧人用烧红的铁在牛身上烙下识别标记，这个词随之被大量使用。第二次世界大战后，经济全球化的深入发展为品牌定义注入了不断拓展的新内容。

无论现代社会怎样为品牌定义，品牌注定在市场竞争中属于企业的无形资产，它隐藏着品质、创新、信誉等诸多信息，绝不是单纯的象征物。人们相信品牌蕴含着企业竞争力的总和，相信没有品牌的成功经营很难有持续生存的未来空间。

《中闻律师事务所 2011 年发展纲要》曾专门就"品牌建设"一节列出八项具体措施，包括提供良好的法律服务、积极参与大型社会活动、积极从事公益活动、加强与新闻媒体法制节目的合作等。这份文件在"设立品牌及研发基金"一节中写明：

"设立品牌和研发基金的目的，是提高事务所的研发能力，提高事务所的业务竞争能力和品牌知名度。基金的用途主要包括事务所的品牌形象宣传，出版书籍，支付专题、研究报告、文章等稿费，外聘专家的讲课费、研究费等。品牌和研发基金从事务所的总业务收入中各提取 1%。各分所从总收入中提取各 1% 上交总所，纳入总所的基金中统一使用。"

不知什么原因，接续成稿的《北京中闻律师事务所普通合伙制改革方案（讨论稿）》并没有照搬品牌建设的八项具体措施，仅在"以优秀律师为主的中闻品牌经营"的小标题下写了两句口号式的话。

及至《中闻律师事务所章程（草案）》阐述事务所宗旨时，提到"把本事务所创办成管理规范、业务一流、形象良好的专业化、公司化、规模化、国际化的世界一流律师事务所"，与此相应的品牌理念被引入进来，目标即是"创立世界知名的法律服务品牌"。这里看到的仅仅是对实现目标誓言性的表白，并未看到达到目标的途径及步骤。

法制网在 2018 年 1 月 15 日刊出了标题为《律师事务所品牌建设四大攻略》

的文章，作者李磊在文章中写道：

"长期以来，专业化、规模化、品牌化一直是律师事务所发展的愿景目标，越来越多的律师事务所都组建了专门负责运营律师事务所品牌的部门或者外聘专业机构处理品牌事务。虽然我国大多数的律师事务所都深知品牌化的重要，但是具体的措施与品牌以及品牌化的要求大相径庭。"

这位作者查阅过很多律师事务所官方网站和介绍材料，看到大量相似论述，但绝大多数律师事务所并没有展现出自身的特点，律师事务所品牌较为同质化。他由此认为："律师难以获益于律师事务所品牌，律师事务所品牌也难以转化为资产，造成资源的浪费……"

品牌管理不仅是一门博大精深的学问，更是一项庞大的系统工程，这需要理想、激情、信念，更需要智慧、冷静、细致、精心的筹划。中闻律师事务所的改革者们是否知晓品牌创建的复杂性和艰巨性？

在中闻律师事务所 2015 年第一季度的一次执委会上，执委们商议将网站、微信、媒体关系、文化建设与品牌建设等工作与律师事务所整体工作方案结合，并选出牵头这项工作的负责人，待具体方案完成再给予评估。

仅从品牌建设放在最后一项来看，这个概念在执委们的头脑中仍处于比较虚化的状态。他们也许认为所谓品牌建设与文化建设没有什么区别，网站和微信不就是扩大知名度的宣传手段，不就是品牌建设吗？

十个月后，执委会对品牌建设似乎依然认知不清，会议记录前一段表述为"文化品牌"，后一段就写成"市场和品牌发展推广"。如此认知在 2016 年 1 月 25 日的执委会会议上得到调整。此次会议专门就"品牌建设和推广"进行了部署。

执委会委员周明刚在这次会上提议成立"品牌建设委员会"以决策中闻品牌建设战略，成立"品牌建设工作组"来执行中闻品牌建设战略的落实，设置"品牌管理专员"制定品牌推广方案，逐步完善本所网站、微信公号建设，有计划地包装、推广本所优秀律师及团队，把合伙人的个别推广活动纳入本所的统一推广活动之中予以支持并合理分配费用。

时隔一个月，执委会会议首个议题集中讨论了《关于中闻所品牌建设工作方案（讨论稿）》，周明刚在会上介绍了方案制定的原则，并阐述了修订完善后的品牌建设内容与步骤，经执委会审议通过并执行。由此，中闻律师事务所品牌建设与推广正式由过去的零散随机向系统耦合转变。

品牌管理是项系统工程

在中闻律师事务所品牌建设的进程中，尽管决策层相信律师管理律师事务所并非品牌建设的长项，承认品牌建设是一项复杂的系统工程。但是，如何利用社会优质资源补强现代管理弱势，不再耗费自身精力以便节省出宝贵时间投入更需要的领域，如何跨越已有观念的误区，才是根本问题所在。

2016年1月，中闻律师事务所召开合伙人大会，选任了7名权益合伙人组成新一届执委会作为律师事务所管理团队，新一届执委会在首次会议上就明确了品牌建设工作的重要性，并决定由周明刚专门分管律师事务所品牌建设的工作。

4月24日，周明刚向与会执委汇报了品牌外包招聘情况，经过多方寻找、接触、洽商从事品牌推广的专业机构，中闻律师事务所初步遴选出3家机构，安排实质性会面恰谈。

同年5月，经过与三家机构分别会谈，中闻律师事务所审慎挑选出其中一家机构确定了合作内容。中闻律师事务所在与这家机构的合作过程中，随着整体规划的逐项推进，品牌理论体系中诸如品牌资产、品牌认知、品牌形象、品牌元素、品牌功效、品牌判断、品牌感受、品牌共鸣、品牌定位、品牌主张、品牌营销、品牌差异点和共同点等概念以及相互关联，让执委们意识到这门学问的确博大精深。人们曾经将文化建设、宣传、搞活动与品牌建设混为一谈，完全忽略了运用品牌这一现代化理念和制度对推进改革的作用。

在市场经济日趋成熟、竞争日益激烈的当下，律师事务所作为提供法律服务的执业机构同样面临同行业的竞争与挑战。品牌对律师事务所意味着什么？品牌建设是可有可无的烧钱黑洞吗？品牌建设就等同于宣传报道吗？

周明刚承认自己头脑中曾经存在这些困惑，经过深入学习和调研，他有了这样的反思：

"我们是一家注重传统的律师事务所，包括我在内的多数资深合伙人也都是在传统的宣传教育模式中成长起来的。在我们的既往观念中，往往容易将品牌工作等同于媒体宣传，甚至混同于综合行政工作而难以注意到品牌工作的特殊性、品牌人员的专门技能性、品牌建设的战略性,这使得品牌规划布局无从谈起。"

理念更新,外引智库,内部机构由此做出相应调整。

中闻律师事务所为品牌建设与推广活动专门设立了"品牌建设年度资金",新设机构"品牌部",挑选具备品牌工作经验的职业经理人牵头组建团队,专门负责律师事务所品牌建设、管理、传播与维护。当律师事务所执委会完成了对自身品牌建设现状的全面调查、研究及"诊断"之后,将中闻律师事务所定位为"具有特色业务的一家大型综合性商事法律服务机构",将中闻律师事务所的 slogan 提炼为"大中至正,博闻至明"。

定位清晰之后,品牌建设工程从基础抓起:

——重新修订《网络信息平台管理办法》,创制《微信公众号管理细则》《VI 使用管理办法》;

——统一规范律师事务所使用中英文 logo,色彩、辅助图形、字体;

——律师事务所官网改版升级,采用最新技术架构 HTML5 交互效果,并进行移动端、pc 端的适配设计;

——升级律师事务所微信公众号,统一设计风格,优化栏目,建章立制;

——与第三方微信平台合作推出"中闻学习月"活动,汇总经典案例,系统讲授专业知识,通过线上平台对全国的年轻律师进行知识分享传播;

——参与"互联网法治大会""互联网乌镇论坛""中国影响力诉讼评选活动"等大型活动……

周明刚承担起品牌建设职责后,狠下功夫查阅大量相关资料,他有了这样的体会:"律师事务所品牌建设正如一杯精酿啤酒,优质麦芽酿造并配以香气清新的啤酒花,以此提升啤酒的风味和口感,二者缺一不可。律师事务所品牌这个'啤酒花'同样离不开法律专业能力这个'优质麦芽'。律师事务所丢下专业能力做品牌建设,注定都是浮云!"

2016 年至 2018 岁末,中闻律师事务所的品牌知名度、品牌美誉度不断提升,先后入选"The Lawyer2016 年度亚太区百强律师事务所""The Lawyer2016 年度亚太区 20 所发展最快的律所""2016 年度中国 PPP 十佳律师事务所""ALB 2017 年度亚洲 50 强律师事务所""ALB 2017 年度中国 30 强律师事务所""ALB 2018 年度亚洲 50 强律师事务所""ALB 2018 年度中国 30 强律师事务所""ALB 2018 年度中国知识产权前 30 强"等榜单,并取得"AAA 级信用企业""国际

ISO9001 质量管理体系认证"等荣誉证书，在社会上进一步扩大了中闻品牌的影响力。

踊跃竞逐各项文体比赛

北京市律师协会为了引导行业全面发展，自 1997 年开始倡导文娱体育活动以增加律师事务所凝聚力，形成律师队伍团结、进取、健康向上的良好风气。市律协多年来持续举办围棋比赛、足球赛、篮球赛、保龄球比赛，由此带动律师积极投入全民健身运动，强壮体魄，以便律师们能够精力充沛地投入工作。

中闻律师事务所十分重视营造这样的精神氛围，在尊重并强调集体理想、道德、价值观、行为规范的同时，提倡理解人、尊重人、关心人，注重个体成员在集体组织中健康成长，让以人为本的理念在集体环境中发挥出潜移默化的作用。

祁俊远上大学时参加过省内校际比赛，他身体底子好，喜欢跑跑步，谦称自己成绩一般。2016 年秋季，北京市东城区律师协会在奥林匹克森林公园组织健步比赛，中闻律师事务所接到活动通知，祁俊远看到通知十分高兴，那时他正跟一些跑步爱好者在专业教练的指导下进行训练。

参加健步比赛那天，他叫上一个北京体育大学的学生在前面领跑，那个学生速度特别快，临近终点时，他催促祁俊远冲刺。祁俊远用 25 分钟跑下全程 5 公里，拿了第一名。区律协参赛 100 多人，全都是律师。

没想到，他这个第一名被区律协的李尚辉律师盯上了，李尚辉是东城区律师协会会员委员会主任，这个委员会主要为会员提供服务，负责会员的福利工作。他问祁俊远是哪个律师事务所的，还说祁俊远跑得不错。得知祁俊远来自中闻律师事务所，李尚辉说中闻律师事务所来了好多人，有十几位律师参加了此次比赛。

双方告别前互相留下了联系方式。时隔不久，李尚辉给祁俊远打电话，问他想不想来区律协会员委员会，说区律协在会员运动这方面的工作没有人做，请他帮忙组织活动。祁俊远觉得这是件好事，便参加了 2017 年 3 月区律协会员委员会召开的工作会议，再次筹办健步活动的工作就安排给了祁俊远。

2017 年 11 月 11 日，东城区律协第二次在奥林匹克森林公园举办健步比赛，规模比前一次大得多，共有 200 多人报名参赛。祁俊远精心组织，忙前忙后，发通知、做预算、统一服装、准备补给、搞宣传，前前后后忙了三个星期。

赛前他请来教练，教大家做身体拉伸，避免运动受伤，还请来运动医生，请来摄像……整个活动结束后，别人尽兴而归，祁俊远还得守着一摊子事处理，包括对账报销一张张发票，很是琐碎。

"你答应人家的事，就得干好。"

祁俊远说，这次比赛活动不仅受到邀请的市律协领导都来参加了，中闻律师事务所也去了好几十人，连搞清洁的大姐都被动员去比赛。让祁俊远感动的是，搞清洁的大姐问他有没有可以帮上忙的，他说不用，因为他邀请了 30 名志愿者专门服务比赛，负责发号码布、中途拍照、发水、看管衣物、维持秩序。

比赛那天，北京天气晴朗，有不少参赛者带着家人和孩子来到这里，大家参加这样的活动都觉得挺高兴。比赛结束后，中闻律师事务所徐政律师专门过来与祁俊远握手致意，拍照留念。他俩是同在 2011 年加入中闻律师事务所的。

"因为我很少去所里，可能大家都不认识我，也不了解我。"

祁俊远说，这次比赛后他再去所里，有很多同事认识了他。

中闻律师事务所的整体意志和整体优势展现在参与社会全民健身运动和文体活动中。凡是北京市律师协会和东城区律师协会举办合唱比赛、舞蹈比赛、羽毛球比赛、篮球比赛、健步竞走、越野比赛、马拉松比赛等活动，均有中闻律师事务所组建的合唱队、舞蹈队、羽毛球队等项目团队竞逐参赛。

第十七章　80后（二）

相比上一代人，80后年轻人的物质生活与精神生活更加富足，这一代人从小耳濡目染社会发展变革带来的新事物、新思想，接受到较好的文化教育。但是，他们面对的现实社会压力也相当严峻。几位80后律师回忆起他们走进中闻律师事务所前后的工作经历和个人体验时颇有感慨。

谁不希望自己独当一面

2013年，肖琼飞赴美国纽约。在前往福特汉姆大学法学院就读之前，她已经做过几年助理律师，拥有7年独立从事非诉业务的工作经历，从事过民商事诉讼和涉外业务，其间还深入接触到美国的反腐败法（FCPA）。

福特汉姆大学法学院成立于1905年，是一所世界顶级私立研究型大学、美国一级国家级大学，在世界范围享有相当高的名望。福特汉姆大学法学院于2008年3月和中国政法大学签订了交换学生协定。肖琼借此机会走进福特汉姆大学法学院校园，发现课程中有娱乐法这门学科。

美国有着全世界最发达的电影电视行业，娱乐法专业基本上是按照其产业需要将相关法律纳入专业领域划出的一个范围。此时，国内经济发展、物质条件、生活需求已经进入到前所未有的阶段，人们对精神生活的追求越来越多样化，要求越来越高，娱乐产业的发展势头也很强劲。根据肖琼对国内娱乐界的了解，虽然有人自称影视律师、文化律师，但是没有人说自己是娱乐产业的律师，也没听说国内有哪家律师事务所声称拥有娱乐法服务团队。

既然国内娱乐产业发展随着社会经济生活的发展正处于上升态势，如果把影视、音乐、表演、艺人经纪、电子游戏都囊括在专门的法律领域中做足功课，或许能在国内这种新划分出的领域内有所作为。

结束了为期一年的硕士学业，肖琼学成归来。回国那年年末，她曾经入职的那家律师事务所并入中闻律师事务所，她随之成为公共律师团队的一名成员。肖琼在中闻律师事务所召开的一次公共律师团队成员会议上介绍了娱乐法这个概念。

吴革主任在肖琼入职时看过她的简历，问过她是否愿意负责公共律师团队里的一个涉外团队，她回复说不想做涉外业务。眼下，肖琼只想做娱乐法专业，当她详细地介绍了娱乐法是什么概念之后,吴革相信这是一个新兴的法律服务领域,立即表示无条件地支持她实现自己的想法。

肖琼当时只是公共律师团队里的一名普通律师,不是合伙人,吴革主任有句话一下子激起了肖琼的自信,她记得吴革对她说,"哎,这是一个新兴领域,你既然有决心要去做,那就去做"。

2017年夏天,肖琼从公共律师团队成员晋升为合伙人。对比自己做公共律师团队成员时的情形,肖琼说那时的自己不太需要考虑开拓案源这件事情,只要有合伙人把案件交给她协助办理,她尽力把交办的事务做好,取得合伙人信任,很快就会接到下一单任务。

当上合伙人,肖琼要与公共律师团队的助理、秘书合作,还要与其他部门的合伙人合作,这就必须要考虑如何开拓案源,相应地承担的责任就大了,工作压力完全不同于做公共律师团队成员那时的状况。

肖琼认为,没有人当律师只想着拿一笔固定工资,一辈子就做个律师助理:"大家进来的时候,都会非常努力地去把律师证考下来,如果有证的话,那么就会考虑下一步,谁不希望自己未来能独当一面呢?"

肖琼说中闻律师事务所氛围自由,律师之间沟通合作非常频繁,很多事情在处理上比较灵活。她以自己的经历为例说:"像我,如果你能保证自己有客户、有案源了,想独立出来做合伙人,那所里是会给你很大支持的,允许你当合伙人。在别的律师事务所,这个是比较困难的。"

辞掉记者工作加入中闻

2011年5月,王维维从《京华时报》入职《北京日报》,从调查记者转为法制记者。在《北京日报》做记者期间,他戏称把北京市的公检法司都"捋"了一遍。身为记者,他在从事采访工作的同时,觉得投身律师职业符合自己内心的渴望和追求。

"裸退、裸辞、裸考啊,我当时就是拼了。"

2013年,王维维结束了在四川雅安地震灾区的采访回到北京,更加坚定了改行做律师的念头。为了备考国家法律职业资格考试,他毅然辞掉了记者工作。

当年做记者四处采访,王维维与中闻律师事务所主任吴革有过接触。幸运的是,他一入所就给吴革主任当助理。

"我特别敬佩吴革律师作为一个法律人高尚的道德情操,还有他具备的大格局、大视野和专业能力。"

跟随吴革实习一年多,王维维眼见这位前辈律师如何经手办理大案要案,如何在办案过程中与当事人分析案件、谈判,如何一手操办起众多影响中国法律界的重大活动。王维维说那段时间自己进步很快。

王维维发现,从法制记者转型律师并不太难。在他看来,记者是半个社会活动家,律师职业也需要这种素质。改行当律师后,王维维当记者时积蓄的人脉发挥了作用,有些大案要案的线索经朋友介绍联系到他手上,他根据案情去找那些在专业领域经验丰富的律师共同办案,逐渐拥有了自己的案源。在增长专业技能的同时,他内心集聚起越来越多的专业自信。

随着对法律服务领域的了解日益加深,王维维不满足于仅仅依靠过往资源做诉讼案件,逐渐明晰自己想成为一名专业商事律师的愿望,他努力学习商事法律服务知识,注重巩固自己的非诉法律功底,以企业常年法律顾问服务和合规风险控制为基础逐渐形成了个人执业风格,向着成熟稳定的专业水平努力。

有感于目前律师行业法律服务零散、低效的现状,王维维萌生了将法律服务产品化的想法。根据入行以来对律师行业的观察,他组织研发了包括影响性商事诉讼、企业广告合规、竞争合规、产品设计合规等迎合企业迫切需求的系列法律服务产品,获得了企业客户的好评,提高了法律服务的效率和标准,使得一些新客户慕名而来,从而扩展了团队案源。

王维维的法律服务产品化思路得到了律师事务所同事的支持,他的感慨是:"中闻的民主给予了新入职者尝试和创新的机会,这正是我们律所最大的魅力。"

律师选择换所不可草率

香港回归那一年,16岁的陈尔怡只身从浙江来到北京同仁中学读高中,高中毕业后考入北京大学法学院。大学毕业后,他回到杭州,在北京一家律师事务所的浙江分所实习,后来又回到北京,拿到法律职业资格证后进入北京另一家律师事务所执业。

俗话说"人过三十五，掐指数一数"。

陈尔怡做律师的十多年里先后入职三家律师事务所，做过一家律师事务所的主任，眼看要迈过35岁那道年龄坎，回首走过不长不短的一段人生路，他扪心自问，能不能把未来交付给眼下并不如愿的现实，能不能对自己的未来有更好的选择？

"律师换所绝对需要非常慎重地选择。"

陈尔怡对此有着深刻的体验，一旦律师换所决定出现失误，不要说这样做对换所律师当年业务产生不良影响，甚至会影响到整个职业生涯。依他个人的换所经历来看，办妥换所全部手续最快也要三个月，慢的话，可能要花费半年或一年时间，他见过两三年才办妥换所手续的律师。

为什么执意换所，执意寻找更符合内心向往的律师事务所呢？

陈尔怡经历过律师事务所合并、重组、更名等多次折腾，出于自己奋斗多年仍然处于中小合伙人地位的忧虑，他不满意现状，期望能找到让自己更好、更快地拓展潜力和事业的平台。为此，他考察了多家律师事务所，比较其办公地点、位置、环境、制度、人员、实力、文化氛围等因素。与他持有同样念头的还有同在原律师事务所的三位律师，他每次都把考察结果与另外那几位同事沟通，共同商议。

回想最初对中闻律师事务所的印象，陈尔怡记得这家律师事务所有个"中闻大讲堂"，这个大讲堂聘请资深律师或法学教授做专题讲座，在官网上直播，他多次观看。与其他法学大讲堂相比，他觉得"中闻大讲堂"的专题内容切合律师业务实践，赢得了他对中闻律师事务所的好感。

对比多家律师事务所给出的商议条件，陈尔怡与同事经过审慎分析，最终决定一同加入中闻律师事务所。他们几人办妥换所手续以后心里仍不是很踏实，因为先前有过那种经历，事先与对方谈得不错，应承了很多条件，由于有些条件没办法写进协议书，只是口头说说，结果去了一看，根本不像先前讲的那样，而口头应承的条件并非全是小事情。这样的经历很伤人，也让人很无奈。庆幸的是，"来这里之前跟中闻律师事务所谈的，与我们到这里实际操作遇到的事情是相符的"。

现实让新入伙的四位律师心里踏实，也让他们欣慰，他们实实在在地感受到这家律师事务所的确具有民主、公平的氛围。这里没有创始合伙人和高级合伙人之分，也没有一、二级合伙人之分，更没有为保障大合伙人利益而一些人享有特殊的优先权利；这里有业务好的大律师，他们体谅小律师做业务不容易，还能分派出时间和精力给予帮助，甚至提供指导和帮助。

陈尔怡想起这样一件事：吴革主任曾提议增加执委会和监事会人数，提议递交到合伙人会议讨论，投票没有达到规定票数，这项提议没能通过。依据以前陈尔怡对多家律师事务所的了解，律师事务所主任都是很强势的人，主任的提议被大家投票否决了，他还没有听说过这种事。

还有一件小事也让陈尔怡记忆犹新。进入中闻律师事务所不久，他看到公众号上招募合伙人的广告网页上刊有一张会客室装修前的照片。其实，中闻律师事务所的会客室早已重新装修过，焕然一新的会议室是装修前的旧模样无法相比的，但公众号网页上没及时更换掉那张不提气的老照片。他向执委会主席提出换下会客室旧照的建议，执委会主席在微信群里讲了这件事，一个小时不到，广告页面上那张老照片就被新照片替换掉了。

"有问题大家都直接当面讲，没有论资排辈现象。"

陈尔怡认为，这是体现中闻律师事务所文化最重要的一点，"不管你是谁，都可以直接拉着执委会主席或谁谁，哪怕是今天一个新来的年轻实习生，都可以当面向他提意见，直接站出来对他们提出质疑和批评"。

陈尔怡做律师多年，见识过各种各样秉性和品行的客户和同仁，论及对吴革的印象，他有着自己的观察，"我们主任非常有个性，骨子里是一个非常强势的人，但是他为这个所收起自己的一些个性"，陈尔怡这样说，"有大胸怀和大智慧的人才能做出这样的行为，我们都知道"。

凭借业绩能力获得认可

程久余的家乡地处长江下游北岸历史名城安徽省安庆市。

19岁那年他考入北京读大学，本科学的是经济管理专业，他却早早规划着未来做一名律师。在校期间，他全程旁听了中国人民大学法学院课程，毕业后先去一家公司就职，转年顺利通过国家法律职业资格考试，接着进入北京一家律师事务所实习，2007年开始正式执业。一心想要获得法学硕士学历的程久余在职完成了北京大学法学院的全部研究生学业，如愿以偿获得了硕士学位。

从事律师职业多年，程久余带领着有3名律师的团队默契配合，业务发展顺利，但他从未来发展着眼，意识到需要找个较好的专业平台支撑，以便更好地实现业务拓展。尤其是在他的团队面临原业务项目出现萎缩态势的问题后，他与团队的合作律师需要改变服务方向，工作性质也随之变化，寻找专业平台的需求变得十分紧迫。

"我们想去的地方，至少是一个比较大的、相应排名靠前的综合性律师事务所"，程久余认真考察过几家律师事务所，与对方交谈时提出要带团队另外三名律师一起加盟，准许进入高级合伙人之列，要有自己的办公室。

想当初，来中闻律师事务所接洽入职事宜，他与主任吴革、执行委员会主席杨凯交谈过多次，再经过多方比较，程久余与他的团队最终决定加盟中闻律师事务所。用程久余的话来说，"很多事情的发生是机缘巧合促成的"。

在程久余心里，未来的个人规划是不做"独狼"律师，而是找到一家好的专业平台后，凭借业绩和能力获得认可，进入律师事务所管理核心层。

"我带领团队把业务做好，进入核心层是为了将自己的一些理想通过管理实现，能够更好地做大事业"，程久余相信，若能将这样的个人理想和心愿实现，将使律师事务所受益、自己带领的团队受益，也会让个人受益。

加盟中闻律师事务所满两年，程久余为这两年的入职历程作出了总结："有一部分确实与预期设想相同，有些想法没有实现。总的来说，很多方面还是不错的。比如倾力打造的团队确实得到了发展，创收逐步增多，虽然有一些反复，但这是谁都明白的事，理想目标不会一蹴而就。"

程久余冷静地观察到，尽管眼下的中闻律师事务所拥有一定规模和地位，但其发展仍处于爬坡阶段，专业化发展面临瓶颈，在承接比较大型的业务项目方面，尤其在办理重大交易的首单、首例项目上，客观来讲还有不少提升空间。

"求上者居中，求中者得下。"

就中闻律师事务所的现状，程久余深知从其他地方招来高级人才是一件很难的事，而内部培养资深律师又是慢工程，他这样说："如果你做的业务是中等偏下的，引进的团队也是中等偏下的，创收也只能是中等偏下的。只有大家都是中上等的，你才能往上再跳得更高。"

公平合作对年轻人有利

倪良月出身农家,家乡素有"古皖之源"的称谓。那里山清水秀,"七山一水两分田",出门见山。村里人都盼着孩子快快长大,早点挣钱养家。尽管家乡那方水土并不富裕,文化教育氛围却有着悠久的传统。

"上高中那时没有什么规划,考不上的话,按照我们那个地方的话讲,你就得打工去了",倪良月并不屈服于高考失利的命运安排,只身前往北京城市学院,自学北京大学法律专业。若说这个高中生对报考法律专业有什么模糊的认知,他想"可能是自己骨子里有那么一点正义的感觉吧"。

倪良月自小最佩服的长辈就是爷爷,无论亲戚或乡邻间发生了什么矛盾纠纷,都要请爷爷前去劝解、调和。爷爷为人正派,办事公道,在当地人心中很有威信。

倪良月的父母很善良,见不得不公正的事。父母及家中长辈的言行举止对他有着潜移默化的影响。完成学业之后,他想着做律师,先进入北京一家律师事务所当助理,通过国家法律职业资格考试后进入一家公司做教育主管,主管司法考试培训。一年后,他辞掉主管职务,进入一家律师事务所出任主任助理,后来又更换了一家律师事务所。

在两家律师事务所经过3年多的磨炼,给高级合伙人打工,面对的客户群体各有不同,既接触过证券类案件的办理,也协助办理过刑事大要案,这些都大大增长了他的专业见识。当时的他从没有太多考虑薪酬,只专注如何把业务能力提升上去。

"做法律人的念想是在大学,最深的感悟还是从做律师开始。"

离开课堂,倪良月从律师事务所的实践中体验到实务处理与书本知识虽然有很大区别,但在不同的环境之下,办什么样的案件,接触什么样的当事人,解决什么样的法律事务,他相信首先要依赖扎实的专业基础功底,真正形成法律实务思维。这样的话,处理问题的方向才不会错。

一般来说,具备了一定专业能力的年轻律师肯定要凭借已有的社会经验和地位来掂量自己身处的现实环境与未来前程的关系。

因你而不同

2017年，全北京已有2400多家律师事务所，各律师事务所制度不尽相同。就职另一家律师事务所的倪良月希冀自己的专业能力再有提升，在新的人生选择作出之前，他要斟酌晋升合伙人的通道设置了什么样的条件；要看合伙人的"门槛"有多高；要看合伙人的业绩要求什么样；还要看是不是仅仅为名义上的合伙人，实际上还是打工仔；更要看制度给予的自由空间有多大。

事实上，没有哪个律师愿意挑来选去、跳来跳去地换所。

这时，他与同事陈尔怡聊天，得知他对中闻律师事务所的制度有所了解，更得知中闻律师事务所的建制比较民主，适合年轻人奋斗创业。凭着自己对北京律师业界的了解，已过而立之年的倪良月经过慎重权衡，与同事陈尔怡一同离开了原来入职的那家律师事务所，在2017年8月加入中闻律师事务所。

加入中闻律师事务所，让倪良月感到新鲜的是：合伙人大会对一些事项进行提议、投票时，不可能出现哪个大佬或哪几个大佬一言九鼎的情形；每个合伙人凭股权投票，而每个合伙人股权持有额度最高不超过10%，也就不会有大股东垄断的情形出现；参与管理可以坦率发表个人意见，投票结果是大家共同选择的，大家的主人公感很强；行政后勤服务如盖章、贴票、提款这些事项响应比较及时，不拖沓，没有优先权的条件设定，大家平等；平等还体现在提成比例的规定之中。

他有着这样的感慨，"合伙人与合伙人之间、合伙人与公共律师团队之间相互有频繁联络和合作，我觉得挺好的"。

年轻人缺少的是做事机会，缺少的是经验和技巧。

倪良月相信，律师之间频繁、公平的合作对年轻人更有利，"我们想拉一个客户的话，那是比较难的，这是现实。你肯定没有那些老律师、资深律师揽业务轻松。年轻人若没有业绩，你的生存压力、各方面压力都会加大"。

倪良月确信这里构建的事业平台对那些想闯一闯的年轻人具有很强的吸引力：一方面年轻人到这里被视为后备力量，与同事是平等合作关系，而不是给哪个资深律师打工；另一方面，前辈律师怀着期待和信任对新加盟的律师提供帮助，年轻人在收入各方面也比较合理。

"律师事务所是合伙制，是人与人之间的合作。你聚拢不到志同道合的人在一起，怎么合伙呀，你们之间的分歧越来越大，合伙不到一起去。"

倪良月解析中闻律师事务所的吸引力时，认为这里营造的文化理念、民主制度是关键,他相信年轻人之所以愿意来这里,是因为认同这种文化制度,内心对此会产生一种理念的共鸣。他说即使合作过程中有摩擦,但这对于律师事务所的制度基础来说,应该是不会有影响的。

第十八章 公益心

公益是公共利益事业的简称。公益的定义为：个人或组织自愿通过做好事、行善举，向非特定的社会成员提供公益服务和公益产品。

"公益"二字，究其在中国现身的确切年代，有研究者指出，这二字最早被写入清光绪三十四年（1908年）12月27日颁布的《城镇乡地方自治章程》。

助学夏令营多年未间断

1989年，共青团中央、中国青少年发展基金会发起以救助贫困地区失学少年儿童为目标的一项公益事业——希望工程，其宗旨是建设希望小学，资助贫困地区失学儿童重返校园，改善农村办学条件。

北京市律师协会第四届理事会全部由执业律师组成以后，自1996年伊始，每年都号召北京律师为中国希望工程贡献力量，相继在陕西、宁夏、安徽、青海、黑龙江等省份建起多所北京律师希望小学。

在捐款改善贫困地区大批失学儿童命运的同时，北京市律师协会还组织律师为北京市高龄特困老人捐款，在"非典"期间捐款，为解决青海贫困牧民生活照明的"光明工程"主题公益活动捐款，为印度洋海啸受灾地区捐款，为支援西部建设等公益事业捐赠财物。

2005年暑期期间，北京市律师协会首次创设"首都律师希望之星北京行"活动，邀请边远省份北京律师希望小学师生来首都北京游览，连续两年暑期共邀请宁夏、陕西、安徽、河南、黑龙江、青海等6所北京律师希望小学的73名学生和老师，还请师生们参观了第29届奥林匹克运动会组委会及施工中的奥运会主会场。

事隔3年，四川省汶川特大地震发生，北京市律师协会迅速组织全行业为地震灾区捐款。仅仅在18天时间里，近700家律师事务所、11 000余名律师及律师事务所工作人员踊跃捐款，捐款总额达到1486万余元，远远超过协会组织的历次公益捐款总额。

在中闻律师事务所，"公益活动"这四个字第一次正式出现在规章文件中，是在《中闻律师事务所2011年发展纲要》行文里。

纲要在"品牌建设"一节里列出8项任务，公益活动列在第6项，尽管只有

"从事公益活动"6个字。这6个字写下之后就跃出纸面变成实实在在的具体行动。

自2011年起,中闻律师事务所每年暑期组织贫困地区的学生来京参与"欢聚北京、畅想未来"助学夏令营活动。"欢聚北京、畅想未来"助学夏令营活动创办以来,每年举行一次,从未间断,越办越有经验,内容更加丰富。参加活动的孩子都是品学兼优的初中毕业生,他们以优异成绩考上了当地的重点高中。

助学夏令营活动旨在让这些孩子开阔眼界、鼓舞信心、奋发学习。组织者带领学生们游览故宫、观看天安门升旗、参观北京大学和清华大学,再回到中闻律师事务所与优秀律师座谈交流。

2016年8月18日,第六届助学夏令营迎来了河南省信阳市息县第一高级中学的20名优秀农民工子弟和他们的带队老师。当天晚间,中闻律师事务所会议室里灯火通明,这里正在举行"欢聚北京、畅想未来"助学夏令营活动开营典礼。学生们颇显个性的自我介绍,时而引起大家的笑声。

接下来的4天,天安门广场、国家博物馆、中国科技馆、鸟巢、水立方、居庸关长城、清华大学校园留下了这些学生的足迹。师生们一同观看纪录片《老师》,这部纪录片以汶川大地震中为救学生而牺牲的老师为引子,在镜头中生动地展现出偏远地区乡村教师这个群体的精神风貌,此次夏令营活动在完成宋庆龄故居参观后圆满结束。

截至这一年暑期,已经有连续6批次共120余名来自山区的品学兼优的高一新生参与活动,每期夏令营的活动费用均由中闻律师事务所爱心律师承担。

值得一提的是,就在中闻律师事务所发生大动荡后正殚精竭虑地忙于全盘构建改制方案时,北京市律师协会于2013年10月成立公益法律服务中心,这个中心囊括了1个咨询中心、4个公益律师团队、4个专业委员会和3家专项从事公益法律服务的律师事务所,形成了较为全面的公益法律服务体系。

女律师捐献骨髓救男童

2015年9月18日,千龙网、法制网、北京晚报、法制日报、中国青年网、中国律师杂志先后以文字和图片形式报道了一名骨髓志愿捐献者的感人事迹,报

第十八章 公益心

道内容陆续被新华网、人民网、中新网转载。这名年轻女性志愿者叫刘堃,是北京市中闻律师事务所律师。

"日前,经过 2 天长达 8 个多小时、共计 16 000 多毫升血液循环过滤,北京市中闻律师事务所女律师刘堃成功为一名 5 岁的白血病男童捐献了骨髓,成为北京律师界捐献骨髓第一人。"

据千龙网记者张普在报道中介绍,非血缘关系的造血干细胞配对相符率只有十万分之一,中国造血干细胞库从几百万份志愿者的资料中经过层层筛选,发现志愿者刘堃与一名家住河北省 5 岁男童的造血干细胞配对相符。

中国青年网记者万纪林在报道中写道:2015 年 5 月,刘堃在上海和丈夫团聚时接到了一个来自北京的陌生电话:"您好,我们这里是中国造血干细胞捐献者资料库……"听到这里,刘堃的心跳骤然加快,"您已经和一位白血病患者初步匹配成功"。

中闻律师事务所主任吴革在接受法制日报记者针对此事的采访时说:

"刘堃 2008 年开始到所里做律师,如今是业务骨干。一位同事到医院探望刘堃,拍下照片后发到中闻律师事务所微信群里。这下子可'炸了',点赞、问候、致敬纷至沓来,先是微信群,然后是朋友圈、律师协会、整个首都律师界、司法局……"

吴革知道,在中闻律师事务所的众多律师中,不仅仅只有刘堃律师是中华骨髓库志愿者,还有赵军律师、张鹏律师、张烨律师。这位主任说,可能还有他不知道的律师事务所同事也是中华骨髓库的志愿者。

刘堃捐献造血干细胞一事传开后,中闻律师事务所时任执委的王国华,合伙人王鑫、杨改凤,公共团队律师孙宇菲,行政人员马婕等人前往空军总医院探望刘堃,并向她转达了主任吴革、执委会主席杨凯,以及执委会、监事会、全体合伙人、律师及工作人员的关心和问候。

在多家媒体的报道中,读者们得知这位 35 岁的北京女律师早在 2003 年大学刚刚毕业就走上街头献血车采血登记,成为一名中华骨髓库捐献志愿者,至此已历经 12 年。接到造血干细胞匹配初步成功的电话通知时,刘堃新婚不久,而干细胞库的医生明确告知她,造血干细胞捐献后要面临一年内不能生育的医学风险。刘堃律师的丈夫在上海工作,对她也十分支持。刘堃说这事至今没敢告诉爸妈,家人里只有丈夫知道。

因你而不同

法制日报记者王斌在后续的报道中写道,刚刚度完蜜月的刘堃独自一人前往空军总医院进行捐献,"经过2天长达8个多小时、共计16 000多毫升血液循环过滤提取造血干细胞后,她的血液中提纯的几百毫升造血干细胞将用于救助患者"。

中国青年网记者万纪林在采访时了解到更多细节:

"进行捐献之前,刘堃没打算告诉外人。但是因为要进行工作交接,她私下告诉了一位同事。同事来医院看望她的时候,顺手拍了一张照片传到了律师事务所的工作群里。就是这张照片,让刘堃在律师圈子里彻底'火'了一把。照片不断被转发到各个微信群、朋友圈和微博,收获了点赞一片,相关微博不到两天就已经获得了27万的阅读量。"

刘堃当初登记捐献造血干细胞志愿时就抱着这样的想法,"能在自己活着的时候救人,是一件幸福的事",她对前去采访的记者说,"我查了很多资料,知道造血干细胞移植手术是唯一一项可以完全治愈白血病的技术,即使可能会对身体产生损害,但是跟人的生命相比,别的都是微不足道的。遗体捐赠、器官捐赠等行为都是在人离世后帮助别人,而造血干细胞捐赠则可以让人在世时就帮助别人、救人命"。

关心此事的读者们从法制网见习记者李文的追踪报道中得知,北京市司法局副局长李公田、北京市律师协会会长高子程、北京市律师协会副会长张峥等人,代表北京市司法局、北京市律协慰问了刘堃律师,并送上了慰问金。

北京市司法局副局长李公田对法制日报记者说:"刘堃的事迹体现了一位律师的情操,她除了是一名优秀的职业人之外,还表现出了对国家的爱、对群众的爱。"

随后,北京市司法局、北京市律师协会作出决定,号召全市律师向刘堃学习。

"潞河公益"比肩"桂馨书屋"

2017年盛夏时节,学校暑期放假。中闻律师事务所第七届"欢聚北京、畅想未来"助学夏令营活动的优秀学生名单确定之时,也是北京桂馨慈善基金会连续 7 年启动例行公益活动的时刻。尽管中闻律师事务所与北京桂馨慈善基金会各行各事，但这两家同在 2011 年创设了长年坚持的公益活动。

有意思的是，身为北京市律师协会民法专业委员会秘书长、北京市西城区政协委员、北京市中闻律师事务所合伙人的赵军律师，也是北京桂馨慈善基金会常年法律顾问，他个人不仅向基金会捐过款，还利用空闲时间奔赴外省参与基金会公益活动。多年以来，这家基金会从未间断爱心帮扶、助学等公益活动。

北京桂馨慈善基金会创设的"桂馨书屋"项目是一项针对贫困偏远地区学校图书资源匮乏现状的公益活动，旨在一定程度上解决偏远贫困地区学校匮乏优质课外读物的困难，让乡村学生和老师有好书读。这项活动的主要内容是为学校捐赠优质图书并提供相应支持。基金会曾在湖南龙山县召市镇瓦房小学建起"桂馨书屋"。

"2017 桂馨书屋悦读周"在宁夏回族自治区固原市隆德县张程乡中心小学启动。这里远离北京，地处宁南边陲，位于六盘山西麓，当地百姓称此地"十山九沟"。

赵军经过 4 天旅程，抵达固原市长途汽车站，与事先约定的宁夏大学志愿者们汇合，一同前往，他是参加此次公益活动的唯一一名律师志愿者。大家又经过 3 个多小时的颠簸，来到了此行的目的地——张程乡中心小学。

志愿者们参加开读仪式、赠送图书，看到孩子们凝神捧书阅读时的满脸稚气，相信孩子们在长期阅读好书的过程中不仅会得到乐趣，更能培养心灵归属的独立感，当他们在日后成长过程中遇到困扰时，能够找到慰藉内心的声音。

中闻律师事务所律师祁俊航有个业务单位在贵州，他经常去贵州出差。2016 年初，当地的贵州朋友建议他去盘县看看，说那边山里的孩子很苦，能不能想些办法帮帮孩子们。祁俊航为此专门去了一趟盘县。

盘县位于贵州省西部、六盘水市西南部，地处贵州通往云南的交通要道，素有"黔滇咽喉"之称，全境均属喀斯特地貌，那里以高原山地为主体。祁俊航专程考察时，当地尚未撤县设市，他一口气考察了 3 所中学，还走进几户贫困生家中去探望。

祁俊航的哥哥叫祁俊远，先于弟弟当上律师，先于弟弟加入中闻律师事务所，他也熟识建议弟弟去盘县考察的那位贵州朋友。

祁俊航考察归来，感叹那边山路崎岖，偏僻难行，民众穷困，他整理出一份详细的文字材料，还拍摄了不少照片。当地孩子因贫困失学又渴望读书的心愿深深打动着这对律师兄弟。于是，组织一项公益活动的计划就这样开了头，起初仅仅是兄弟俩网罗个人圈子里的哥们、朋友、同学，在微信里搞了个"潞河公益"，图文并茂地将行动计划、行动方案、志愿加入、捐献财物、收入花销一一对参与者公开。

原本只是纯属私人性质的公益活动，但消息还是不胫而走。得益于组织周密、计划详细、纪律严格、效果显著、值得信任，报名加入的志愿者逐渐增多，朋友带朋友、熟人带熟人，中闻律师事务所的同事们渐渐知晓了律师兄弟俩的义举，也陆续加入到志愿者的队伍中。

志愿者们年复一年地前往盘县山区，走进学校、走进家庭，每次活动之后都将一张张生动的图片和介绍文字刊登在"潞河公益"群里……

坚守信仰提升精神境界

自2013年10月北京市律师协会公益法律服务中心成立以来，律师们的社会公益活动深入社会多个角落。他们参与涉法涉诉信访案件的接待和化解工作，充分发挥律师在息诉止访、化解矛盾、维护稳定方面的职能作用。

中闻律师事务所不仅仅在助学公益领域积极有为，还利用专业经验和技能为社会提供无私援助。马来西亚政府2015年初宣布马航MH370失事后，中闻律师跻身"MH370乘客家属索赔谈判律师团"之列，与律师团同仁指导家属开展相关证据收集工作，为每个家庭准备完备的索赔材料，最终促成40家（其中北京乘客家属13家）接受和解方案，为家属争取到目前为止中国空难索赔史上最高的赔偿金额。

中闻律师事务所律师张耀军毕业于中国政法大学，取得了民商法硕士学位，在经济法领域和民商法领域有较强的专业理论知识和丰富的执业经验，同时又是一名有志于公益服务的律师。

2014年7月，他参加"同心律师团西藏行"，走进西藏定日县开展普法宣传活动，感触很深，写下两万多字的西藏法援纪行。此次"同心律师团西藏行"是司法部、统战部和全国律师协会联合举办的援藏行动。参加此次援藏行动的中闻律师分两路出发，一路从北京直奔拉萨，一路从丽江走迪庆、甘孜、昌都沿川藏线入藏，两路人马到拉萨会合后驱车直奔定日县。大家听说定日县有 43 座大小寺庙，却只有 23 所学校，包括小学、初中，而没有一所高中，那里的学生上高中要前往数百公里之外的学校。

一路见到藏区僧尼、寺院，这些远道而来的律师们惊叹藏族百姓对佛教信仰的虔诚。西藏自治区司法厅感谢中闻律师普法援助，而中闻律师从心底里真诚地感谢这次赴藏机会，大家在领略藏区自然之美、人文之美的同时，看到藏民心中的信仰和坚守信仰的强大精神力量，联想到律师若想提升自己的精神境界，必须要有信仰，要不断坚守自己的信仰。

时隔一年，张耀军主动报名参加由另一家律师事务所发起的律师业务交流活动，前往西藏林芝和拉萨两地，他既要再次经受缺氧及高原气候带来的身体不适，还要正常开展多种形式的公益活动。第二次入藏，更增强了张耀军从事公益事业的志向，激励他乐于做更多有意义的事情。

2017 年新春佳节来临之际，北京市公益法律服务促进会向中闻律师事务所寄来感谢信，感谢中闻律师事务所领导及全体工作人员对其各项工作的大力支持，并向刘春律师提出特别感谢，肯定和表扬她作为第三方专家，在该组织第三方社会力量参与涉法诉讼信访案件的接待、化解、评议和终结工作中卓有成效。

这一年农历龙头节前两天，中闻律师事务所执委会经过讨论后决定创设传媒娱乐法律业务部、不良资产处置业务部、公司合规业务部。在部门负责人的相应变动中，张耀军律师经吴革主任提名推荐，担任公益业务部负责人。

2017 年 6 月 7 日，国务院常务会议通过了《志愿服务条例》，这一条例经李克强总理签批了国务院令后于 2017 年 12 月 1 日起施行。

张耀军应邀为北京市妇联下属的志愿者服务组织专题解析这一条例，他的工作热忱给志愿者服务组织成员留下了深刻的印象。年底之际，张耀军响应法制晚报号召，参加由其发起并组织的校园普法活动，为北京市中学生抵制校园暴力和远离毒品讲座准备普法讲稿，互联网平台播出了他用心写作的讲稿之后，社会反响强烈，法制晚报授予这位律师"2017 年度公益普法奖"。

回想加入中闻律师事务所以来的几年时光，张耀军确信自己在中闻律师事务所的良好氛围中能够不断提升自我，他记得江平教授说过这样的话："律师有三个境界，第一个境界是有高度责任心；第二个境界是有社会良心；第三个境界是有历史使命感。"他叮嘱自己要向这三个境界行进。

集聚个人美德向善而行

有学者在解析团队凝聚力这一概念时提出：它可以是团队成员关于情境的理解与反应趋向一致的过程，也可以是成员对他人行为的附和，还可以是成员共同持有一种特定的价值观。

如果说团队凝聚力是指团队对成员的吸引力，是指成员对团队的向心力，从另一种角度来看，团队成员之间相互吸引程度也是维持团队存在的必要条件。

2018年，农历戊戌年春分刚过，次日傍晚，中闻律师事务所刘春律师和助理王叶在下班路上看到一男子昏倒在地。刘春第一时间拨打110报警，王叶同时拨打了120急救电话，继而不断与救护车通话，确定伤者位置。两位女律师一直守候到救护车赶来，再与其他好心人一同协助急救人员将昏迷男子抬上救护车。

此事之前有南京二审彭宇案，又接连发生重庆南坪八旬老翁倒地和武汉六旬老人昏倒在地无人救助终致死亡的案情，刘春与王叶两位律师救助昏迷陌生男子的举动在这类社会事件的背景下，显得很不寻常。

同事们得知后问及事发过程，刘春和王叶两位律师说她们当时没有丝毫犹豫。刘春这样说："无论富贵贫贱，都是生命。帮助一个生命垂危的人，只要打几个电话，耽误个人回家几分钟不算什么。人的生命健康权是基本的权利，怎么能见死不救！"

无论中闻律师事务所集体还是这个集体中的个人，都活跃在多种多样的公益活动中。

作为北京市高级人民法院的入库律师事务所，中闻律师事务所在2018年8月13日那天接受法律援助机构指派，派出5位资深律师前往北京市朝阳区人民法院进行为期一周的公益值班。

报名自荐消息传开，律师们踊跃报名，最终确定由苏建友、姜国军、杨青春、信金国、程璇共5位资深专家律师组成值班团队，前往法院接待来访群众，解答法律咨询，审查递交的相关材料。

2017年1月16日，中闻律师事务所董小静律师和陈光律师到国安社区为周边居民讲解继承法。两位律师介绍《中华人民共和国继承法》中的继承权、法定继承、遗嘱继承和遗赠、遗产的处理等法律规定，对居民们提出的日常生活中碰到的诸多法律问题进行解答。

北京市东城区人民法院组织成立诉讼调解律师专家团，聘请律师参与民事案件诉前调解。中闻律师事务所周明刚、赵军、杨改凤等18名拥有丰富执业经验的律师成功入选，参加法院组织的诉前调解培训会议。

中闻律师拥有的专业智力资源逐渐在多个领域扬名，得到越来越多的认同和赞誉，那些闪光的个人荣誉被认为蕴含着律师事务所的集体荣誉，有律师被聘为最高人民法院诉讼服务志愿专家，受邀参加中共中央国务院春节团拜会；有律师参加全国人大法工委召集的立法座谈会；有律师接受中央电视台、中央人民广播电台、法制日报、北京电视台、北京人民广播电台等众多媒体记者采访，并以嘉宾身份接受专题访谈；有律师受邀前往北京大学、清华大学等多家高等名校，为在校学生授课；有律师为国家部委、国家经济技术开发区官员传授业务；有律师为上市公司、企业高层管理者进行专项培训；有律师应邀为公安干警讲解如何依法维护民警执法权益；有律师受聘成为法律援助巡回宣讲团成员，进社区为居民普及法律知识。

中闻律师们的这些义举、善事与个人的文凭学历、身份地位无关，也绝非被动接受组织要求，大家的行为均出于个人意愿或志愿，均出于个人教养品质中的善良本性。这些感人事迹映衬出的个人美德，集聚成为共同向善而行的导引，积聚起无形的精神力量，激励着中闻律师事务所全体成员为实现共同目标而不懈努力。

创设"闻基金"互帮互助

2018年8月26日，中闻律师事务所·微观中国公众号网页上发布一条消息：中闻律师设立"闻基金"并举办联合创始人代表大会。

据这条消息披露，"闻基金"是经中闻律师事务所权益合伙人、执委会执委徐政律师倡议，中闻律师事务所主任、名誉主任、执委、监事以及诸多爱心律师和行政人员积极参与的弘扬爱心、自发捐款成立的非公募公益基金。"闻基金"

的宗旨为"奉献爱心，互帮互助"，其受益对象涵盖中闻律师事务所的全部正式聘用的工作人员。

消息发布这天上午，"闻基金"联合创始人第一次代表大会召开，会上选举徐政为理事长，吴革、程璇、赵军、杨凯、穆振辉、张继军、孙成霞、郭新嵘为副理事长，杨改凤任秘书长。大会确定了理事、监事及理事会办公室组成人员。

会议主持人程璇律师在致辞中提到：

"结草衔环，饮水思源。我们感恩所有曾支持、关心和帮助过我们的人们，感恩携手并肩的律所同仁。今后我们将继续投身公益、传递爱心，争取帮助更多的人。愿'闻基金'点燃的善良与关爱之火越来越旺。榜样的力量是无穷的，愿每一位中闻人都能自愿加入悲天悯人、播撒关爱、传递正能量的队伍之中。"

各位联合创始人律师相继在大会上发言，衷心希望"闻基金"燃起的星星之火可以燎原。

徐政回想起刚进中闻律师事务所大约有半年时间，去医院体检，医生确诊他患了重病。他至今保存着同事得知他患病时为他捐款的名单，名单上的许多人他当时根本对不上号。他内心很受感动，意识到中闻律师事务所是一个充满爱心与正能量的地方，他不再像以前那样是一个人在战斗，这里是真正有归属感的地方。

"我为什么想到这个（闻基金）呢？"

徐政觉得人活着不能光为了挣钱，得给这个世界留下一点东西。他特别解释说，"闻基金"与中闻律师事务所没有关系，都是捐助者个人自愿付出，成立这个基金仅仅着眼于对中闻律师事务所内正式员工予以帮助，基金募集的这些钱都是每个律师个人的业务收入。他在倡议书中写道：

一直以来，北京市中闻律师事务所"民主办所、人才办所、制度办所、稳健办所"和亲如一家的办所理念是我们全体中闻人的共同理念。"中闻"不仅仅是我们的事业所在的地方，更是我们许多人用美好年华、汗水和辛苦、苦闷和彷徨、开拓和进取、胜利和欢笑所建造和灌溉的精神家园。我们愿意为中闻所和中闻人贡献个人的一点绵薄之力。

爱出与爱来，就在那一瞬间！当你的兄弟姐妹有困难时，尽你所能地去做。你暖暖的一句话，对他们就温暖如春。当他们取得成绩时，尽你所能地为他们喝彩。

第十八章 公益心

我们所做的一切是值得的！我们希望这个基金可以一直传承下去，这是我们的共同意愿。这是一个崭新的中闻，这是一个让所有人都必须正视的中闻。让爱传递下去！做人要坚定、正直、忠诚与善良，当你回首往事的时候，这些美好不会消逝！

"闻基金"设有专门评审小组，如果有人患重病或遭遇巨大生活困难，即使本人没有提出申请，"闻基金"知晓后也会主动进行评审，及时给予资助。

2018年10月25日，中闻律师事务所梁智律师患重病，正处于入院紧急救治阶段。"闻基金"经过评审，决定为梁律师提供捐助款项。

"我们的钱不算多，是大家的情谊，尽力而为吧"，徐政认真地说。

第十九章 传 承

第十九章 传　承

管理学界有一种观点认为：在一个组织内部，沟通效率的高低决定着这个组织能否获得持续的成功。由此展开的专项调查发现，企业持续的优异表现与内部沟通是否良好有关。调查结论的分析提供出这样的认知：

"企业要想获得持续的成功，就必须在企业内形成一种开诚布公讨论的氛围，哪怕所讨论的是最为困难甚至会令领导者难堪的问题。"

个人充分表达质疑意见

互联网科技带来的信息通信技术以及互联网平台不可思议地构建出空间分散、时间错位之间的供求匹配，以其开放生态将个性表达拓展到无限边际，颠覆了传统的社会结构、经济结构、地缘结构、文化结构、权力、议事规则、话语权，由此形成一个组织内部点对点、点对群组、群组对群组交叉沟通完全无障碍的情形，组织中身处任何位置的成员都能随时同任何人进行交流。

渗透着民主办所理念的中闻律师事务所制度体系大大受益于互联网开放生态的优势，借助微信、微博、中闻官网的平台，合伙人之间、执委委员之间、监事委员之间、执委与监事之间、执委与公共团队成员之间、律师与行政人员之间均可即时沟通，无论人在何处，只要形成建议和意见就可提交上网。

在中闻律师事务所里，任谁担任执委会主席、监事会主席、律师事务所主任之职，都不因其领导职务而享受当然的权威性和正确性，任谁发现管理问题和错误，都不必通过部门主管和哪方负责人的"关卡"，直接奏本上书，重大决策必经所有成员审视评议。

中闻律师事务所内网十分活跃，在大家畅所欲言的氛围中时有尖锐议论和不乏偏激语气的质疑，决策层认为只要不违反法律和公德，大家可以充分地自由表达，不受干涉。

中闻律师事务所每年要开两次年会，年中一次，年终一次，年会上要通过预算、决算、财务报告以及重大事项，由全体合伙人投票决定。章程明确规定了哪些事情要由执委会决定，哪些事情可由大家通过电子邮件和微信在网上投票决定，哪些事情投票一定要过半数，哪些事情要过2/3人数……

官话说律师是自由知识分子，正话说律师个个头脑聪明，一般人认为律师能言善辩，而褒贬均可会意的描述是"律师都太有个性"。

中闻律师事务所议事有规则，却谁都不享有特权，由此渐渐形成这样一种风气，公共事务大家都很关心，或给予热心建议，或进行冷言批评。倡导民主，允许个人发表不同意见，踊跃发声的嘈杂在所难免，尖锐意见犀利刺耳；言辞激烈地倾泄情绪，提出的建议或批评也许合理未必合情，也许合情未必合理。只要没有人议事出圈，或像市井骂街那般低俗较劲，内部网络交流空间任由个人发表形形色色的见解。

吴革怎样看待律师们态度激烈的议论？

"有的律师爱发议论，如果不进行认真的调查研究，你会发现这个议论极有可能很偏激，对我本人来讲，这也是一个很大的启示：你要批评社会，每个人都会找很犀利的语言，甚至饱含真实的情感。但是你这个批评是不是客观的呢？你如果没有全面了解情况，仅仅是像盲人摸象一样，那是立不住脚的。我们允许你批评，批评之后还可以辩论。通过批评、辩论之后，立不住脚的那个人就服气了。"

有执委认为，批评很容易，做事却很难，有人张口就说别人做得不对，他哪知道人家做事有多难。批评者不考虑做事的前因后果，又没能提出合理化建议，如此带有情绪的随意批评，缺乏相互间探讨问题的诚意。

"开会、辩论、讨论，有的人批评意见很强烈，都是律师嘛"，吴革说，"到了投票环节，大家都非常严肃认真地对待。我们每次都有执委会或者主任提的议案或者合伙人的议案过不了。我们也不去做大量的思想工作，过了就过了，不过就是不过，因为过不过都很正常"。

吴革记得有一次年度财务预算在合伙人大会上没有通过，还有一次他曾经提议执行委员会从7人扩充为9人也没通过，"没通过怎么办？重新做。大家肯定是说你做得不好，该做的没做上去，不该上去的做上去了。大家投票不通过，不通过你就重新做"。

投票确定续租办公场地

继2013年决定续租居然大厦办公场所之后，三年续约的签订时限又一天天

第十九章 传　承

逼近了。中闻律师事务所决策层面临的重大抉择是：如果决定续租，必须审慎考虑经济运营成本的核算，对未来几年的发展情况作出准确评估。

到底续租还是迁址？这成为 2016 年 2 月 28 日执委会会议上的重要议题。与会者清楚，现有办公场地行将在 2016 年年底租赁到期，如果遇到重新选择新办公场地的问题，需要提前做好准备。会议决定成立专门工作小组开展可行性研究。时间紧迫，专门工作小组加紧调研分析，一方面在合伙人群中发布推荐办公场地信息的通知，扩大寻找合适办公场地的机会；一方面多方奔走询价，将合作建设、银行贷款纳入待选方案。

紧接着，众多备选大厦的地理位置、办公环境、交通条件、租赁价格信息汇集过来，转眼间已是当年 4 月下旬，调研工作未有定论，筹备工作紧张有序地继续推进。同年 5 月底，执委会会议再次讨论到底续租还是选址迁离。经初步筛选，从七八处预选办公地点中确定三处纳入重点对象。6 月底，专门工作小组将测算出的精确数据对比后提交执委会讨论，征求全体合伙人意见。

时任执行委员会委员的穆振辉负责续租与迁址事宜，他记得在征求意见时，大家在群里争论得很厉害，几次讨论到买房子的成本问题。有人建议利用银行贷款金融杠杆方式，有人认为这样负担太重，甚至可能会造成律师事务所经营的年度亏损。穆振辉相信，将经过审慎统计分析的财务数据分发给每个合伙人之后，他们会详细查看，并得出结论。

中闻律师事务所执委会确定 2016 年 7 月 7 日至 7 月 10 日召开当年第二次合伙人大会，开会地点定在御道口牧场草原森林风景区。此次合伙人大会如同两年前那样，再次约请全体公共团队成员参加。

7 月 8 日上午，中闻律师事务所 2016 年度第二次合伙人大会正式召开。公共团队成员悉数出席大会，聆听了执委会主席杨凯所作的《中闻律师事务所执委会 2016 年上半年度工作报告》，报告内容涉及新成员加盟、现有业务分布、业务创收、部门建设、品牌建设、分所建设、办公场所续租或选址、参与中律联盟发展等诸多方面工作。

大家聆听了执委会执委张继军律师就"中闻所续租选址方案"在大会上所作的详尽介绍，聆听了监事会主席温进律师所作的《中闻律师事务所监事会 2016 年上半年度工作报告》以及《律师执业风险与防范》专题讲座。

公共团队成员在合伙人大会上知悉中闻律师事务所上半年整体业绩喜人，人员规模稳步扩大，业务创收比去年同期大幅增长，分所建设工作推进顺利。大家通过会议公布的财务分析数据以及投影仪现场演示场地的图片，知悉中闻律师事务所续租选址方案的详尽内容，以及律师事务所规模扩大、人员增加致使律师事务所执业风险加大，需要增强执业风险防范意识，时刻保持严谨和认真的执业态度。

尽管会前大家对续租还是迁址在微信内网上发表了各自意见，但是此次大会要求合伙人用投票作出决定。合伙人大会投票结果显示：续租的赞成票超过80%。

草原拓展活动喜出望外

御道口牧场草原森林风景区位于承德市围场满族蒙古族自治县的内蒙古高原——坝上高原地区，二十几辆越野车浩浩荡荡从高楼林立的京城出发……2016年7月7日当晚，"中闻公共团队建设座谈会"在下榻酒店先行召开。

中闻律师事务所决策层想借这次机会好好听一听公共团队年轻人到底对公共团队制度运行有哪些建议和意见，给大家创造一个畅所欲言的场合和机会，看看公共团队的制度优势到底因为哪些问题没能体现出来，以便让制度得到精准的修订，合理发挥最大效能。

公共团队成员在这次沟通会议上专门就公共团队建设的整体架构、日常运行、业务沟通、公共案源分配、业务培训、职业规划发展、薪酬待遇等问题各抒己见、建言献策。参会的中闻律师事务所主任、执委、监事等人现场进行解答交流，表示将从队伍建设、制度完善、公共团队与合伙人互动机制建设、律师职业培训和考核等多个方面进一步推进工作落实和提升，形成良好的人才培养和发展机制。

两年前，在怀柔区的石门山风景区召开合伙人大会期间举行的拓展活动一直美美地留存在大家的回忆中。两年后，中闻律师事务所执委会再次决定在2016年度第二次合伙人大会期间举行拓展活动，这真是令人喜出望外的大好事。

7月8日下午，全体参会人员在拓展教练的带领下前往空旷的大草原，进行一系列精彩纷呈的拓展训练活动：

第十九章 传 承

"服从指令"——参加的人员如果没有按照教练的指令作出相应的动作,自己和身边的同事就有可能因跌倒而输掉挑战。

"撕名牌"——被撕去名牌的同事将作为保护者守护着继续战斗的队友,需要分组协同作战,执手守卫。

"绳索力量"——每队选出代表,在大家拉紧的粗重绳索上环行一周,不掉落则胜出。

拓展活动让大家在提高自身生存能力的同时,深刻地意识到团结协作、合理分工的重要性,让参与者在分组角逐的竞赛中深刻意识到人与人之间精诚合作的重要性。参与拓展活动的人们忘记性别、忘记年龄、忘记身份,全神贯注地投入游戏较量。群情激昂的下午时光在笑声、欢叫声中结束。

夕阳收尽了白日的余晖,夜幕降临,微风送爽。篝火燃起,火焰熊熊,烤全羊美味飘香,大家释放激情,满怀对未来的美好憧憬,高歌劲舞。

最后一天,大家前往乌兰布统大草原观光。蓝天、绿草、花海、沙地、林场、湖泊,还有成群的牛羊,草原的广袤和原生态裹挟着巨大的感染力直击人心。二十几辆越野车相衔驱行,头车有人高擎标有"中闻律师事务所"字样的一面大旗,这列浩浩荡荡的车队载着中闻北京总部、中闻上海分所及部分中闻家属共百十余人饱览草原美景。其后中闻律师事务所官网刊登了这次草原行的场景记述:

隔断红尘三千里,白云绿地两悠悠。

雄浑的乌兰布统草原上如柔波般起伏的绿丘向远处延伸,与天际相连。在风光无限的茫茫大草原,大家的心情也格外开阔,于是就有了一大波酷炫夺目的精彩瞬间。越野中途,大家在滑沙场肆意玩耍,在沙子的海洋里摸爬打滚,好不尽兴。在非常刺激的"大埋活人"游戏中,很多同事惨遭内蒙古小伙儿们的"围攻",被埋在了他们提前挖好的沙坑里;在天然的绿茵场上,男律师展开激情四射的草原足球赛……

难忘的草原行之后,大家回到北京投入到紧张的工作中。

转眼岁末临近,中闻律师事务所决策层考虑到制度体系经过不断增设、修订和调整已经呈现出稳定功效,看到律师事务所专业化、规模化这两项建设达到初期预想的目标,便作出了一项前所未有的大胆决定:

将2016年度年会暨2017年度第一次合伙人大会的举办地点定在国外。

泰国会期浓厚情谊交融

地点：泰国。

时间：2017年1月7日至1月12日。

消息发出，人人雀跃，奔走相告，"可以带家属同去哦"！一时间电话、手机、短信、微信、当面问询……行政部门人员个个应接不暇。

父母同行、孩子同行，仅报名填表事项就让人忙得焦头烂额，甚至想象不到的情况也出现了，带父母、带配偶、带子女尚可，还有人要带双方父母，而各家父母年龄差异很大，又不知健康情况如何，再看那些带孩子的，有年轻夫妻要带上刚出生不久的新生儿报名参加。

情况迅速上报执委会，经过斟酌考虑，执委会不得不对报名条件加以限制：允许给配偶报名，不能给父母报名；若给孩子报名，要求孩子年龄在3岁以上。出国名单最后确定下来的人员总数近200人。如此庞大的人群组团出国，让执委会具体负责人和完全没有此方面经验的行政人员在办理过程中经历了"过山车"一样的体验。

执委会决定出国遵循节俭原则，不整体包机，既然一架次航班无法载运全体人员，那就要详尽掌握各个航班多架次动态，盯紧票源，比较票价差额。不得不考虑的是，转机票价比较便宜，但途中拖延时间太长，只好放弃。行政人员好不容易订妥3个航班的机票，由于各航班起飞和抵达目的地时间相差太大，需要妥善安排，为此成立的指挥部决定年龄大与体弱多病的人同乘，年轻力壮的同乘。

报名工作完成后需要核算费用，包括家属如何收费，再加上有先报名后取消的人，也有后报名要加入的人，桩桩件件头绪纷繁，尤其是在根本没有经验的情况下接手这么一大摊子工作，这几乎囊括了旅游企业的核心业务，交通要考虑空中乘飞机、地面乘大巴车、海上乘船；入住要考虑饭店条件、进餐标准、会议地点；旅游要考察路线、景点、场所及项目。哪个环节都不能大意出错，这实实在在地考验着中闻律师事务所行政人员的工作潜能。

行政主管马海燕起草了一套组织方案及出行文件，经执委会讨论确定了包括出国承诺书、旅行提示、确定分组负责人和团队总负责人等内容。出行前，执委

第十九章 传 承

会给全体出行者作了一次专门培训，详细讲解出国诸多注意事项和纪律要求。

飞机升空，阳光耀眼，蓝天白云，天际辽远。

2017年1月8日上午，泰国曼谷暹罗大学。

中闻律师事务所2016年度年会暨2017年度第一次合伙人大会在这里举行。在主任吴革的主持下，执委会主席杨凯汇报了执委会过去一年的工作，监事会主席温进汇报了过去一年的监事会工作，执委会委员张继军汇报了过去一年的财务决算及2017年度财务预算报告，执委会委员周明刚汇报了中闻所官方网站的改版情况。这些工作汇报之后交付全体与会者审议讨论。

年度工作会议结束，泰国暹罗大学的学生们为与会者们表演了精彩的歌舞表演。这次中闻律师事务所年会引起了泰国媒体的关注，当地的世界日报、亚洲日报、星暹日报对会议进行了报道。会后，放松心情的中闻人与家人前往泰国大皇宫、玉佛寺、黎明寺、暹罗商业中心等知名景点参观。

中闻人赴泰国开会度假的欣喜之情形成文字，一篇篇刊登在网页上：

《中闻律师，原来你是这样的》《中闻人慢享海域美好时光》《曼谷街头的行走时光》……金碧辉煌的大皇宫、鳄鱼湖动物园、湄公河夜景、璀璨灯光里的民俗街景、蔚蓝色大海、阳光灿烂的海滩、海滩趣味比赛、海岛特色美食、乘船环岛游、海钓、浮潜下海、环湖骑行，人人心中都存有一幕幕群嬉欢悦的难忘情景。

短暂几天的泰国之行结束，人们的热情在中闻律师事务所的网络平台上持续发酵。

——平日里严谨、奔忙的律师同仁们终于展现出了久违的轻松姿态，拘束的心情得到了尽情的释放，也让我们看到了中闻律师们"温柔、可爱、逗趣"的一面。话不多说，直接上图。

——猛一看以为在浮潜，仔细一看原来你们在逗鱼，身边有好多好多鱼，一条条彩色的鱼儿从我们身边游过！也有人看到一群鱼一起玩耍，团队精神不错嘛，团体行动的鱼……

——船儿悠悠，海风拂来，面朝大海，躺在露天藤椅上，抬头远眺便是自己痴迷的海天之间的蔚蓝深韵，伴着潺潺丝丝的海风，只想说：嗨，北京的朋友，你们好吗？

——久违的假期，久违的放松，久违的你们无忧无虑的笑容，每个人的身上

因你而不同

都散发着快乐和青春的气息，对，青春不老，能量无限。

——在泰国举办年会是为中闻注入感恩、共进和品牌能量，答谢为中闻所发展默默努力的每位同志。也希望所有中闻人能够继往开来，奋发有为。

马海燕担负着此次出行总体协调的职责，她盯着开会，盯着行程，盯着人数。入夜时分有人感冒发烧，夜半凌晨有人问有无云南白药，她记得每天晚上都在找药、送药，什么感冒药、创可贴之类的全都发放了出去。虽说只是些琐碎小事，却让她的神经一直绷得紧紧的，生怕出点什么意外。

这趟泰国出行，马海燕没记得看到什么赏心悦目的美景，印象最深刻的是日夜劳碌，总有处理不完的杂事，时不时会有提心吊胆的紧张。

一位年轻女律师不会游泳，在海边忍不住想下水，看到眼前海滩水浅，向海里探走几步，松心享受着眼前的美丽海景，哪晓得一排涌浪打来，她站立不稳，再向前迈出了一步，这一步骤然身陷险境，脚一下子探不到底，身体在海水里飘了起来，惊得她赶紧向岸上扑腾，心里别提多恐惧了，幸好自救成功，但她的眼镜却失落在海里。

听完这位女律师的诉说，马海燕知道她没有备用眼镜，安慰她说来了这么多人，什么事情都好解决。马海燕问清楚她丢失眼镜的度数，立即把这件事在群里一说，马上就有律师回复，说自己带了好几副隐形眼镜。回应者是刚刚加入中闻律师事务所的一位男律师，他带着妻子送来眼镜，事情就解决了。

马海燕特意在群里致谢时，又有律师说他也遭遇到同样的险情，人一下子被涌浪卷进海里十多米，等他扑腾至安全地带，自己戴的那副眼镜也掉进了海里，他说经历了这番惊吓，真是庆幸捡回一条命。

没有人能体验马海燕和她带领的行政部门同事为这趟泰国行担当了多大的责任和承受了多少辛劳。从泰国回来，很多律师与马海燕建立了深厚的情谊，人们嘴上没说什么甜言蜜语，但内心真诚地敬佩这位行政主管和她的同事。马海燕能感受到这种真情回馈的分量，她很欣慰。

马海燕看到身为总指挥的执委会主席杨凯因身体内火太大，嘴角长出一个大燎泡。"您想想，去了这么多人呐。"杨凯说自己长这么大，从来没因着急上过那么大的火，压力太大。杨凯的妻子和孩子也在同行者队伍中，眼看着杨凯只顾忙着集体的事，整天不见身影，连孩子都有些生气，抱怨说爸爸哪里是带家人出国来玩的呀。杨凯说，那时他根本就没工夫陪家人。

第十九章 传 承

大队人马从泰国返程回国时，有件事让杨凯特别感动。

会议期间，执委会通过泰国友人为大家联系采购当地的特产，大家按照特产名目申报交钱，并约定临走时在机场交货。这一行近200人到机场过海关时得知货物没到，全都傻了眼。直到第一批乘坐飞机的同事即将登机，大家申报购买的货物才到。原本安排谁申报交钱购买的东西谁到机场领走，眼下这情形打乱了预想的安排。

"唉呦，一下子太紧张，乱套了。"

杨凯当机立断，心想反正整箱整箱的东西全是这一行人的，幸好分乘的是先后两个航班，那就让第一批登机的人能带走多少带多少，回到国内机场，先把东西带回各家，第二天再交回律师事务所来。

结果，大家在回国第二天交来的东西一件没少、一件没错，各人找到各人申报购买的特产，不管整箱的还是零散的，全都一一物归原主。

这件事令杨凯很感动，在突发情况之下，中闻人的素质和团结精神给他留下深刻印象，他感叹道，"咱中闻人还真是有别人无可企及之处啊，办好中闻律师事务所没得说！"

提携年轻律师谆谆告诫

中闻律师事务所合伙人李玉娟做律师之前做过法官，离开法院后先到企业出任法务总监，后来又加入中闻律师事务所。回想自己为何选择做律师，李玉娟这样说：

"法官和企业法务对于大多数女性来说，都是理想的法律职业选择。在公司做了多年法务总监，最后做到高管的职位，整个人已经定型了，进步的空间有限。但是律师不同，律师是一个不断学习的职业，遇到的每一个案子都是不同的，这种挑战性对我来说具有极大的吸引力。"

在一位年轻助理律师眼里，李玉娟给她留下这样的印象：

"从未弄脏过的精致妆容，没有褶皱的职业套装，定期的长跑运动，从未消失在脸上的礼貌性微笑……"

她记得李玉娟说过这样几句话："你的能力越大，你能帮助的人就越多"；

因你而不同

"你要热爱你的工作，但工作只是生活的一部分"；

"做律师做到最后就是做人"。

中闻律师事务所合伙人程璇为实习律师授课时，结合自己多年来丰富的洽谈经验及在北京市律师协会担任面试考官的经历，分别从形象、仪态、接待、会议、电话礼仪、用餐六个方面细致讲解，生动举例来介绍谈判礼仪、洽谈阶段谈判技巧以及办案阶段沟通技巧。

"一名成功的律师，不仅要精通法律，更要懂得礼仪规范。"

程璇经常受邀前往大学法学院为研究生授课，在一次讲授"从实习律师面试考官的视角诠释律师执业纪律与执业规范"之前，她做了精心、充分的准备，课前向同学们推荐《践行正义：一种关于律师职业道德的理论》《美国法精解书系——律师职业道德的底线》两本有关律师职业道德的经典名著，授课时结合个人执业经历，生动讲述自己对律师执业纪律与执业规范的体验。

"看到一张张年轻的面孔、一双双求知的眼睛，疲惫似乎都飞到九霄云外了。青年律师朝气蓬勃，让我感到很欣慰，我已经看到了北京律师行业后继有人、光辉灿烂的未来"，程璇有这样的感慨，也有对年轻律师的真诚告诫：

——选择一个好的律师事务所、选择一个优秀的"师傅"极为重要。

——眼前的低薪酬、多工作只是个过渡阶段，千万不要在能力与野心不匹配时期待太多物质上的奖励。

——踏实做事、努力做人、主动学习、善于总结，这些才是一名合格律师助理的必备条件。

——一名优秀的律师更倾向和那些发现问题、提出问题、解决问题的徒弟相处。

——平时一定要树立严格的时间观念。

——在你什么都不是、什么也不会的时候选择你、鞭策你、指导你的师傅，是实习律师永远不能怠慢的人。

——爱自己的人才会爱生活，爱生活的人才能更好地投入所爱的事业。

——女律师应更多一分力量，这是一种面对权贵不卑不亢的骨气，亦是一份遭遇逆境不屈不挠的毅力。只有这样，你的当事人才会愿意把自己的切身利益交由这样自信、从容的律师。

合伙人赵军在中闻律师事务所官网上发表了一篇标题为《一名律师的自我思

第十九章 传 承

考》的文章。他在文中谈到,在科学技术日新月异的社会背景下,律师要不断学习以跟上这个时代前进的步伐,希望年轻律师无论是做非诉业务还是做诉讼业务,都要重视对自己专业的深入学习,掌握各种专业技能,成为某一专业领域知识方面的"技术派"律师。

赵军不愿看到律师靠搞关系、虚假宣传来扩大个人影响,他推崇律师拥有"技术派"的法律技能,树立个人"专业化标签",从而在律师群体、团队内部形成口碑。他相信这样的律师必然会提高业务能力和收入。

律师除了在客户市场中有案源机会之外,今后越来越多的案源有可能来自律师群体内部的委托,特别是来自业已形成的各类团队,赵军提示年轻律师要有意识地融入团队或建立团队,通过团队协作互助共赢。

沈斌倜研究生毕业后先在一家外资企业做法务工作,后来离开企业进入一家国内律师事务所,再辗转加入中闻律师事务所并成为合伙人,忆起曾经遭遇薪酬直线暴跌的经历,她说追求自己热爱的事业,从始至终都没有考虑过薪酬方面的个人得失。

"自己应该是自己最大的假想敌。"

沈斌倜对刚入行的年轻律师说,"不要与其他人攀比,这样只会徒增自己的烦恼。每天超越自己一点点,长期坚持下来,你会有意想不到的进步"。

这位女律师劝慰年轻人"不要太看重金钱,发自内心地、脚踏实地地把工作做好,自然会得到自己想要的完美结果"。

宋立妍大学毕业后进入北京一家律师事务所,辗转过两家律师事务所之后加入中闻律师事务所成为合伙人。执业最初那几年,她与大多数律师新人一样,付出和收入不成正比。那段时间她内心有些煎熬,如今回想当年的情景时她说:"你付出了很多、奔波了很多,拿到手的费用却很少,我想这是每个律师都会经历的阶段。"

怎么熬过执业初期那段压抑的日子?

宋立妍真诚地表示,"如果有一颗感恩的心,就会把每个案子看成是一次成长、锻炼的机会,把每个案子当作一个上升的阶梯。把案件中的知识点都研究透了,这时候,你的收获远远大于所收到的费用"。

这位律师以过来人的执业心态告诫后来人,"在律师执业初期,我认为不要考虑过多的钱等这些东西,当你足够优秀、经验丰富了以后,你才有资格考虑这些"。

王新民 1986 年毕业于武汉大学国际法专业，毕业后即入职中国国际信托投资公司工作，先后参加了上百项国内外投资项目。改革开放伊始，他最早跻身办理涉外法律业务的律师之列。在他看来，发达国家很多成功律师可不是电影里看到的那种颐指气使、拘谨古板、高高在上的人，现实中的优秀律师反而是那些谦虚谨慎、能吃苦、对客户服务面面俱到的人们。

"中国律师如果想成为优秀的涉外律师，要学的东西很多。特别是在如何服务客户方面"，王新民的体会是，"良好的沟通能力是一张有力的通行证。一个涉外律师如果只精通法律，不善于与客户沟通，不能取得客户信任，是很难维持及持续扩展自己的业务的。而对外沟通的能力还体现在与国际组织及本国政府的沟通、交际等方面。与对方建立信任，才会有信心，有了信心，才能更好地为客户服务，这是个良性循环"。

中闻律师事务所在举办律师成长讲座时，吴革作为主讲人站在讲台上，他告诉在座的年轻律师们，这个题目在他心中已经酝酿了很久，他推心置腹地对大家说：

"一个律师的成长是很漫长的，律师一定要多读书，专业的书要读，非专业的书也要读，你是什么样的律师，一定是你建构出来的这个人文社科体系，我们要做精神贵族，境界高远。"

吴革坦率地告诫年轻人，"不要以为你是大学法律毕业就如何如何，你不过是个法律民工嘛，你光想着赚钱不读书，你会赚不到钱的"。

90 后入职体会"中闻"精神

杨阳的家乡在山西临汾，那里四周环山，平川居中，素有"棉麦之乡"和"膏腴之地"之美誉。上小学时，他在家长的陪伴下来到首都北京，当年还没有开通高铁，700 多公里路途，火车要开上 6 个多小时。

父亲年轻时在山西医学院法医专业学习了 5 年，毕业后被分配到临汾市人民检察院下属的一个县检察院工作。杨阳的伯父是律师，还有一些亲戚从事的工作都与法律有关。在这样的家庭环境的影响下，杨阳从小对法律非常感兴趣。

第十九章　传　承

　　无论在工作上还是在生活上，父亲在杨阳眼中一直是个非常严肃的人。"我爸教我怎么把不懂的东西搞明白，初中也好，高中也好，我们经常会探讨一些问题"。

　　杨阳的母亲是医生，母亲与父亲是同一所医学院毕业的，母亲是个很要强的人。父母在杨阳成长过程中给予他的更多的是知识上的帮助。

　　杨阳18岁考入西北政法大学，临近毕业，他与几位同学商量着申请一同前往英国格拉斯哥大学读取硕士学位。这毕竟是全家的一件大事，父母与儿子一起商议，给出很多建议。

　　虽然格拉斯哥大学为学生设有奖学金，但学费价格不菲。儿子一心想拓宽视野的心愿得到父母的鼎力支持。去英国求学之前，杨阳参加了国家法律职业资格考试，拿到了职业资格证书。

　　英国格拉斯哥大学与西北政法大学有教学合作协议，杨阳与本校同届几名学生提出申请后得到校方的举荐。格拉斯哥大学拿到申请名单后，先派了一个工作组来到国内，将全国范围内提出申请的同类专业学生聚集起来，让他们预先熟悉英国法基本情况以及在英国生活的基本知识。

　　英国格拉斯哥大学是世界百强名校，位于英国苏格兰格拉斯哥市，这所大学始建于1451年，是全球最为古老的十所大学之一，经济学之父亚当·斯密是格拉斯哥大学的荣誉校长。

　　飞赴英国，杨阳与本校同学及各地法学专业学生共十几人同行，这是他第一次独自出国远行。在英国那所著名的老牌大学里，杨阳通过艰苦学习，从完全不了解英国法到协助导师做科研课题，领悟了全新的知识体系和学习方法。

　　"刚开始，不太习惯的是，你要在短时间内掌握基本的问题，同时对于老师上课授课的重点还要有一定的了解，每天的预习量非常大，逐渐适应后，这种学习方法对我来讲还是很受用的。"

　　英国硕士学制为一年，杨阳就读的是公司法与金融法专业。

　　2014年12月，历时15个月的学业结束，杨阳取得了这所大学的二等荣誉学位。除了学业上的收获之外，他在国外料理个人生活诸多方面也得到很大的锻炼。杨阳回国后休整了几个月，2015年4月入职中闻律师事务所。

　　杨阳对这家律师事务所并不陌生，他在读大学时来这里实习过，当时中闻律师事务所还在天恒大厦办公。杨阳实习时协助参与了一些常年法律顾问项目，包括审定合同、对某个项目的法律文件作判断,还学做了一些事务性工作。顺利入职后,杨阳进入中闻律师事务所公共团队。初来乍到,合伙人并不了解他,他希望尽快融入这个集体、尽快进入实践。

杨阳一度很担心,中闻律师事务所公共团队这种模式不像传统那种师傅带徒弟的模式,师傅会把徒弟的工作时间包干;在中闻律师事务所公共团队这种制度下,要求公共团队成员灵活地与多位合伙人建立合作关系,谁会来找自己这个新人呢?

此时,杨改凤律师是公共团队的负责人,杨阳得到她及时的指导和帮助,很快与多位合伙人建立起联系。杨阳印象中的资深律师都是比较严肃的人,与杨改凤接触时,他先前预想的那种印象消散一空,与这位资深女律师交谈,能够让他放下心理戒备,真诚地进行交流。

"她是一个很和蔼的人,平易近人,非常有亲和力",杨阳说,"杨律师了解我的基本情况后,问我想从事哪方面业务领域"。

杨改凤律师向各位合伙人介绍了杨阳的情况,建议杨阳从阅读实务类书籍开始,而后引领他介入一家大客户法律事务的办理。

跟随杨改凤律师操作具体法律事务,杨阳强烈地感受到资深律师不同凡响的职业水准及风范,他目睹了杨改凤律师做业务之前如何先做好大量的调查工作,再把项目团队的成员召集到一起进行研讨,大家认同一个初步结论后,她才会去与客户详细沟通,如果对客户当面提出来的问题不能作出准确答复,她会在事后经过大量研究和调查以书面方式答复客户。

"我觉得她在业务上是一个非常严谨的人",杨阳很是感慨。

在一桩比较复杂的破产案件中,杨阳作为债权认定组的负责人在关于债权认定问题的讨论中多次被资深律师张继军追问相关决定的依据何在。杨阳这才意识到,债权认定组作出的所有决定必须先把决定依据的法律、法规、法理搞清楚,弄得明明白白之后再作出决定。

杨阳一直认为自己是一个比较细致的人,但这次讨论让他检视到自己职业精神的欠缺之处,从内心里感激张继军对他的指教。

回顾在公共团队的三年时光,杨阳的体验是,第一阶段可能会接触到各类案件,包括诉讼和非诉业务,但是并没有一个体系性的认识;第二阶段开始全面接触各种事务,由于参与项目比较完整,从一个项目进场伊始,一直到这个项目最

第十九章 传 承

终申报,整个流程都能参与进去,对某一类诉讼或非诉业务就能够从体系上增强认识,这个阶段从专业角度来讲主要能提升框架性认识,业务面上也能够铺得开;第三阶段是与其他合伙人合作,公共团队成员在前两个阶段是以事务性工作助理身份接触业务,而经过前两个阶段的磨炼,公共团队成员基本上可以一个人或者与合作者撑起整个项目,实际上是可以作为现场负责人来办理业务的。

"对于公共团队的新人来讲,虽然一开始接触的业务面很杂,但是这有助于新人从中找到自己真正感兴趣的专业方向",杨阳说,"想象与实际操作是两码事,你只有接触到具体事务之后才知道手上做的这类业务是不是你感兴趣的东西"。

杨阳认为,在师傅带徒弟的模式下,新人只能长期固定跟随一个人学习;而在公共团队里,新人有机会向更多的师傅学习,这样能让新人从多个师傅身上汲取优点,也能让多个师傅看到并权衡新人的发展潜质,因势利导地给予指教。最重要的是,公共团队制度设置中的师徒关系是平等的合作关系。

执委会宣布2016年度年会暨2017年度第一次合伙人大会的举办地点定在泰国时,杨阳闻知执委会在讨论如何出行时产生过一些分歧,到底是包机、分别订机票,还是走旅行社?最终作出的决定是由行政部门逐人给大家订机票,杨阳起初对此很不理解,眼见行政部门的人天天加班,不仅工作量巨大,难度也很大,这么辛苦地做事究竟图什么?

后来他了解到,执委会首先考虑的是成本问题,如果选择包机或走旅行社的话,成本要比逐人订票的价格高出很多,而逐人订票省下来的钱都是律师事务所的公共经费。执委会的决策是符合全体利益的理性决策,而行政部门人员为此付出艰辛也赢得了全体同事的敬重。

杨阳相信,凡是入职中闻律师事务所的新人,看到同事们在微信群里的议政意见都会十分惊讶,因为大家会在微信群里讨论各种各样的具体事项,提出各种各样的看法。有些律师直接质疑执委会某一方面决策是怎么研究决定的,有什么道理?这些律师会直接亮出态度,用当面质询的语气,然后讲明为什么他认为不合理。

在杨阳看来,尽管大家纯粹是站在工作角度来讨论问题,但很多意见特别直率,或是相当尖锐,直接对执委或者某个组织提出批评。然而,某执委或某个组织认为批评得有道理,马上就会回应哪里做得不好,下一步怎么改进,最终的回应都很客观、很理性。

刚开始听到中闻律师事务所倡导"民主办所"时,杨阳并不在意,以为这不过就是个口号。后来渐渐了解到合伙人会议的一些内容,知晓执委会如何开会讨论重大事项并通报大家,再加上从微信群看到的大量信息,从同事议论中听到的种种声音,他发现"民主办所"不是空洞的口号,而是在现实中有真真切切的体现。

"这种方式直击要害,不拐弯抹角,可能与决策层沟通的效率更高一些。"

杨阳从另一方面辨析说,这说明决策层具有开明心态,能够敞开沟通意见的大门,不计较批评者的态度,确实把自己放在了为大家服务的位置上。

第二十章 换 届

第二十章 换 届

丁酉年腊月初十，2018年1月26日，正值隆冬。

北京龙熙维景国际会议中心大厅富丽堂皇，灯光璀璨，中闻律师事务所2018年第一次合伙人大会在这里举行。中闻律师事务所总部和分部的两百余位律师到会聆听2017年度执委会工作报告、监事会工作报告、财务报告，以及合伙人提案报告的说明。

热爱律师职业无愧人生

孙成霞与温进并肩站在舞台正中璀璨的灯光下，接过"名誉主任"大红证书，聆听着两百余位与会者真诚热烈的掌声，心潮澎湃。接着，会议现场投票选举第三届律师事务所执委会和监事会成员，并对多项提案投票表决。

中闻律师事务所第三届领导班子成员确定，主任吴革、执委会主席穆振辉、监事会主席杨凯，第三届执委会成员张继军、徐政、周明刚、任晨光、程璇、王鑫，第三届监事会成员赵军、杨改凤、陈尔怡、苗蓓。

回望加盟中闻律师事务所之时赶上大动荡，杨凯入职伊始被推荐进入临时执行委员会，他在这个过渡机构里与同事紧张工作，为新一届管理机构及制度的构建殚精竭虑，直至入选改制后的第一届执行委员会任执委。因轮值主席李波患病无法工作，他被指定为临时召集人，代行主席职责，后来担任了执委会主席。

在2013年6月至2018年1月期间，杨凯连任两届执委会主席，亲身经历了中闻律师事务所改制以来的风风雨雨，往事历历在目，他应该是洞悉改制历史深层节点最多的人之一。想当年，改制后的中闻律师事务所最初发行股份，大多数人一时难以理解，采取观望态度。刚刚接任党支部书记的杨凯主动找到吴革，两人相约率先认购，杨凯带领他的团队成员用真金白银购下80万元股份，鼓励大家焕发正能量，走出困境。

"第二届执委会履职那两年，中闻律师事务所算是稳定下来了。"

据杨凯回忆，这家律师事务所从2014年下半年开始慢慢有了些人气，转年岁末，招聘合伙人政策的"低洼效应"呈现趋好走势，前来加盟的合伙人与原有合伙人数量叠加后趋近百人。

"到2016年底，我们所有的合伙人房间和工位基本饱和。2017年上半年，我们把公共办公区域重新装修，增加了60多个工位，到2017年底，工位又不够了。这不，2018年新一届执委会决定整体扩租居然大厦8楼。"

杨凯列举出注册资金的变化：2014年注册资本金为2000万元；2015年增至3000万元；2018年增至3500万元。如此之高的注册资本金说明什么？杨凯给出的解释是：一是体现了人人持股这样一项民主政策；二是增强了律师事务所抗击执业风险的能力；三是为合伙人之间增加了一道安全防火墙。

在大动荡时期接任党支部书记职务时，杨凯说当年只有十几名党员，截至2018年底，中闻律师事务所的党员律师人数已经逾百人。2018年12月15日，中共北京市中闻律师事务所党总支部正式成立。

"我算是做了两届执委，其中有三年以执委会主席身份工作，要拿出三分之二左右的精力放在律师事务所管理上，中闻律师事务所发展到今天，我贡献了很多，也得到了很多，大家对我的认可来自确确实实地干。"

除了管理律师事务所事项之外，杨凯还在市、区律师协会担当了很多职务，多次作为面试主考官、讲师团讲师为实习律师授课，他在就职中闻律师事务所监事会主席几个月后，又在东城区第三届律师协会上被选为副会长。

怎么看待自己承担了如此之多的社会工作？

杨凯这样回答："嗯，为什么？一个是热情，一个是热爱。这是自己行业的事，那为什么不去干呢？"

中闻律师事务所选举第三届领导成员时，杨凯主动退下执委职务，他相信每个人都有各自的特点和长处，把执委位置让出来，让其他人也有从事管理工作、发挥才干的空间，这是民主管理的另一种体现。

回顾2017年全年工作，杨凯基本上没有休过一个完整的周末，周末两天里至少有一天不是在执委会开会，就是参加这个活动、那个会议。不管大事小事，从管理者的角度、从当家人角度出发他都得去，留给自己的时间真的是太少了。换届做监事会主席，占用时间比做执委会主席要少些。

"这次换做监事会主席，我的团队的人特别高兴，我这些年总没时间跟他们一起干，现在好了，我可以腾出一些时间抓一抓个人业务了。"

尽管这么说，杨凯仍然对律师事务所的管理心有所骛：

"好的律师事务所要形成一个稳定的管理模式，由专业的人来管理。这也是吴革一直提倡的，我比较赞成，就是说我们要有一个专业管理团队进行专业的运

第二十章 换 届

营,这些人不单单履行服务职责,更多的要从律师事务所的发展角度去创设更强大的功能,发挥他们律师专业以外的专业才能。"

温进比杨凯年长12岁,整整大出一轮,又比杨凯早三年入职中闻律师事务所,在中闻律师事务所改制后连任了第一届、第二届监事会主席,他也是经历过这家律师事务所的风风雨雨、熟悉其改革历程的人。进入2018年,温进年届60周岁。

回溯往昔,在中闻律师事务所发生大动荡那段痛苦不堪的日子,温进没有选择离开。他根据个人当律师多年来的经历和见闻,熟悉律师业界的现实状况,又凭借其在北京市律师协会担任职务,了解律师业界发展的最新动态,从内心里认同实施特殊的普通合伙制是个好出路。另外,在大动荡时留下未走,也是当时念想自己一把年纪,不愿再退伙入伙地奔波折腾。

温进在北京市律师协会长年从事纪律处分工作,对监管制度比较熟悉,全体合伙人选举第一届执行委员会、监事会成员时,他自荐参选监事会监事一职,入选五名监事之一。

"大家看我年龄大,又有监管经验,就选举我担任了第一任监事会主席",温进说,从那时开始,他从过去的一个一般律师进入了中闻律师事务所管理层……温进说自己喜欢这个职业,愿意长久地做下去。直至今天,他很欣慰做律师这些年满足了个人志向的需求,不断实现了内心的渴望,无愧于人生。

温进在中闻律师事务所2018年第一次合伙人大会上作了告别演讲,说自己欣喜地看到加入这个集体的新人越来越多,看到律师事务所的事业发展越来越好,而自己年龄大了,有很多新理念、新知识需要向大家学习。他相信律师的职业理想要以专业精神为支撑,定准专业方向。他辞掉监事会主席职务,也是出自继续追求专业精神和理想的考虑。他向大家宣布,这次换届将放弃领导职位,不再自荐竞选。

他感慨与一些客户几十年来一直保持着很稳定的业务关系,相信那是由于自己对每一个案子都付出了百分之百的努力。他以成功的个人执业经历提示年轻律师,"你必须对每一个到手的案件都做到非常非常扎实,别把功利、名利这些东西想得太多,先把案子做好"。

2018年1月28日,星期日。

中闻律师事务所2018年第一次合伙人大会结束,北京龙熙维景大酒店金色大厅布置成喜庆的联欢会会场。宽敞的走廊厅堂里铺就大红地毯，舞台布景大红幕布上映射出 8 个大字——"中慧同心　博闻共赢"。

男律师们正装出席，女律师们盛装打扮，大家神采飞扬地步入联欢会会场。

联欢会最先安排的是颁奖活动，中闻律师事务所第二届主任、执委会、监事会成员荣获"特别贡献奖"，15 位律师荣获"业务贡献奖"；2 位律师荣获"年度金笔杆奖"，9 位律师荣获"年度风采奖"，9 位律师荣获"年度热评达人奖"。

音乐响起，舞台灯光更加灿然明亮，中闻律师事务所律师自编自排的文艺节目相继登场：开场舞、独唱、小提琴独奏、群舞、诗词朗诵、歌曲串烧、古筝独奏、相声、吉他弹唱、独唱、朗诵。联欢会最后安排了抽奖环节。

亦上亦下分享管理体验

穆振辉作为第一届监事会监事和第二届执委会执委，在第三届执委会换届时被推举为执委会主席，他听到人家称呼穆主席很不习惯，委婉劝说对方不要这么称呼，宁愿让别人叫他穆律师或负责人。

这些年来，穆振辉看到杨凯整天处于什么样的工作状态，轮到自己就任执委会主席，他可是真真切切地感到职责不同带来的巨大压力，他要牺牲更多做业务的时间甚至家庭生活时间，不能再像过去那样频繁去各地做自己的业务，时间变得很有限，他只能把很多业务转交给自己的团队去打理。

第三届执委会成立后，穆振辉依据当执委时就有的想法，希望能吸引更多同事参与到管理事务中来，着手吸收和组织有精力、有热心、能力强的合伙人组建起多个工作委员会，依据个人专业兴趣和特点力邀大家前来，一下子聚集起七八十人，成立了六个委员会。

穆振辉深知由于律师事务所与律师关系具有松散特性，不像机关单位或公司那样紧密，如何强化集体凝聚力，需要从年轻入职者的理想和现实需求考虑。他觉得很重要的一点，即是大力扶持年轻人在专业上和实践上进步，包括加强培训力度，鼓励更多律师成立专业团队以吸纳新人加入。

2018 年 3 月 2 日，正值农历正月十五元宵节。中闻律师事务所人才建设委员会第一次会议举行。这个委员会是在中闻律师事务所第三届执委提议下成立的六

第二十章 换 届

个工作委员会之一，其职责是引进人才和培养人才。

在这次会议上，人才建设委员会主任程璇、秘书长沈斌偑、派驻监事杨凯及孙成霞、刘春等16位律师参加会议。会议布置了委员会2018年的工作任务。会议商讨在人才引进方面如何吸引更多志同道合的律师及合伙人加盟中闻，如何招募重点高校优秀毕业生加入中闻；在人才培养方面，如何通过定期培训、模拟法庭、学习沙龙等形式的活动，加强优秀毕业生及内部人才的培养及提高专业水平。

苗蓓在中闻律师事务所有着"年轻的元老创始人"地位，尽管算是最早入职的律师之一，但她这个"比较自由散漫的人"一直埋头个人业务，不大关注律师事务所的管理事务。大动荡时期她没离开，源于清晰的自我分析和心理定力。

回头反观这家律师事务所从成立至今的历程，苗蓓目睹了改制以后决策层如何一步步地实现预定目标的现实，目睹了律师事务所事业发展壮大的现实。她以个人的体验这样说：

"我觉得只有植根在一个律师事务所里，伴随着它的成长和发展，你才能够了解它的历史，尊重它的文化，然后你自觉自愿地为它的发展贡献力量，甚至做出牺牲。"

苗蓓在第三届监事会换届之际入选监事，她跻身管理层是由于认同中闻律师事务所的历史、认同其文化价值，愿意为推动中闻律师事务所的发展贡献自己的力量。

苗蓓评价自己与中闻律师事务所之间的关系时这样表示：

"我认为律师和律所之间应该是一滴水和大海的关系，对吧？一滴水很快就会蒸发掉了，一滴水本身不能形成推波助澜的能量，但是如果这一滴水融入海洋，它所形成的能量就是势不可挡的。"

赵军曾出任第二届执行委员会执委，第三届改任监事会监事。他怎样看待自己在管理层任职的变化呢？

"做执委的时候，有很多具体工作都等着你，你必须得办。做监事相对来说超脱一些，更多的是要看执委是不是按照规则办事，需要及时察觉并加以提醒。"

赵军认为自己在理念上与吴革有相似之处，他说自己是非常有民主法治意识的一个人，愿意把民主当作个人生活的信条，而不是把它当作宣传的一个口号，愿意在律师事务所的工作和生活中用民主的方式、法治的方式、合规的方式把它体现出来。

第三届执委换届前，有好几位同事劝程璇参选执委，若论资格，她在别的律师事务所当过 8 年主任，也当过管委会主任、副主任，她也想到过，是不是可以把自己的管理经验奉献出来。

"我要是不自荐，就进入不了执委会，竞选必须要通过自荐这一关，然后才是别人选不选。"

程璇参选后闻知自己高票当选感到欣喜，她清楚同事们欣赏她加入中闻律师事务所后的言行举止，相信她的人品，也相信她乐于拿出个人宝贵的时间来为大家做事。入选执委会后，程璇觉得不能辜负大家，想着要努力将律师事务所的发展进程推向更高的阶段。她深知在北京这片藏龙卧虎的地界上，中闻律师事务所尚不在"红圈律师事务所"之列。踏入中闻律师事务所的门槛，她也知晓吴革力推实现法律人理想国的主张，同时看到这里聚集着一群与吴革有着同样理想情怀的律师。

担任执委之后，程璇承担了人才引进的工作。干着干着，她有些后悔，与此前的工作状态相比，当执委以后，她几乎天天要来，占用了个人太多的时间。有一次执委会开会，从下午两点延续到子夜一点。这且不说，执委们在讨论管理制度和方法时，时常出现针尖对麦芒的争执，这令她不太适应。不过，这也促使她从另一个角度考虑如何寻找更好的方式解决问题。

毕竟是在社会上闯荡过的人，程璇也感受到当执委的受益之处，与更多同事密切了友谊，增长了大型律师事务所的管理经验，个人业务收入比以前翻了一番。

任晨光入选第三届执行委员会，分管业务和制度建设，他明白这些都涉及中闻人的工作环境和利益，要让大家形成共识才能顺利实施，应该在大家能够接受的方式下逐步改良，不能操之过急。

王鑫是第三届新当选的执行委员会执委，分工负责公共团队，他不认为当一名执委有什么管理权，反倒是在这个职位上要变换一种思维方式，为大家做好服务。

第二十章 换 届

新规划新纲要征求意见

中闻律师事务所第三届管理层领导成员到任就职,一项关系到实现未来理想目标的重大工程开始启动——《北京市中闻律师事务所发展规划和改革纲要(2018~2022)》征求意见稿初稿于 2018 年 3 月底完成,同时还完成了《中闻分所发展规划纲要》,以及修订了《中闻分所设置与管理指引》。

征求意见稿完成后不断征求意见,并于 2018 年 5 月 26 日和 7 月 18 日完成第二稿和第三稿之后,递交给 7 月 20 日召开的 2018 年第二次合伙人大会讨论。此时,中闻律师事务所业已成立 17 年,现有执业律师 300 余名,办公面积 5000 多平方米,总部设在北京,上海、郑州、南宁、海南、济南等地设有多家分支机构。在《亚洲法律杂志》公布的 2017 年度亚洲律师事务所 50 强和中国国内律师事务所 30 强中,中闻律师事务所均入选。据此,中闻律师事务所的规模和实力在北京市律师事务所中跻身前列。

中闻人不讳言经历过坎坷和挫折,自信拥有一支团结、稳定、富有合作奉献精神的合伙人队伍,其法律服务能力渐趋完善,积累了比较丰富的业绩和客户资源,在社会上和行业内拥有一定的知名度和美誉度。但是,再向前发展,必须直面自身存在的缺憾和不足,冷静地分析到底有哪些潜在的掣肘弊端仍然对前进方向形成负面干扰和影响。

"规模化、专业化、平台化、品牌化"承载着中闻律师事务所的发展理想,也是这家律师事务所不懈追求的长远目标。第三次修订的征求意见稿拟定 2018~2022 年中闻律师事务所要在实现规模化、专业化、平台化、品牌化这四大目标的进程中取得明显的、关键性的进展。

呈交给合伙人大会的征求意见稿为一份自我审视的宣言,将过去与未来紧密联系在一起向全体成员告白:

我们与优秀的同行相比差距有哪些方面?

我们的社会认知度是否令人满意?

我们的核心业务品牌是否得到业界的公认?

我们的专业化水平到底有多高?

我们的合伙人的平均收入水平又是怎样的？

我们的运营管理能力对业务的支持是否匹配？

对比《北京市中闻律师事务所发展规划和改革纲要（2018~2022）》征求意见稿与《中闻律师事务所章程》不难发现：章程曾经提到的"专业化、公司化、规模化、国际化"，在征求意见稿中表述为"规模化、专业化、平台化、品牌化"。

值得注意的变化是，章程中排第三位的"规模化"在征求意见稿中排到首位；章程中的"专业化"让位于"规模化"；章程中的"公司化"和"国际化"在征求意见稿中被"平台化"和"品牌化"替代。

或许可以将这种变化看作是中闻律师事务所为适应时代新发展所致。征求意见稿承继着改制前那种雄心勃勃的昂扬斗志，起草者写下了似曾相识的文字："百舸争流，不进则退。作为刚迈入国内前30名的中闻所，如果不抓住机遇奋力向前，很快就会在日趋激烈的行业竞争中掉队。"

筹划未来当属不易之事，征求意见稿就未来规模人数、财务决算、成员收入列出目标数额；要在律师事务所层面的大专业平台上支持合伙人组建N个专业团队群；指导和鼓励部分平台和专业团队实现公司化运营；通过多种多样的形式和手段宣传中闻所办所理念、制度特色、重点业务和业绩，扩大知名度。

我们的民主是很彻底的

七月酷暑，湿热异常。

燕山脚下有一片风光旖旎的清澈湖水，每年春秋两季常有成群的大雁来湖中栖息，这里故而得名雁栖湖。中闻律师事务所2018年第一次合伙人大会于7月20~21日在这里举行，会议主旨语为8个字——"携手同行，再创辉煌"。

会议伊始，主任吴革开场致辞，执委会主席穆振辉作2018上半年度工作报告，监事会主席杨凯作2018上半年度工作报告，执委会执委张继军、任晨光、徐政及权益合伙人杨青春、闫创依次解读提案。

第三届执委会、监事会、律师事务所主任在执政这短短6个月里有哪些作为呢？

第二十章 换 届

执委会主席穆振辉在上半年工作报告中列举如下事实：

——全所律师业务收入同比增幅12%；

——在人员增加和部分价格上涨的情况下，支出同比基本持平，仅多出几千元；

——新增合伙人购股资金数百万元；

——新增合伙人23人（含内部晋升），新增公共团队成员33人，新增行政运营成员8人，目前尚有多批合伙人和律师正在办理调入手续和准备办理手续；

——在原行政、财务、IT、品牌部的基础上，新设人力资源部和知识管理部，新招聘和引进多名行政运营专员以扩充和完善运营团队；

——年初新成立的品牌与文化建设委员会负责的微信公众号，在推广专业文章、律师业绩和事务所工作动态方面宣传效果明显，得到广大律师的认可和称赞；

——年初新成立的知识管理部负责事务所投标事务，完善了投标管理制度，在短期内通过3A信用评级和ISO9001管理认证；

——执委会已与多个前来应聘中闻律师事务所首席运营官（COO）的人选会见并商谈，可望近期确定；

——分所设置进入发展快速期；

——居然大厦8层装修完毕即将启用，已有近一半的房间被各个合伙人预定。

监事会主席杨凯在上半年监事会工作报告中回顾了新一届监事会任职以来所做的工作：

——常态化的参政议政，参与本所管理及决策事务的每一项审议事务；

——承担着本所执业风险的控制和调解职责；

——保证每一次执委会会议有不少于2名监事列席会议；

——保证每名监事全年不少于3次列席执委会会议；

——针对例会每一项议题，认真倾听和审查执委会各个事项的陈述和整个议事过程，依据本所章程和合伙人的权益保障原则发表监事会意见；

——监事参会遇到重大内容难以即时表态或存有异议，一定通过监事会集体讨论后再发表意见，有疑义的问询清楚，认为有误的及时叫停纠偏。

监事会主席杨凯在合伙人大会上向与会者郑重宣告：

监事会经监督审议后认为：2018年上半年，执委会所批准和实施的各项律师事务所事务，从议事程序到各项事务的实体内容整体上均符合本所章程的规范。律师事务所发展整体平稳有序、积极向好。虽然有可能在某些决定和项目的确立、实施、实际效果上未能达到全体合伙人的高度满意，这还有待于执委会在未来的工作中向着更精细、更民主、更完善的更高水准进一步加强和改进。

随后，与会者分在4个分会场，就如何实现专业化和团队化发展以及中闻所专业平台发展模式这两项重要议题展开讨论。最后，与会者对大会提交的6项改革提案（其中3项为事务所名义提案、3项为合伙人名义提案）进行投票表决，监事会依据程序进行了严格的全程监票。

此次会议结束仅两天后，中闻律师事务所向全体合伙人通告了大会讨论的提案表决统计结果，经计票核实，6项改革提案中有2项表决通过，4项未通过，其中包含事务所1项提案。

依据中闻律师事务所章程第三章"组织机构设置及其职权、议事规则"中的规定，事务所召开合伙人大会，执委会、监事会、事务所主任以及3名以上的合伙人、5名以上的律师有权向事务所提出提案；提案内容应当属于合伙人大会职权范围，有明确议题和具体决议事项，并且符合法律、行政法规和本章程的有关规定；合伙人会议实行民主原则，由合伙人按照实际出资比例行使表决权。

吴革说，"我们的民主是很彻底的，都是律师嘛，有人的批评意见很强烈。我们每次都有执委会或主任提的议案或者是合伙人的议案过不了"。

建设一个法律人理想国

中闻律师事务所2018年第二次合伙人大会结束后第18天，由中闻律师事务所主办的"新时代律师事务所发展论坛暨居然大厦8层办公区启动仪式"于2018年8月8日隆重举行。

当天下午，中闻律师事务所执委会主席穆振辉主持了8层办公区启用揭牌仪式。来自法学业界的多名专家、学者和同仁应邀前来就律师事务所发展模式等行业热点话题进行务实交流与探讨。

中闻律师事务所主任吴革在论坛上致辞时回顾了特殊的普通合伙所改制5年

第二十章 换 届

来的历程，他用8个字归纳了改制创新的亮点——"产权制度""民主制度"，并介绍了中闻律师事务所7项重点改制内容：

——从普通合伙制律师事务所改制为特殊的普通合伙制律师事务所；

——确立"民主办所、制度办所、人才办所、稳进办所"的四项办所原则；

——建立合伙人大会、主任、执行委员会、监事会的法人治理结构；

——取消合伙人分级，建立以股份为基础的平等合伙人关系；

——取消提成律师，改制助理制度，建立律师事务所的公共律师团队；

——民主选举律师事务所主任、执委会、监事会成员；

——推行激励股权制度，激励青年律师成长，尊重资深律师，让他们在退休后可以通过股权收益。

吴革提到，全员持股已经是当今公司发展的潮流，他向与会人士介绍说，中闻律师事务所激励股权的概念是把律师对于律师事务所的贡献数字化、股权化，通过激励股权实现合伙人对律师事务所行使股东的所有权、管理权、分红权。

"新时代律师事务所的发展，就是要求对我们所处的历史时代有清醒的认识，洞悉时代的发展大趋势，有所为，有所不为，顺势而为。我们的精神气质、我们的文化不能仅仅是自己追求财富。我们是这样的一个共同体，要做一个对社会承担责任、遵循自己的理想的法律人，建设一个法律人的理想国，这就是我们的制度和文化。"

吴革表示，中闻律师事务所坚持并逐步创新激励股权制度，使未来的中闻领导人自然而然地从今天的青年新锐中产生，今天的中老年律师可以安心退休，并能够从中闻律师事务所的股权中获益。中闻的发展目标是在未来10年或20年间成为有质有量有模有样的国际大型律师事务所。

如果谁去中闻律师事务所感受一下那里的气场，看看那里年轻人脸上洋溢的神情，听听那里举办的专题讲座，搜搜中闻官网上刊发的专业文章，相信人们会有真切的内心感受。

2018年11月，权威法律媒体《亚洲法律杂志》（Asian Legal Business，简称"ALB"）发布了2018年"中国最大30家律所"榜单。中闻律师事务所作为国内规模最大的综合性律所之一，凭借杰出的业务能力和专业能力，蝉联2018年排行榜，位列29名。同在11月，中闻律师事务所微信公众号公开资讯示明：

北京市中闻律师事务所是一家提供综合性法律服务的大型律所，总部设在北京、上海、海南、郑州、济南、南宁等地设有分所；律所注册资本 3500 万元，是业内注册资本规模最大的律所之一；北京总部办公面积 5000 多平方米，现有法律工作团队成员 400 多名，其中合伙人律师 160 多名，29 个法律专业部门，4 个研究机构；中闻所入选"ALB 亚洲 50 强律所"、"ALB 中国国内 30 强律所"、"ALB 2018 年知识产权排名"前 30 强、"The Lawyer 亚太百强律所"、"The Lawyer 亚太区 20 所发展最快的律所"等榜单，荣获"中国 PPP 项目十佳律所"等称号，取得"AAA 级信用企业""国际 ISO9001 质量管理体系认证"等证书，具有证券、金融、破产、知识产权、政府系统等诸多专业服务特许资格，整体实力和人员规模在律师界名列前茅。

在中国改革开放的进程中，国家经济、政治、文化、社会、生态等各个领域的改革与发展态势，尤其是 30 余年中国司法制度改革和法律服务市场的发展，构成了这一事例出现的宏大背景。在如此波澜壮阔的时代背景下，律师事务所管理多年沿袭的传统提成制以及单打独斗型的律师工作模式已经渐渐不适应中国特色市场经济发展的要求。

随着中国经济总量的迅猛提升和中国企业规模化、全球化的扩展，再加上国际企业对中国的投资的增加，这些重要的市场要素都需要法律服务能力与之匹配。毫无疑问，大型、综合性、专业化的律师事务所正是在迎接中国经济发展和市场化迅速拓展的急迫需求中应运而生的。

观照中闻律师事务所制度创新的历程，这是一起挑战与迎战的鲜活事例。

中闻律师事务所在 2011 年实现了几家律师事务所合并之后，由于不同发展阶段的合伙人对未来发展方向的认知出现严重分歧，致使 2013 年有相当数量的合伙人出走，也使得律师事务所在财务方面出现了前所未有的困难。

现实让留守下来的中闻人冷静地意识到，律师事务所的发展仅靠兼并形成的规模是极不完善的，必须要创立与之相应的制度保障方可做大做强。经过一年的调查研究，中闻律师事务所初步形成了"民主办所、制度办所、人才办所、稳进办所"的四个办所理念，制定出《特殊的普通合伙所改制方案》和《公共团队建设方案》两个根本性的改革文件，建立了以所有权为核心的民主制度和以激励股权为核心的发展制度，提出中闻律师事务所的建立目标：建设一个微型的法律人的理想国——一个开放、发展、和谐、共享、互助的法律人社区，让中闻的每一位合伙人、律师、辅助人员都能够以中闻为家、以中闻为傲。

第二十章 换届

吴革提出中闻法律人的理想国这一理念源自微观、中观和宏观三个层面：

从微观层面上看，中闻法律人的理想国是以均衡的法人治理结构为基础的。

众所周知，在小规模的律师事务所管理模式中，合伙人之间都是熟人、朋友、同学关系，承担管理职责的合伙人一般被称为"仁慈的独裁者"，大家基本相安无事。合伙人人数达到两位数时，合伙关系就变得较为复杂了，一般开始分级管理。少数创始合伙人或创收较高者承担管理职责，成为高级合伙人；一、二级合伙人往往是挂名合伙人，没有实际管理权。中闻律师事务所的改制方案是依据新设合伙协议、新设章程重新调整了法人治理结构，将合伙人大会设为最高权力机构，合伙人大会决策整个律所的财务预算、决算、入伙、退伙、更名、迁址等章程规定的重大事项，决定选举主任、执委会、监事会等领导层。

从中观层面上看，中闻法律人的理性国是以产权制度为基础的。

所谓中闻法律人的理想国，实质上是中闻合伙人的理想国，是合伙人合伙的艺术，是合伙人与律师事务所的契约关系。这种关系必须是以产权为基础的。因此，合伙人对律师事务所所有权以及针对所有权的科学设置就特别重要。绝大多数律师事务所在分配关系上费尽心机，但在合伙人对律师事务所所有权的配置上无所作为，不是一人一票等份共有，就是一股独大，其他人挂名合伙。事实上，等份共有、一人一票不能真正反映出合伙人对律师事务所的贡献值。认清如此弊端，创新制度的动机得到启发，根据合伙人出资尤其是根据合伙人的贡献来确定其对律师事务所的股份，从而建立合伙人之间、合伙人与律所的产权关系，这成为民主办所、制度办所的前提，而《中华人民共和国律师法》关于特殊的普通合伙人制、律师事务所执业形式的修改，给中闻律师事务所的改革提供了法律保障。

在《特殊的普通合伙所改制方案》这份具有宪法属性的中闻律师事务所2013年改制核心文件中，制度创设者们把中闻律师的历史贡献、出资额在精细化的制度中充分加以体现，对应律师事务所发展的数字化产权关系，尤其确立了包含个人出资额和贡献值的数字化产权关系，把合伙人对律师事务所的所有权落到实处，让合伙人真正拥有主人翁地位，理顺合伙人之间以及合伙人与律师事务所之间的良性互动关系。

从宏观层面上论述，中闻法律人的理想国是以人性为基础的。

人们都崇尚公平正义，希望自己生活在一个和谐安定的环境里，被他人尊重。律师作为法律人，内心里平等、民主、制度的观念更甚。身为律师这一群体对此更应该知行合一。有的法律人批评别人时总是头头是道，唯独不用法的精神反观自己。这样的人即便法律知识与执业经验再丰富也难以让人信服。律师事务所既然要作为法律人成长的最佳场所，那么如何建设好律师事务所就绝不可掉以轻心，需要像维护一个家风良好的家庭一样去精心操持。

由衷期待中闻人做表率

临近 2018 年年底，清华大学法学院的两位教授分别向笔者回忆了他们与中闻律师事务所以及同创始人吴革结下的缘分和友情。

"我差不多是看着中闻律师事务所成长起来的。"

回想十多年来与吴革及中闻律师事务所的交往时，王振民教授这样说。

早在 1995 年 8 月，王振民进入清华大学工作，先后担任法律学系讲师、副教授、副系主任、教授，出任过清华大学法学院院长。现任中央人民政府驻香港特别行政区联络办公室法律部部长。

2001 年 8 月，王振民作为富布莱特（Fulbright）高访学者，结束了在美国哈佛大学法学院研究美国宪法和高等教育的日程回到国内。这时，业已登记成立的中闻律师事务所尚在等待行政部门审批。

王振民记得，他与吴革的最初接触是在清华大学主导的一个法律援助项目中。清华大学法学院在培养学生的教学实践中要求必须邀请实务界人士参与，即为法律硕士聘请有经验的法官、检察官、律师做兼职导师，请他们参与教学活动、指导论文。吴革受聘于清华大学法学院，成为外聘兼职导师中的一员。

随后，王振民与吴革多次合作，承担了中国法学会的重点课题，推动成立法学教育研究会，创建案例法专业委员会，发起中国法学会案例指导制度……

"我感觉中闻律师事务所是中国法治近 20 年发展的一个缩影，中闻律师事务所发展到今天这个局面，是大家，特别是吴律师他们共同努力奋斗的结果。"

多年来，王振民与吴革在共同推动法治建设的工作事项中知悉中闻律师事务所起步发展的曲折历程。他清楚地记得第一次去中闻律师事务所是与香港首席大法官和最高人民法院一位副院长同行探访。

第二十章 换 届

在王振民看来，中闻律师事务所有一批非常有理想的律师，那些律师除了从事法律服务之外，怀有对国家法治的理想追求，自愿投入时间和精力去做一些并非律师事务所或律师必须要做的事，比如从事许多公益事业、推动案例法研究、针对"影响性诉讼"与媒体合作展开研讨。

从学者的角度审视律师职业，王振民认为从业者不应当把这个职业仅仅视为一个"饭碗"，他说这是一份工作，更重要的在于这是一份事业。他相信，当所有律师以及所有法律服务者共同付出努力，在办理每一个案件的细节中体现出法治精神，才能推动一个国家的法治进步。他肯定律师在执业过程中应该得到合理的报酬，认为这与律师的理想追求并不矛盾。

王振民知道中闻律师事务所汇集了一批非常优秀的律师，知道一些律师具有多岗位的执业经验，他说吴革律师个人在很多法律问题上有深入研究，法律专业服务方面水平相当高，同时认为这家律师事务所的整体专业服务水平属于上乘。

谈到中闻律师事务所一向立有远大目标——跻身国内一流、世界一流行列，他赞赏这是一种有胆略、有勇气的追求，希望有更多的律师事务所也能够这样。让他欣慰的是，中国一些大型律师事务所这些年来正在稳步地慢慢成长起来。

"中国的企业都有同样问题。规模扩大了就出现分裂，相互间很难再合作。"
王振民曾在国外接触到西方人对中国人的看法，有人公开讲中国人相互之间是不团结、不合作的。他由衷地期待中闻律师事务所在这方面能够做出一个表率，在未来的日子里继续通过高质量的专业服务推动国家法治的整体进步。

易延友回想与吴革结识十几年的友情，说当年在一次学术会议上初识吴革，那时他还只是个青年学者。初次相识，两人一见如故，易延友觉得吴革人很好，尽管吴革年长他七八岁，但对青年学者很尊重、很真诚。

刚刚进入清华大学法学院当教师，易延友感觉教学压力比较大。用他的话来说，他面对的是一群最聪明的学生，课上讲 1 个小时，课下备课就要花费 10 个小时，即使这样还觉得很仓促。每个学期他至少开设 2 门课，每学年将近有 200 个课时的授课内容，授课时如履薄冰。

易延友现任清华大学法学院教授、博士生导师、清华大学法学院证据法研究中心主任，他曾经给本科生开过美国宪法这门选修课，还给外国留学生开过全英文的中国刑事诉讼法课程。自 2003 年 1 月进入清华大学当教师，他在前十年里基本上保持每年在核心期刊上发表三四篇论文，想着要把最前沿的知识教给学生。如今，他在 2003 年撰写的第一版教材马上要出第五版。

早在中闻律师事务所搬入位于北太平庄的城建大厦办公时，易延友不仅去过那里，还应邀为律师们授过课。他笑称自己可谓这家律师事务所的元老。

谈到为何成为中闻律师事务所的兼职律师，易延友回想入职动机是希望自己的人生有更多侧面，能够更多地了解社会不同层面，包括了解社会底层的现实。他说自己本来就来自社会底层，去做兼职律师时，考虑到反正自己有律师资格，做个兼职也好熟悉一下法律实务。

易延友耳闻中闻合伙人之间出现过一些矛盾和纷争，知道这家律师事务所有过跌宕起伏的经历，他虽然从来不参与律师事务所内部管理的事情，但他明确表示，不管怎样，他都会跟吴革站在一起。他只关心中闻律师事务所能不能继续存在下去，并且坚信只要吴革在，这个律师事务所就没有问题。

"我相信吴革是一个有想法、敢想敢干、有执行能力的人，他能够把自己的想法付诸实施，而且通常都能得以实现，他是一个想做事就能做成的人"，易延友说，"我是这么多年跟他看过来的，我很佩服他，也愿意跟他合作。他对我也很尊重"。

2012 年，易延友结束了在北京市延庆人民检察院挂职 4 年副检察长的任职，回到清华大学，以兼职律师身份与吴革合作办理了一起公益性质的案件。他与吴革在同委托人谈判协商、准备诉讼材料、出庭辩护的合作过程中，真切地感受到吴革体现出的高水平专业素养。易延友说吴革给过他很多无私的帮助，他对此心怀感激。

2016 年 2 月 1 日，浙江省高级人民法院依法对陈满故意杀人、放火再审案公开宣判，撤销原审裁判，宣告陈满无罪。2018 年 6 月，江西省高级人民法院对 20 年前的"毒糖杀人案"当事人李锦莲宣告无罪。

易延友以中闻律师事务所兼职律师身份参与了上述两起刑事案件的办理，为蒙冤当事人辩护。这两起案件的成功办理，形成了广泛的社会影响。易延友说他在这两起案件的办理过程中投入很大精力，哪个案件都努力了两年多时间。他相信成功办理的这两起案件对律师个人和律师事务所来说都能带来荣誉。

凭借对中闻律师事务所的了解，易延友认为这家律师事务所在刑事辩护方面已经具有相当雄厚的实力，他希望这家律师事务所各个部门都有一些具备相当实力的律师加盟，能够在相关领域里做到行业前十名。他更希望这家律师事务所精

第二十章 换 届

心打造出属于自己独特的律所文化，让大家都有一种身份认同感，把中闻律师事务所当成自己的家。他相信做到了这些，中闻律师事务所发展壮大的前景会更加明朗清晰。

尾声·新年到

2018年12月29日下午。

北京柏悦酒店三层大宴会厅门前宽敞的楼廊里立有高大的会议标识——"中闻律师事务所2019年跨年联欢会"。这家酒店位于北京市CBD中央商务区的北京银泰中心主楼内,毗邻国贸中心、中央电视台新台址、秀水购物区,其周边高档商店和商务写字楼林立。

步入大宴会厅,右侧前方搭建着一个大大的舞台,偌大的背景幕布上映出流光溢彩的画面。音乐响起,两位西服笔挺的英俊小伙与两位长裙拖地的漂亮姑娘依次登台,共同主持这场联欢晚会。中闻律师事务所律师、行政人员、家属近300人出席。

开场节目由二三十名身穿统一舞蹈服的儿童表演群舞,接下来是独唱、诗词朗诵、国标舞、魔术、曲剧演唱、相声、乐器独奏、芭蕾独舞、哑剧、男女对唱、群舞。其间穿插三次摸彩中奖。联欢晚会的四位男女主持人是中闻律师事务所的律师,晚会全部节目也均由中闻律师事务所律师和"律二代"出演。

联欢会结束,中闻律师事务所主任吴革登台发表了题为"闻义而徙,风雨兼程"的新年致辞,他在归纳中闻律师事务所全年取得的成绩时介绍说:

2018年,中闻律师事务所入选"ALB亚洲50强律所"、"ALB中国国内30强律所"、"ALB 2018年知识产权排名"前30强并取得"AAA级信用企业""国际ISO9001质量管理体系认证"证书等荣誉。

2018年,中闻律师事务所参与政府及大企业公开招标中标或入围项目39个,中闻律师在服务政府机构、央企、国企、金融机构和内外资公司方面继续扩大市场份额,助力中国经济发展和国际化进程。

2018年,中闻律师成功办理了物美张文中案、王忠明案、李锦莲案这三起无罪辩护的经典案件,以及多起民商事争议案件,在服务民营企业发展和保护公民财产权、人身权方面继续发挥着积极而重要的作用。

2018年,第8届"欢聚北京,畅想未来"农民工子弟夏令营继续举办;赵军律师参与"桂馨书屋";祁俊远、祁俊航律师参与"潞河公益";徐政、程璇等几十位中闻律师创设公益"闻"基金;众多律师志愿参与了社区法律咨询、法院和检察院信访接待、承担法律援助,组建中闻服务民营企业律师团多项社会公益事务。

2018年,中闻律师事务所的业务收入比2017年的业务收入提升了50%;中闻律师事务所的业务收入比5年前实现了6倍的增长……

吴革在新年致辞中再一次强调了中闻法律人的理想国概念。他在致辞最后说:

船到中流浪更急,人到半山路更陡。

展望2019年,国内、国际经济形势错综复杂,中国经济转型与下行的压力继续加大。中闻律师事务所作为在服务中国经济社会发展中成长起来的法律服务机构,我们与祖国同呼吸、共命运。今天的中闻,如逆水行舟,不进则退,中闻人要完成自我超越,赶超先进,丝毫不能松懈。

声　明　　1. 版权所有，侵权必究。

　　　　　2. 如有缺页、倒装问题，由出版社负责退换。

图书在版编目（CIP）数据

因你而不同：中闻律师事务所的故事/杜萌著. —北京：中国政法大学出版社, 2019.11
（2024.12重印）
ISBN 978-7-5620-9350-3

Ⅰ. ①因… Ⅱ. ①杜… Ⅲ. ①律师事务所－概况－北京　Ⅳ. ①D926.5

中国版本图书馆CIP数据核字(2019)第252635号

书　　名	因你而不同：中闻律师事务所的故事 Yin Ni Er Bu Tong:Zhong Wen Lü Shi Shi Wu Suo De Gu Shi
出 版 者	中国政法大学出版社
地　　址	北京市海淀区西土城路 25 号
邮　　箱	fadapress@163.com
网　　址	http://www.cuplpress.com （网络实名：中国政法大学出版社）
电　　话	010-58908435(第一编辑部) 58908334(邮购部)
承　　印	固安华明印业有限公司
开　　本	720mm×960mm　1/16
印　　张	19.25
字　　数	320 千字
版　　次	2019 年 11 月第 1 版
印　　次	2024 年 12 月第 2 次印刷
定　　价	52.00 元